U0955384

经济学学术前沿书系
ACADEMIC FRONTIER
ECONOMICS BOOK SERIES

经济效益理论研究

苏吉永◎著

经济日报出版社

图书在版编目（CIP）数据

经济效益理论研究／苏吉永著．-- 北京：经济日报出版社，2022.5

ISBN 978－7－5196－1085－2

Ⅰ．①经… Ⅱ．①苏… Ⅲ．①中国经济－经济效益－研究 Ⅳ．①F124.6

中国版本图书馆 CIP 数据核字（2022）第 068290 号

经济效益理论研究

作　者	苏吉永
责任编辑	门　睿
责任校对	范静泊
出版发行	经济日报出版社
地　址	北京市西城区白纸坊东街 2 号 A 座综合楼 710（邮政编码：100054）
电　话	010－63567684（总编室）
	010－63584556（财经编辑部）
	010－63567687（企业与企业家史编辑部）
	010－63567683（经济与管理学术编辑部）
	010－63538621　63567692（发行部）
网　址	www.edpbook.com.cn
E－mail	edpbook@126.com
经　销	全国新华书店
印　刷	北京虎彩文化传播有限公司
开　本	710 mm × 1000 mm　1/16
印　张	14
字　数	250 千字
版　次	2022 年 6 月第 1 版
印　次	2022 年 6 月第 1 次印刷
书　号	ISBN 978－7－5196－1085－2
定　价	59.00 元

内容摘要

关于经济效益的涵义，本书重新表述为“经济效益是指在环境得到有效保护、资源得到合理配置和有效利用的前提下，人与自然物质交换过程中取得的有利于构建和谐社会，符合人类经济社会持续、健康、稳定的增长和发展，满足人们合理需要符合标准质量的生产经营活动成果与土地、劳动、资本、管理等生产经营要素的占用和耗费的关系”。经济效益思想理论在我国进行大规模经济建设过程中产生，其生成机制和发展演变过程与我国经济制度变革和所实行的经济政策密切相关。基于上述考虑，本文从经济思想史角度出发，密切结合我国各个经济时期社会经济情况和经济效益状况，力求客观真实地反映当代中国经济效益思想理论的演变过程，提出笔者个人对经济效益涵义的理解与建议，这是第一要务。在此基础上结合我国新时期客观实际情况，提出提高经济效益具体策略与途径，这也是本著作试图解答的问题。随着改革开放不断深入和我国经济持续增长，经济效益思想理论迎来历史性发展机遇。中国即将成为二十一世纪经济大国，正在经历着一场前所未有的制度变迁，这为经济效益思想理论发展提供了良好社会经济条件。中国在发展过程中不可避免地会遇到大量新问题、出现大量新情况，这又为经济效益思想理论创新提供了广阔发展空间。全文共分七章：

第一章是本文导论部分，主要是中外经济效益思想理论研究综述和文献回顾。在对中国经济效益理论进行初步梳理基础上，将本著作写作范围划定为 1950—2005 年这段历史时期。以国家经济制度变迁、经济政策调整为主要依据，将经济效益思想理论研究阶段划分为三大阶段：一是传统计划经济时期（1950—1981）经济效益思想理论研究探索阶段；二是有计划商品经济时期（1982—1991）经济效益思想理论迅速发展阶段；三是社会主义市场经济时期（1992—2005）经济效益思想理论逐步深化阶段。此外对现有中国经济效益理论给以评价并提出尚待解决的五个方法论问题。

第二章是本书的立论基础研究部分，结合所提方法论问题，在综合分析传统对经济效益涵义理解基础上，笔者对经济效益涵义做出新的表述。通过对经济效益涵义新的理论界定，奠定整部著述的基调和立论基础。在此基础上提出经济效益理论的研究途径及探索新的研究方法。

第三、四、五章分别论述传统计划经济时期、有计划商品经济时期、社会主义市场经济时期经济效益思想理论研究的探索、迅速发展和逐步深化过程。传统计划经济时期从“讲究经济效果”为中国经济效益思想理论研究的开端，这时经济效益理论尚处于探索研究阶段，但是顾准等对经济效果的探讨、陈云讲究经济效益的观点，特别是邓小平对经济效益的论述，对于经济效益理论的形成、发展产生极大影响，推动了中国经济效益理论的迅速发展。

改革开放后提出经济建设以经济效益为中心，社会经济得到迅速发展，我国经济效益理论在有计划商品经济时期进入迅速发展阶段。这时经济效益理论的研究框架已初具规模，其具有两点突破：一是突破政治挂帅思想束缚，树立经济效益观点大搞经济建设，为迅速改变我国经济落后面貌做出巨大贡献。二是大量西方经济管理理论的引入，提供了许多提高经济效益的新途径新思路。

我国确立社会主义市场经济体制目标后，改革开放深入发展，社会经济生活发生极大变化。人们意识到环境、资源、科技等对经济增长和发展影响越来越大，对经济效益涵义理解加深，对提高经济效益策略和途径有了新认识，我国经济效益理论进入逐步深化时期。这时更着重对环境保护、资源合理配置和有效利用、科技进步等方面的研究，力图处理好经济效益与社会效益、环境效益的关系，处理好宏观与微观、全局与局部、长期与近期经济效益的关系，促使经济社会持续、健康、高速增长与发展。

第六章论述我国新时期提高经济效益策略与途径。在对经济效益的涵义进行了新的理论界定前提下，从新时期提高经济效益的前提、基础、关键、核心、重心等方面出发，提出提高经济效益的策略与途径。对经济效益理论的总结不仅有理论自身发展的回顾，还从整个国家宏观经济高度，结合加入WTO后要更加积极参与经济全球化、经济一体化，提高我国的综合国力和竞争力，提出提高经济效益所采取的策略与途径。

第七章是结论与政策性建议。在总结全文的基础上，继续深入分析，提出处理好经济效益与社会效益、经济效益与环境效益等政策性建议，并对未来后续研究提出设想。

Abstract

In this thesis, Economic efficiency is defined as "the impropriating and utilizing relation between the manufacturing product and such manufacturing factors as land, labor, capital and management, in which the product can accord with the economy' s sustaining, healthy, steady development and meet people' s reasonable demand under the condition that the environment can be protected effectively and the resources can be reasonably allocated and efficiently utilized."

The theory of economic efficiency was born during the course of our country' s large-scale economic construction, therefore its building mechanism and evolving road was connected closely with the change of China' s economic institution and the economic policies practiced. Based on the thinking above, this thesis systematically explores and summarizes the economic efficiency theory according to the social situation and economic efficiency condition and clarifies the theory' s developing skeleton as well as its logic. Then the author gives his own understanding of the theory and suggestions. Under this basis the author makes some efforts to explore the strategies and approaches to increase economic efficiency.

In the first chapter of this thesis, the literatures related to economic efficiency are summarized and reviewed. After the preparatory exploring of China' s economic efficiency, the author sets the research time between 1950 and 2005. Based mainly on the change of economic institutions and the adjustment of economic policies, the economic efficiency theory can be categorized largely as three phases: the exploring phases in the traditional planned-economy, the fast developing phase in the commodity economy under plan and the gradually deepening phase in the socialized market economy.

In the second chapter, after analyzing the existing research, the author makes some new explanation on the meaning of economic efficiency. After defining theoretically the meaning of economy, efficiency and economic efficiency, the keynote and the argument basis is settled. Then the author brings forward the research approach and establishes the writing criterion of the thesis.

In the third chapter, the fourth chapter and the fifth chapter, the theories of economic efficiency are analyzed respectively under the traditional planned–economy, the commodity economy under plan, and the socialized market economy. The economic efficiency theory was born under the traditional planned–economy and was in the course of being explored. Under the commodity economy which was centered on economic efficiency, the research related to economic efficiency was developing very quickly. Great changes have happened when China began to implement the socialized market economy. In this period the research on economic efficiency began to deepen gradually and more attention was paid to environment protection, the reasonable utilization of the resources and the technological development.

In the sixth chapter, the author makes some exploration on the policies and approaches to increase economic efficiency from the point of premise, basis, key points and center. The research on economic efficiency should not be confined to the reviewing of the theory itself. The author finds some approaches to increase the economic efficiency after the entry into WTO from the point of increasing China' s integrated competence.

In the seventh chapter, the author draws some conclusions and makes some suggestions. After summarizing the important conclusions of the thesis, the author further analyzes some related questions, put forward some suggestions to deal with the relations between economic efficiency and social efficiency as well as environment efficiency. In the end, the author points out what should be explored further in the future.

目　录
CONTENTS

表目

图目

第一章　导　论

本章主要对中外经济效益理论做初步的梳理工作，首先对当代中国经济效益理论进行综述和文献回顾，再对国外的经济效益理论进行文献综述，然后说明本书研究的范围和重点及需要解决的方法论问题，以此作为经济效益思想理论研究的开始。通过分析把本著述写作的时间范围设定在1950–2005年这一历史时期。在50多年的历史进程中，我国经历了传统计划经济、有计划商品经济、社会主义市场经济等经济制度的变迁及相应的采取了不同经济政策和经济制度，以此为依据把经济效益思想理论研究划分为三大阶段：第一阶段是传统计划经济时期中国经济效益理论的研究探索阶段，第二阶段是有计划商品经济时期中国经济效益理论的迅速发展阶段，第三阶段是社会主义市场经济时期中国经济效益理论的逐步深化阶段。

本论著以当代中国经济制度变迁中经济效益思想的演变为主线，以较好地提高我国经济效益保持国民经济持续、快速、健康、稳定的发展为主要目的，以经济思想史的研究方法为理论视角，在系统考察和总结中国经济效益思想理论研究成果和经济变革中丰富实践的基础上，梳理经济效益思想理论研究的逻辑思维和发展脉络，从而找出新时期我国提高经济效益的对策和途径。笔者在论文中尤其要强调的主要有两点：一是在经济效益思想理论演变过程中，经济制度的变革起着至关重要的作用，“经济增长的关键是制度因素，一种提供适当的个人刺激的有效制度是促使经济增长的决定因素。这就是诺思著名的‘制度决定论’，它集中体现在诺思1973年与托马斯合著的《西方世界的兴起》一书中”[1]。二是研究经济效益思想理论的主要目的是找到更好的提高经济效益的策略和途径，这是以经济效益理论演变为研究对象的经济思想史研究中不可忽略的重要议题。包含以上两点内容的著作，在现有的经济效益理论研究著作中尚未发现。本书力图以现有经济效益思想理论研究成果为基础，从经济思想史角度重新架构经济效益理论研究的框架。

当代中国经济效益理论演变研究，从理论上及历史经验的宏观层面上看至少有三个方面是不可或缺的，一是当今中国许多企业经济效益低下的实际情况，迫切要求对提高经济效益思想进行深刻的回顾和反思；二是世界各国企业特别是各个大型跨国公司为提高经济效益而进行的企业制度变革及演进的成功实践和理论，也需要大力的吸收和借鉴；三是历史上中国曾经形成并存在过相当长的一定时期内企业为提高经济效益而进行的有益探索和实践。从整体上看这三方面的研究对中国当代企业提高经济效益而进行的改革以及现代企业制度的建立都有着重要意义。因为没有对当前中国企业、国情的透彻了解就会失去改革的基础和出发点，如果没有对当代中国曾经出现和生成的经济效益战略思想系统的梳理和研究，就会缺乏一种对于当代中国建立现代企业制度过程中提高经济效益思想的必要性以及可能性的认识。通过对当代中国提高经济效益思想的探索、发展、变迁、演进的考察，从中寻找出在改革过程中对于提高经济效益的一些有益历史启示。

第一节 中国经济效益理论研究综述和文献回顾

随着社会主义市场经济体制的建立和完善，经济改革不断深入和发展，关于经济效益思想理论研究方面的许多观点可能已经过时，某些争论的焦点和热点如今也许已经解决或变换。然而，要充分意识到当时正是这些思想碰撞推动了经济效益理论研究的深化和经济制度的优化。笔者认为当代中国经济效益思想与经济制度变迁之间存在着很强的互动关系，一方面经济制度的变迁引导和推动了经济效益理论的发展，另一方面经济制度变迁也为经济效益理论提供了广阔的研究空间。通过经济效益理论的演变研究，不仅有助于丰富我国经济学理论，而且能促进其创新进步，更有利于经济制度朝着更高经济效益方向变迁和演进。

表 1-1 国内重要期刊发表的论文题目中含有“经济效果或经济效益”一词的文章数量统计表（1951-2005）（其中 1951-1978 年为“经济效果”；1979-2005 年为“经济效益”）

年份	篇数	年份	篇数	年份	篇数	年份	篇数	年份	篇数
1951	1	1962	5	1973	9	1984	510	1995	1249
1952	1	1963	9	1974	7	1985	381	1996	1153
1953	2	1964	10	1975	17	1986	361	1997	1132
1954	5	1965	11	1976	10	1987	314	1998	924
1955	3	1966	6	1977	16	1988	345	1999	971

续表

年份	篇数	年份	篇数	年份	篇数	年份	篇数	年份	篇数
1956	9	1967	4	1978	23	1989	315	2000	871
1957	15	1968	3	1979	7	1990	292	2001	718
1958	11	1969	7	1980	3	1991	404	2002	666
1959	9	1970	9	1981	23	1992	450	2003	655
1960	7	1971	15	1982	396	1993	282	2004	643
1961	6	1972	12	1983	488	1994	1193	2005	600

注：数据来源于中国期刊全文数据库、中国科技期刊数据库、中国期刊网等信息网络及学校等图书馆藏书统计，数据统计截止到 2005 年底。

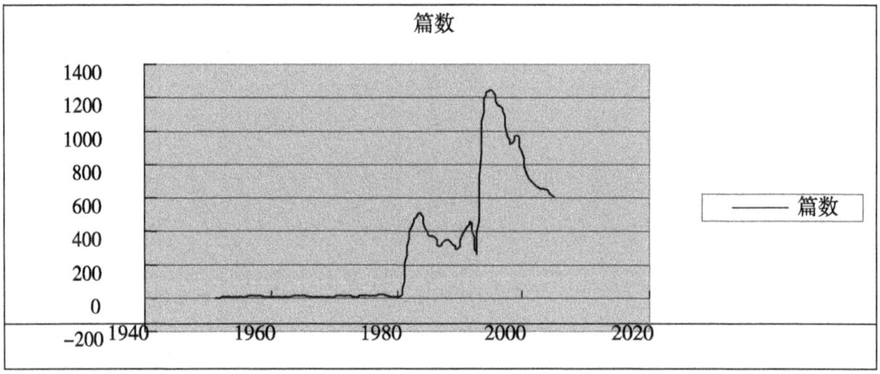

图 1-1　国内重要期刊发表的论文题目中含有“经济效果或经济效益”一词的文章数量变化趋势模型（1950-2005）

注：根据表 1-1 资料绘制。

通过表 1-1 和图 1-1 可以清楚地表明了我国关于经济效益理论的研究从无到有，从不断探索、迅速发展、到逐步深化的发展历程。综合看来，包括了经济效果、经济效益概念的提出，对经济效益的重视，建立经济效益指标评价体系，提高经济效益的途径等，既有对宏观经济效益的研究，又有对微观经济效益的研究，既有对提高宏观经济效益途径的探索，又有对提高微观经济效益的追求，但一部专门从经济思想史的角度研究经济效益理论演变的著作还没有。既要准确的叙述已有经济效益理论的研究成果，找出经济效益思想变迁的真正动因，又要提出新时期提高经济效益的策略和具体途径，做到这一点非常不容易，本论著试图从这一方面有所突破。

一、传统计划经济时期经济效益理论的研究探索（1950–1981）

在我国实行改革开放以前，关于经济效益方面的提法，无论在政府工作报告等文件中，还是在学术界的理论著作中，几乎没有任何踪影，更不用说关于经济效益研究方面的理论了（参见表 1–1 和图 1–1）。传统计划经济体制看重的是行政力量，建立了一套以指令性计划为工具的高度集中的行政组织。企业是政府的附庸，生产任务由指令性计划下达，资金实行计划分配，物资实行计划调拨，盈利统收统支，生产经营以计划为中心，政府和企业关心的是实物指标的完成，不怎么重视经济效益。

在这一时期的经济理论中没有“经济效益”这一概念。在我国经济理论界和实际经济工作中与“经济效益”密切相关的是“经济效果”这一概念。从经济理论研究的历史来看，我国20世纪五六十年代使用“经济效果”一词，主要是为了纠正当时实际经济工作中片面强调产出的增加而忽视投入的节省所造成的严重浪费现象。[2]为此，1957 年 1 月 6 日《人民日报》专门发表了《充分考虑经济效果》的社论。

顾准在 20 世纪 50 年代指出，“社会主义商品生产和流通，仍应主要由价值规律来调节，价格应是调节生产的主要工具，允许价格自发涨跌，也应允许企业追求价格有利的生产，统一的国民经济计划应该是预见性的，主要规定一些重要的经济指标，而减少对企业经济活动的具体规定，这样有利于提高企业的经济效果。”[3]在政治挂帅、平均主义盛行的年代里提出这种观点尤为可贵，但在随后的反右派运动中被当作修正主义观点遭到了严重批判。

早在 50 年代，陈云认为搞经济工作不仅要算大账，也要算小账，宏观的和微观的经济效益都要讲。他指出不论是编制计划，还是企业布点立项，以及基本建设的投资，这些大的经济问题决策，都要注重经济效果。

陈云从提高效益出发，强调节约，反对浪费。他说：“偶然浪费少数钱尚可请人民原谅，老是浪费年年如此，人民是不能原谅的。钱是老百姓的，我们不能拿老百姓的钱开玩笑。”[4]

邓小平针对平均主义提出了“猫论”，1962 年他大胆地说：生产关系究竟以什么形式为最好，就采取那种形式。在论述这个问题时，他引用了刘伯承常讲的一句四川俗语：“黄猫、黑猫，只要捉到老鼠就是好猫。”[5]

“猫论”却在“文革”中被当作政治问题受到批判，认为是“实用主义”“唯生产力论”“只抓生产，否定政治思想的作用”“混淆阶级立场”等等。

实际上，邓小平的“猫论”是最生动、最典型的“效益”方法论，值得深入地思考。这是邓小平经济效益核心思想形成过程中的先行思想。[6]

直到1977年我国政府宣布“文革”已经结束，我国的主要任务要迅速转移到经济建设上来。1978年党的十一届三中全会上确立了“一切从实际出发，实事求是，理论联系实际”的思想路线以后，全党的工作重点从“以阶级斗争为纲”转移到“以经济建设为中心”的轨道上来。明确肯定价值规律在我国经济生活中的重要作用，肯定了商品经济的存在，提出社会主义建设以经济建设为中心，经济建设以经济效益为中心。

邓小平在1978年12月中央工作会议上说：“经济工作是今后主要的政治”。1980年1月又强调，还是要把经济建设当作中心，绝不能干扰它，冲击它。不发展经济，不改善人民生活，只能是死路一条。针对过去由于对重工业的倾斜发展导致的严重失调，成为制约经济发展的“瓶颈”状况，邓小平还强调要将经济发展的重点向农业、能源、交通、科技教育等方面转移。[7]这就为经济效益思想理论的迅速发展创造了良好的社会政治条件。

但是，受当时意识形态的影响，中国学者还没有大张旗鼓地进行经济效益理论研究工作，在1980年出版的我国的权威辞书《辞海》经济分册中还是只有“经济效果”一词，“经济效果是指经济活动中劳动耗费同劳动成果之间的对比。”[8]在1981年出版的许涤新主编的《政治经济学词典》中也只有“经济效果”一条，其定义改为“社会主义生产和再生产过程中，劳动占用和劳动耗费同劳动成果的比较。”[9]这既考虑了劳动消耗也加上了劳动占用的内容，这比《辞海》上的解释前进了一大步。

可以说这一时期是中国经济效益理论研究的起步和探索时期，随着中国转移到以经济建设为中心、以经济效益为中心的轨道，中国经济效益理论的研究迫切地摆在了人们面前。

二、有计划商品经济时期经济效益理论迅速发展（1982–1991）

1982年党的十二大提出了“计划经济为主，市场调节为辅”的原则，在实践上结束了长期以来指令性计划和直接管理一统天下的局面。

1984年党的十二届三中全会通过的《中共中央关于经济体制改革的决定》中指出："商品经济的充分发展，是社会经济发展不可逾越的阶段，是实现我国经济现代化的必要条件"[10]，社会主义经济是"公有制基础上的有计划商品经济"，明确了改革的基本任务是"从根本上改变束缚生产力发展的经济体制"，"建立具有中国特色的、充满生机和活力的社会主义经济体制"，邓小平认为《决定》是"马克思主义的新政治经济学"。

1987年党的十三大提出计划和市场都是覆盖全社会的论断，指出社会主义有计划商品经济体制是计划和市场内在统一的体制。

因此这一时期我国的经济制度变迁走过了一条"计划经济为主，市场调节为辅""有计划商品经济""计划和市场内在统一"的认识道路，这为我国经济效益理论研究的迅速发展创造了有利的社会经济环境，大量介绍研究经济效益的文章不断的丰富。如关于经济效益概念方面的有《什么是经济效益》[11]《经济效益概念探析》[12]《准确宣传"经济效益"内涵》[13]等。关于提高经济效益方面的论著有《提高经济效益的途径》[14]《企业提高经济效益十法》[15]等等。通过中国期刊全文数据库对有关"经济效益"方面的文章、论文进行搜索，达到3千篇以上数量（参见表1-1和图1-1），可见这一时期是我国对经济效益理论研究的迅速发展时期。

综合说来这一时期我国经济效益理论具有以下几个方面的特点：一是适应建设中国特色社会主义人们对经济效益内涵的认识不断发生变化，二是在建立社会主义经济效益指标评价体系的同时进行不断的调整；三是在提高经济效益具体途径和方法上的侧重点不断变化。

三、社会主义市场经济时期经济效益理论逐步深化（1992–2005）

在1992年党的十四大会议上，江泽民同志代表党中央宣布了中国经济体制改革的目标是建立社会主义市场经济体制，阐述了建立社会主义市场经济的必要性及基本特点、主要内容、运行方式。

其后党的一系列文件中，特别在1997年党的十五大后的文件中，对社会主义初级阶段的基本经济制度，公有制经济的含义、和实现形式作出了界定，就如何适应市场经济发展要求，加快推进国有企业改革、完善分配结构和分配方式、充分发挥市场机制作用，健全宏观调控体系等一系列重大问题上作出了战略部署，基本形成了社会主义市场经济理论体系，为我国提高经济效益、经济效益理论的逐步深化指明了方向。

在前一时期我国经济效益理论迅速发展的基础上，我国对经济效益理论研究工作进入了逐步深化的新时期。

在对经济效益涵义的理解上出现了诸如《经济效益新观察》[16]的论文，还出现了法律经济效益如《浅议法律的经济效益》[17]《有关法律经济效益的分析》[18]《经济效益理论视角下的法律现象》[19]等，还出现了军事经济效益如《军事联盟的经济效益分析》[20]等，另外还出现了知识经济效益、投资经济效益等观点。

在提高经济效益途径方面的论著有《我国提高工业经济效益的重要性及途径》[21]《提高工业企业经济效益研究》[22]等等。同时大量的关于提高经济效益的经济数学模型出现如《宏观经济效益控制与动态模拟》[23]《前后向完全经济效益的计算》[24]等。这一时期有关经济效益理论方面的文章超过 1 万多篇（参见表 1–1 和图 1–1），可见这一时期是我国经济效益理论研究的逐步深化时期，取得了大量的优秀成果。与此同时伴随着新世纪的到来，我国正越来越快地被纳入世界经济体系，来自经济全球化的影响，中国经济效益理论创新成了这一阶段的突出特征。

四、中国经济效益理论主要观点总结

中国市场经济体系建设和经济体制改革过程，既是一个制度变迁和制度创新的过程，也是中国经济效益理论日益丰富和完善的过程。特别是在经济转轨过程中，政府各个管理部门和理论学术各研究机构对经济效益理论方面的研究，与企业提高经济效益具体操作方面的生动实践，相互促进和相互依存，是密不可分的关系，这也充分体现了理论对实践的指导作用和实践对理论的检验与丰富这一规律。

金德尔伯格说过“任何历史都与思想史搀和在一起，尽管大学里的经济系试图将它们区别对待。历史就像珠穆朗玛峰一样，本身就值得探索，因为它的过去在那里。但是，一个从现代经济学的角度去研究历史的人会不可抗拒的发现，历史上类似的事情和先例对目前的问题和争端有影响”[25]。

在中国改革开放 20 多年的实践中，中国经济制度、经济理论、经济思想发生了巨大变化，计划经济到市场经济的转轨，政府、企业和个人经济行为发生的剧变，都为中国经济效益理论的孕育、产生和发展提供了广阔的生存空间。

当代中国经济效益理论很多人已从不同侧面做了很多研究，但从中国经济思想史方法论角度作全面深入研究的文献还没有专著。

笔者在总结和评价本期有关经济效益理论的观点时，主要着眼于四个方面的文献：

第一，专著方面主要包括经济效益总论、宏观经济效益理论、行业部门经济效益研究、经济效益分析评价指标计算、提高经济效益途径与方法研究、国外或有关地区经济效益等代表性的文献。这些著作或从某侧面论述经济效益或提高经济效益问题，或从微观上或从宏观上论述，或对经济现象的罗列，或是对经济事实的陈述。

第二，学术性期刊杂志包括《经济研究》《中国社会科学》《财经科学》《经济学动态》等。从国内外相关学术性杂志中找到大量涉及经济效益理论研究的最新发展思路、充分的论据、让人信服的观点。论文大体分为关于经济效益的内涵，行业、部门、地区、集团、生态环境、文化、法律、投资、管理、外向型、军事、社会政治等经济效益，经济效益的提高途径、特殊方法、指标评价体系、计量数学模型、影响因素等。

第三，充分利用互联网搜索查阅有关经济效益理论研究方面的资料。随着信息时代的到来充分利用互联网上的信息是做好研究工作的一个重要手段。互联网是一个开放的媒体资源，随着多变经济环境的不断发展，大多数网站都开设了经济专栏，有很多对经济效益理论研究方面的讨论。虽网站上内容的严谨性有待考查，利用资料需要审慎，但是其巨大的资源、丰富的内容具有重大参考价值。

第四，有关思想家的著述及有关企业经济思想史的著作。为提高检索效率和使用方便，对这类图书的阅读大多采用电子版如超星图书馆、黄金书屋等提供的下载版本。

（一）关于经济效益的概念

起初，当时整个社会政治挂帅没有“经济效益”的概念，只有“经济效果”的提法，比如“经济效果是指经济活动中劳动耗费同劳动成果之间的对比。”[26]

后来又认为经济效果是“社会主义生产和再生产过程中，劳动占用和劳动耗费同劳动成果的比较。”[27]

直到 1983 年出现了“经济效益”一词的解释，“经济效益一般是指人们在物质生产活动中消耗一定量的活劳动和物化劳动后所能实际取得的符合社会需要的产品量的大小。”[28]

1986 年在理论的理解上仍然认为经济效益就是经济效果，“经济效益是社会生产中劳动占用和劳动耗费同劳动成果的比较。”[29]

1990 年对经济效益的解释为“经济活动中消耗、占用的劳动量同取得的符合社会需要的劳动成果之间的比较。”[30]

王海波认为“经济效益是投入和产出的比较。投入可以是劳动占用，也可以是劳动消耗。产出可以是各种形式的生产成果，在商品经济条件下，投入和产出的比较，都是价值的比较。”[31]

《投资大辞典》中对经济效益的解释又为“经济效益指人们从事经济活动所取得的物质效用和经济收益，包括使用价值和价值两种形态”[32]

1992 年发展为“经济效益指劳动占用、劳动耗费与劳动成果的比较。经济效益有广义和狭义的范围，广义经济效益是指社会经济效益，狭义经济效益是指一定具体的微观单位的劳动消耗与劳动成果的比较。”[33]

1993 年的解释为：“经济效益是指经济活动中实际取得的符合社会需要的产出（成果）大小与活劳动和物化劳动消耗（或占用）大小的比较。”[34]

2001 年对经济效益的涵义表述为：“经济效益是指在环境得到有效的保护和自然资源得到合理利用的前提下，人与自然物质交换的过程中所取得的符合社会需要的标准质量的劳动成果与劳动占用和劳动耗费的关系。”[35]

这说明经济理论界对经济效益涵义的理解不断走向较为全面的认识，但这一系列对“经济效益”涵义的表述，在改革开放不断发展，全面建设小康社会，构建和谐社会的今天是否准确，值得我们需要更深刻的思考，在本文中试图给出自己的看法。

（二）关于经济效益指标评价体系

经济效益评价考核指标体系，是综合反映生产经营者的生产经营状况和生产力水平的重要指标体系。

根据传统经济效益的定义在计算产出时，只计算能给人类增加福利的有用劳动成果，却不计算能给人类带来危害的劳动成果。

当然，经济效益的度量是个相当复杂的问题，比如法律经济效益的计算就不能简单的由一个“公式：法律经济效益＝法律收益－法律成本。”[36]来计算。

我国宏观经济效益的衡量，在传统计划经济体制下主要使用社会总产值、工农业总产值、国民收入的增长率等指标，存在很大缺陷。

一是社会总产值或工农业总产值中存在着物化劳动的重复计算。社会总产值是社会总产品的货币表现，包括生产过程中物质投入的转移价值和新创造的价值。新创造的价值构成企业的原始收入和个人原始收入。社会总产品是一个国家在一定时期内生产的全部物质产品，它的实物形态由生产资料和消费资料构成。可以看出社会总产值把中间投入品的价值计算在内，存在重复计算现象。

二是总产值的增长率不能反应资金、劳动的占用和耗费与劳动成果的比较，反应的只是对比期两个劳动成果总量的比较，因取得等量劳动成果的劳动耗费是一个可变的量，而总产值的增长可能是在大量耗费活劳动和物化劳动的情况下取得的。比如在我国大炼钢铁运动中 1958 年的钢产量比 1957 年翻了一番，同时消耗浪费了许多不该浪费的社会经济资源，因此宏观经济效益很不好。

三是以国民收入增长率来衡量宏观经济效益的增长，虽有一定合理性，但国民收入是物质生产部门在一定时期内联合劳动者新创造的价值，是劳动者在物质生产过程终结时的劳动成果（C+V+M）减去生产过程中的物化劳动消耗（C）以后的余额，是劳动耗费与劳动成果相比较的一种表现，只反应了第一、第二产业部门的贡献，没有把第三产业的贡献计算在内，这在第三产业的比重日益上升的现代经济社会里，用此作为衡量宏观经济效益的指标肯定是不恰当的。

改革开放后随着改革的深入我国经济形势有了很大变化，第三产业在国民经济中的地位越来越高，其产值在国民经济中的比重越来越大。

1986 年我国统计部门开始放弃使用 MPS 体系改用 SNA 体系，把国内生产总值（GDP）或国民生产总值（GNP）作为衡量宏观经济效益的重要指标。

国内生产总值（GDP）是指在一个国家领土内一定时期内所生产的所有

最终产品和所提供服务的价值总和。

国民生产总值（GNP）是指一个国家所拥有的生产要素在一定时期内所生产的所有最终产品和所提供服务的价值总和。

二者在统计方法和主要内容上都是一致的，其区别发生在二者的差额是国外要素支付净额。国外要素支付净额（NFP）是指本国生产要素在世界其他国家获得的收入减去本国付给国外生产要素在本国获得的收入。即GDP=GNP-NFP。

首先，同社会总产值相比较，这就消除了从初级产品、中间产品到最终产品加工过程中重复计算的那部分物化劳动；

其次，同国民收入相比较，这就计入了在生活服务部门和社会服务部门中工作的联合劳动着所贡献的劳动成果。

当然，随着人们对经济生活的深入认识，对GDP指标也提出了新的看法，如提出了绿色GDP指标的概念，还提出用人均GDP指标更能衡量一个国家居民的富裕程度，更能反映一个国家居民的经济福利水平等等。

另外各部门在制定经济效益评价指标体系时，只着重考察企业直接生产过程中的纯经济利益。通过表1-2：1995年财政部公布的经济效益评价指标体系可以看出，用销售利润率、总资产报酬率、资本收益率、资本保值增殖率等十大指标，只是用来反映企业的获利能力、偿债能力、资金营运能力以及社会的贡献能力。

1997年10月国家统计局、国家计委和国家经贸委与其他部门共同又颁布了一套新的《工业经济效益评价考核指标体系》，用总资产贡献率、资产保值增值率、资产负债率等7项指标，用来反映企业的盈利能力、发展能力、偿债能力、营运能力、产出效率和产销衔接状况。

从以上两套指标体系可以看出，都没有反映企业在生产过程中对环境造成的影响。因此，传统经济效益的概念及其评价考核指标体系，把企业作为一个独立的系统，只是考虑企业系统本身的活动，关于企业对自然资源和环境因素的影响没有考虑。[37]

传统的经济效益观念与这一基本的思维逻辑相违背，导致生产经营者行为和结果的不一致性。所以尽快建立一套适应社会主义市场经济健康稳定持续高速发展的新的经济效益指标评价体系是经济效益思想理论研究的重要内容。

表 1-2 1995 年财政部公布的经济效益评价指标体系

评价指标	计算公式	权数（分）
销售利润率	利润总额 ÷ 产品销售净额	15
总资产报酬率	（利润总额+利息支出）÷ 平均资产总额	15
资本收益率	净利润 ÷ 实收资本	15
资本保值增殖率	期末所有者权益总额 ÷ 期初所有者权益总额	10
资产负债率	负债总额 ÷ 资产总额	5
流动比率	流动资产 ÷ 流动负债	5
应收账款周转率	赊销净额 ÷ 平均应收账款余额	5
存货周转率	产品销售成本 ÷ 平均存货成本	5
社会贡献率	企业社会贡献总额 ÷ 平均资产总额	10
社会积累率	上交国家财政总额 ÷ 企业社会贡献总额	15

1. 该套评价指标体系的综合平分方法是：以行业的平均值为标准数值，以企业的 10 项指标为实际数值，然后加权计算综合得分。

2. 计算公式：综合实际分值＝ Σ 权数 ×（实际数值 ÷ 标准数值）

（三）关于经济效益的分类

随着社会经济不断发展，人们对经济效益的认识不断加深。由于社会联合劳动存在多层次性，决定了经济效益的多层次性，产生了宏观经济效益和微观经济效益；地区、部门、企业经济效益；长、中、短期经济效益；全局经济效益和局部经济效益；经济效益、社会经济效益和环境经济效益；工业经济效益、商业经济效益、农业经济效益等。以上关于对经济效益的分类，各种意见倾向比较一致。

通过法律配置社会资源，使其效益最大化，是经济发展的基本要求。因此，有人[38]提出了“法律经济效益”的概念。[39]

20 世纪末经济高速发展、资源稀缺性日益严重、资源有效利用显得尤为重要背景下产生了法律经济学，它是“将经济学的理论和经验方法全面运用于法律制度分析”。[40]

“以个人理性及相应方法论的个人主义作为法律研究方法的基础，以经济学的效率作为法律的核心衡量标准，以成本 – 收益及最大化方法作为法律基本分析的工具。[41]其突出的核心思想就是强调法律的经济效益。

也就是说，全部的法律活动和法律制度都应合理有效的利用资源、配置资源，以实现增加社会财富的目的。效益是法律的基本宗旨，也是法律的基本价值。法律的经济分析揭示的法律公平，不仅包括公平的社会效益，而且包括公平的经济效益。

这样，法律在维护社会公平正义的同时，要使立法、司法和守法效益最大化，以最小的成本投入获得最大的法律经济效益。那么，法律经济效益，就是指在一定社会的立法、司法、执法和守法的过程中，实际消耗的成本费用与实际获得的收益之间的比例关系，即法律的投入与产出之比。或者说法律经济效益是指其收益除去成本耗费后得到的综合效果，即经济法律在现实生活作用结果中合乎目的的有效部分，突出的体现为法律应然价值和实然价值的重合与差异。[42]

法律经济效益的度量相当复杂，不能简单由“公式：法律经济效益＝法律收益－法律成本。”[43]来计算。

还有人提出“综合经济效益”“完全经济效益”[44]的概念。

完全经济效益是直接经济效益与间接经济效益之和。经济效益涵义中的“投入”，是各种生产要素劳动对象、劳动资料、劳动力等的占用和消耗。这些生产要素的完全投入量，不仅包括生产要素的直接投入量，而且包括各种生产要素的间接投入量。

还有人提出了文化经济效益[45]、军事经济效益[46]、科技经济效益、知识效益[47]的概念等。总之，对经济效益有各种各样的分类。对经济效益进行科学分类，对于更好的研究经济效益理论、提高经济效益具有深远现实意义。

（四）关于提高经济效益途径

关于提高经济效益方面的论述比较多，比较有代表、性的著作是候荣华、王朝纲、张耀辉主编的《宏观经济效益理论与实证分析》[48]、贺天元的《怎样提高企业经济效益》[49]、王海波的《中国国民经济各部门经济效益研究》[50]、林光的《提高经济效益的途径和方法》[51]等。

提高企业经济效益方面，贺天元主要从加强企业管理、改革管理体制、推行目标管理、完善经济责任制、改进经营管理、提高管理者素质、推行先进工作法、开设内部银行、实行租赁经营等十五个方面考察了怎样提高企业的经济效益；胡秀坤从案例出发对怎样提高企业经济效益在实证研究方面作了有益的探索；苏吉永从良好的精神状态、群众主人翁精神、内部挖潜、科技进步、产品结构、市场开发、内部经营机制、外向型经济等十个方面对提高工业企业经济效益做了理论上和实证上的研究。

提高宏观经济效益方面，候荣华、王朝纲、张耀辉主要从经济适度增长，经济结构调整包括产业结构优化、产品结构、积累和消费结构、就业结构、所有制结构、技术结构等方面的调整，人力资源开发、物力资源充分利用，依靠科技进步，加速资本周转，经济体制变革等方面去分析；黄荫涛从资金循环周转理论的角度论述了企业经济效益从那里来；张继录从科技进步的角度对宏观经济效益做了系统的度量和分析；林光从管理决策的角度对提高经济效益做了深刻的分析；

随着我国经济形势的发展和变化，提高经济效益的途径和方法在侧重点方面肯定会发生很大的变化，这也是本文研究的重点之一。

第二节 国外经济效益理论研究的文献综述

一、国外经济效益理论研究的主要内容

西方国家主要是资本主义国家走的是市场经济道路，市场化程度比较高，注重提高经济效益、注重投入与产出比较的历史已有几百年了。我们建国后长期受资本主义国家的经济封锁和制裁，再加上政治和意识形态的严重分歧，长期以来对资本主义经济只是看到了资本家对工人的压榨和剥削。

改革开放后，我们看到了人家的长处，把工作的重心转移到经济建设上来以后，郑重地宣布把经济效益作为经济建设工作的重心，从此拉开了学习西方先进科学技术、先进管理经验、提高经济效益的新篇章。

（一）经济效益的概念

“经济效益”的概念，起源于18世纪英国经济学家大卫·李嘉图的论断：“真正的财富在于用尽量少的价值创造出尽量多的使用价值。换句话说，就是

在尽量少的时间里创造出尽量多的物质财富。”

英文“economic efficiency”，被译为“经济效益”，有时又被译为“经济效率”，实际上，经济效益和经济效率在实质上和基本目标上是一致的，《正确理解经济效益促进经济发展》一文也指出“经济效益这个词，探其初衷，就是为了提高经济效率而增加经济收益”。[52]

我们倾向于翻译为“经济效益”，因这符合我国的习惯叫法，易被人们所接受。

（二）马克思关于经济效益的论述

马克思的经济学理论研究，是一个建立在资本主义私有制基础之上、反映社会化大生产、商品经济较为发达的社会经济形态的综合经济理论体系，在这样的社会经济形态里，不能不讲究经济效益。[53]

在他的经济理论体系中，尽管没有提到或我们没有中译过“经济效益”一词，但是马克思关于经济效益的思想却表达的极为丰富、极为深刻。所以，在当代中国经济制度变迁中经济效益思想理论研究中，把马克思的经济理论特别是《资本论》作为理论基础是理所当然的。

马克思提出的资本总公式：G—W—G′，清楚地表明了经济效益的涵义：“很清楚，假如G—W—G这个流通过程只是兜圈子，是同样大的货币价值相交换，比如说，100镑和100镑交换，那么这个流通过程就是荒唐的、毫无内容得了。”[54]

假如，用100镑买的棉花卖100镑＋10镑，即110镑。因此，这个过程的完整形式是：G—W—G′。“其中G′＝G＋△G，即等于原预付货币额，加上一个增殖额”。[55]

马克思不仅论述了微观经济效益，而且还论述了影响经济全局的宏观经济效益。马克思在社会总资本再生产理论中，阐明了社会再生产实现的条件，即国民经济两大部类之间的比例性，其实质就是宏观经济效益问题。[56]

马克思这就是告诉我们，国民经济各个部门之间要按比例发展，才能有宏观经济效益，否则，就谈不上有宏观经济效益。

马克思和恩格斯还用用简明的语言，把商品经济中的经济效益概括为“生产费用对效用的关系”，用于“解决某种物品是否应该生产的问题，即这种物品的效用是否能抵偿生产费用的问题”，[57]并指出一定社会经济形态下的经济效益，总是同生产目的相联系。注意这里使用的就是“效用”二字，不是“效果”，也不是“成果”。[58]

马克思说：“实际获利的程度……决定于利润和总资本的比率……决定于利润率。”[59]这就是说，由剩余价值率（m/v）转化成的利润率（p/c），是利润与所用总资本之间的比率，它表示资本的使用效益，即资本价值的增殖程度。

（三）关于提高经济效益途径的论述

国外专门关于如何提高经济效益的著作不多，而提高经济效益的途径和方法广泛存在于宏微观经济学、管理学等著作中。如西方经济学中的企业理论中，利润最大化理论、成本最小化理论都可以成为提高经济效益的具体方法。

直接翻译为中文的称为“经济效益”的著作有日本中井蚕行《工厂工程管理：改善企业经营，提高经济效益》[60]一书，从改善企业经营管理的角度，如何提高企业管理水平，加强企业成本核算，提高工作效率来提高企业的经济效益。

前苏联的鲍依科夫在《工业企业提高经济效益的经验》[61]一书中，从本国企业提高经济效益的实践中，介绍了工业企业如何在加强管理、降低成本等方面提高工业企业的经济效益。

日本的冈田邦夫在《中小企业的质量管理》[62]一书中，从保证产品质量的角度，如何进一步的提高产品质量，提高产品市场占有率，最大可能的占领有利市场形势的角度提高中小企业的经济效益。

科里夏克在《经济效益》[63]一书中，论述了经济效益的概念、分类、指标评价体系，以及提高经济效益的途径和方法。

还有谢尔巴科夫在《苏联科学活动的效益》[64]一书中，介绍了苏联在科学活动中的投入与产出的关系，通过分析得出了对科学技术的投入前期是很大的，甚至冒着失败的危险，但科学技术一旦转化为生产力，会获得极大的经济效益。

以上书籍大多都是在20世纪80年代中期我国在改革开放过程中重视经济效益理论的研究后翻译过来的，对于更好的认识经济效益，提高经济效益理论研究水平，起到了一定的积极作用。

二、国外经济效益理论研究对我国的影响

（一）马克思关于“经济效益”方面的理论对我国的影响

长期以来马克思主义理论极大的影响我国理论建设，而马克思主义经济理论是建立在资本主义私有制基础之上、反映社会化大生产、商品经济较为发达的社会经济形态的综合经济理论体系。

在此经济理论体系中关于“经济效益思想”表达的极为丰富、极为深刻，在当代中国制度变迁中经济效益理论研究中，把马克思主义经济理论特别是《资本论》作为理论基础成为必然。

如受马克思劳动价值论的影响，在我国经济效益理论的研究中，特别注意劳动占用和劳动耗费的研究。从对经济效益涵义的解释中一目了然，“经济效益是经济活动中消耗、占用的劳动量同取得的符合社会需要的劳动成果之间的比较。”[65]“经济效益是社会生产中劳动占用和劳动耗费同劳动成果的比较。”[66]“经济效益一般是指人们在物质生产活动中消耗一定量的活劳动和物化劳动后所能实际取得的符合社会需要的产品量的大小。”[67]

马克思把劳动时间的节约看成是各种社会经济制度下提高经济效益的一般内容。马克思说：“真正的经济—节约—是劳动时间的节约（生产费用的最低限度和降到最低限度）。而这种节约就等于发展生产力。”[68]

所以说，劳动时间的节约是降低生产经营费用、提高劳动生产率、提高经济效益的别称。

（二）西方经济学理论对我国的影响

从西方古典经济学创始人亚当·斯密《国民财富的性质和原因的研究》（又译为《国富论》）到大卫·李嘉图《政治经济学及赋税原理》，从马克思的《资本论》到现代经济学理论，从货币主义到制度经济学及各种经济学派的论著甚多，难尽其述，但各经济学派均以“节约”也就是以“经济效益”为基本点，只是论述的角度有所不同。

其共同点都认为节约就是节约劳动时间，或者说就是提高劳动时间的利用效率。可以说，在一定意义上“经济学”就是“节约学”，就是为了更好地提高经济效益。

英文“economic efficiency”，被译为“经济效益”或者“经济效率”，实

际上两者在实质上是一致的（见表 2–2）。

然而，在西方经济学理论中较多的提法是“经济效率”[69]，如西方的资源配置效率理论等。西方“经济效率”理论与我国“经济效益”理论一致的地方：一是两者都是研究投入与产出之间的关系，有相同理论基础；二是两者研究目的相同，都是研究如何投入少产出大；三是两者都研究投入与产出的关系。

西方经济学研究经济效率的思路比较开阔，值得借鉴。在西方经济学论著中，关于经济效率的涵义有多种说法：

一是经济效率“研究是投入与产出的比率，但是，它与物理或机械效率不同，物理或机械效率是用实物单位计量的投入与产出的比率，经济效率是用货币单位计量的有用资源投入与有用产出之间的比率。”[70]

二是经济效率“通常是指帕累托效率或帕累托最优。经济效率可分为生产效率和配置效率。生产效率是指生产的产品必须尽可能以最低生产成本进行生产；配置效率是指资源配置达到帕累托最优”[71]

三是效率是配置效率的简称，“指在投入和技术既定的条件下，能够使既定经济资源产生的满足程度最大化的状态。”[72]

四是配置效率最优，“通常是指帕累托效率，它的满足条件是：第一，对于任何两个消费者，任何两种商品之间的边际替代率，必须是相等的；第二，对于任何两个生产者，任何两种投入品之间的边际技术替代率，必须是相等的；第三，任何消费者的任何两种商品之间的边际替代率与任何生产者所生产这两种商品之间的边际产品转换率必须是相等的。”[73]

五是经济效率或配置效率，“指通过投入要素的最有效的组合生产出‘最优的’或最适度的产品组合。”[74]

通过上述西方经济学中对“经济效率”的解释中可以看出，同中国经济理论界对“经济效益”的解释一样，有各种各样的看法，有的称为“经济效率”，有的称为“配置效率”，甚至有的只称为“效率”。

综上所述，西方经济学中经济效率的涵义是投入与产出的比率，这与我国现有对经济效益的解释相同。但其投入是指经济资源的投入，包括劳动、资本、自然资源等。其产出主要指有用的产出，包括产量、收入、利润、效用等，而我国产出包括生产成果、销售成果和财务成果等。其次、经济效率通常分为生产效率、配置效率和动态效率，出现了配置效率最优问题，即帕累托最优问题，也就是说经济效率衡量的标准既有相对标准，又有绝对标准即帕累托最优。

在我国现行经济效益考核评价指标中需考虑做部分调整，甚至要取消有些指标，同时增加一些考核评价指标，这需要深入研究和思考。

当然经济效益思想理论研究是一个比较复杂的系统工程，不仅涉及到深奥的理论问题，而且更有错综复杂的现实问题，涉及各种各样的经济理论、思想，还涉及各行各业的专业知识及党的方针政策、国家法律法规等，做好这项工作并非易事。

第三节　研究范围和研究重点的确定

通过以上的文献综述和理论回顾，可以得出三点结论：一是中国经济制度变迁的线索来看，经济效益理论研究的出现有深刻的社会政治经济背景，与我国社会经济的不断发展密切相关；二是随着改革开放的深入进展，中国经济效益理论的探索虽受到欧美经济理论、管理理论的很大影响，但结合我国改革开放的具体实践，具有中国特色的独特的理论视角；三是提高经济效益的策略和具体途径，随着经济形势的变化，其侧重点发生着巨大的变化。这些会随着本文以后各章的论述都会有所体现。

一、研究范围的有关说明、确定及经济效益理论研究阶段划分

本书之所以将研究的范围划定为 1950–2005 年这一历史时期，是为保持经济效益理论研究的历史延续性，使之有一个深刻的历史社会政治背景，但实际上主要研究的是我国改革开放后 20 世纪 70 年代末至 2005 年这一段时期。这是因为只有当文革结束后，把工作的着重点转移到经济工作上来以后，又把经济工作的着重点转移到经济效益上来，经济效益理论的研究才有了突飞猛进的发展，又随着经济制度的深刻变革，市场因素逐渐加强，经济结构不断嬗变，导致经济效益理论进入快速发展变化期。

（一）经济效益理论研究阶段的划分依据

新制度经济学的兴起，为本文作者对经济效益理论研究阶段的划分，提供了有益的启示。党的十一届三中全会以后，党的工作重心迅速转移到经济建设上来，提出“社会主义建设以经济建设为中心，经济建设以经济效益为中心。”经济效益一词迅速频繁的出现在政府工作报告及一系列的重要文件中，讲究经济效益、提高经济效益俨然成了经济活动中的重中之重。

首先，我国在广大的农村实行家庭联产承包责任制；随后对国有企业搞活放权，扩大企业自主权；接着大力发展个体私营经济等，目的就是要讲究经济效益。

我国的经济制度开始由传统的计划经济体制向有计划的商品经济体制转变，后提出“以计划调节为主市场调节为辅”的变革方向，还实行“双轨制”等，最后确定了建立社会主义市场经济体制的改革目标。这就带来国家经济政策的相应变化，从而给经济效益理论带来了急剧的变化，所以我国经济制度变迁的发展阶段成了经济效益理论研究阶段划分的依据。

（二）经济效益理论研究的阶段划分

笔者通过对大量资料的整理，得出了经济效益理论与经济制度变迁之间存在着互动关系，依据我国走过的传统计划经济制度、有计划商品经济制度及社会主义市场经济制度的发展线索，结合我国的经济体制改革走的是一条渐进性的改革路线，制度变迁中存在着相互继承性和时间上的交错性，所以将经济效益理论研究的阶段可以大致划分为：

第一阶段为计划经济时期（建国后到改革开放初期）中国经济效益理论研究的探索阶段；

第二阶段为有计划商品经济时期（党的十二大到党的十四大召开）中国经济效益理论研究的高速发展阶段；

第三阶段为社会主义市场经济时期（党的十四大至今）中国经济效益理论研究的逐步深化阶段。

随着我国改革开放的不断深入发展和社会主义市场经济的不断完善，中国经济效益理论的研究定会日益深化。

二、研究重点的有关说明

经济效益理论研究的滞后性是造成许多企业经济效益较低，使经济效益得不到较大提高的重要原因之一，是长期困扰我国经济持续、健康、快速发展的主要问题。运用哪些途径来提高经济效益一直是经济理论界多年来的热门话题，也是政府及管理部门所关注的中心课题。

中国自改革开放以来，随着社会主义市场经济体制的建立和日益完善，特别是二十多年来随着市场经济的不断发展，政府以及企业在提高经济效益方面虽然采取了很多措施，加大了政策力度，许多企业特别是一些国有企业时至今日也没有从根本上解决在经济效益方面存在的一系列问题。

这其中的原因到底在哪里？解决这个问题的途径到底有哪些？当然工业企业特别是股份制企业在整个经济活动中起着主导的作用，在研究经济效益理论的过程中，理所当然的主要研究在经济制度变迁过程中提高工业企业特别是股份制企业的经济效益思想，主要以股份制工业企业为例来发现、思考、分析和解决提高经济效益的问题。

（一）材料的取舍上有所侧重，确保研究的重点性

本文以当代中国经济效益理论的演变为研究对象，时间设定为1950–2005年度。在这一时段内，由于我国经过了计划经济、有计划商品经济、社会主义市场经济的经济制度变迁，经济效益理论也经过了有益的探索、快速发展、逐渐深化的发展变化；经济效益理论的演变研究涉及到经济学和管理学等研究经济领域的两大学科；提高经济效益理论涉及到企业（公司）制度理论、企业产权理论、发展股份制理论、证券市场理论、企业管理理论、公司治理理论等；如何提高经济效益涉及到职工阶层、职业经理人阶层、公司治理结构下的管理层级、国家管理部门、政府等各个方面。

其内容之丰富、思想之深刻、应用之广泛，绝非十几万字之论文能概括，为此必须对有关的材料有所取舍，确保研究的重点。

（二）论文的内容上尽量涵盖，力保研究的全面性

当代中国经济效益理论研究的内容，主要包括经济效益的涵义、建立经济效益指标评价体系、提高经济效益的途径和方法等，所以在当代中国经济

效益理论研究过程中，在保证对经济效益涵义正确理解的前提下，要建立科学合理的经济效益指标评价体系，找出新时期提高我国经济效益的策略和途径，力保研究的全面性。

（三）本文的研究重点

1. 重点研究各个时期中国经济制度变迁中经济效益理论的突出特点。从中国经济制度的变迁中，发现经济效益理论产生发展的脉络，以此推动我国经济效益不断向好的方向发展，保证经济效益的提高。

2. 重点研究经济效益的涵义。多年来的研究资料显示，事实上对经济效益的涵义，没有一个全面明确的定义，经济效益丰富的内涵没有表达清楚，经济效益的外延没有确切地给以界定。适应我国工商企业的发展变化、政府制度环境的变换，在当代中国经济效益理论中对经济效益的涵义给以崭新的解释。

3. 重点研究提高经济效益的途径和方法问题。理论研究的目的是为了更好地指导实践，研究当代中国经济效益理论的目的就是为了更好地提高经济效益，更好地为改革开放政策服务，使我国的经济高速、稳定、持久地得到增长和发展。

4. 重点研究各种经济效益的关系问题。比如对微观经济效益和宏观经济效益的关系问题，必须进行深入研究，微观经济效益需要服从、服务于宏观经济效益的提高。

5. 重点研究经济效益与环境效益、社会效益的关系问题。长期以来为了促进经济快速增长和发展，不注重环境效益，人民的生活环境遭到了很大破坏。近年来随着我国经济的高速发展，贫富差距正在不断拉大，社会不安定因素正在增加，直接影响着社会稳定，从而又影响着经济效益的持续提高。

6. 重点研究当代中国经济效益理论在新时期发展的新动向，以期对未来经济效益的提高有所预测，从而达到研究的目的和意义。结合提高经济效益工作的客观实践，对经济效益理论研究工作带来新的思路和突破。

三、需要解决的方法论问题

（一）在新的历史时期对经济效益的涵义，能不能给出一个新的界定

这个问题在现有的经济效益理论中，有各种各样的表述方式。由于所站

的角度不同，造成对经济效益涵义的理解有所不同，迄今为止还没有一个完整的统一的达到理论界共识的解释。科学、全面、准确地界定经济效益的内含，是经济效益理论研究的首要考量。

（二）对经济效益理论研究的范围，如何给一个科学合理的界定

自从我国政府提出经济建设以经济效益为中心以来，关于经济效益理论的书籍、论文层出不穷，由于对经济效益的涵义不明确，好像所有的经济理论都是研究经济效益问题的，因为一切经济活动都离不开效益问题，事实并非如此。即使本书作者自己，甚至时常也认为，经济效益理论与经济学、制度经济学、信息经济学、管理学、会计学、财务学、统计学、审计学、市场营销学、西方经济学、西方企业管理理论等现代企业管理理论都有密切的关系。但是，既然承认经济效益理论的存在，就必须有一个明确的研究对象，确定一个科学合理的研究范围。本人认为，这里的关键是，理论上如何把相关的学科理论运用到经济效益理论研究中，并作为一门边缘科学与之区别开来，确定自己的研究对象和研究范围，本文试图在这方面做出一个初步探索。

（三）提高经济效益的前提、基础、关键、核心、重心等方面，能不能给出一个合理的答案

在有关经济效益理论研究的著作和论文中，提高经济效益的途径和方法，多种多样，各种提法等等不一。当然，在不同经济时期不同经济制度及不同相关经济政策下，面对不同的经济环境，提高经济效益的途径不可能相同。但是，提高经济效益的前提、基础、关键、重心、核心途径，应该有一个明确的答案。这也是本书试图探索的重点。

（四）对经济效益如何进行合理科学的分类

对经济效益进行科学合理的分类，是经济效益理论研究的重要内容。不同的经济效益，提高经济效益的途径和方法不同，有不同的指标评价体系。

（五）如何客观评价在不同经济制度（经济体制）下中国经济效益理论

不同的社会经济背景、不同的经济制度政策背景和不同的理论研究指导思想，必然会产生不同的经济效益理论。我国经济制度的变迁经历了计划经

济、有计划商品经济、社会主义市场经济。在这一过程中社会经济背景、经济制度政策背景、理论研究的指导思想发生了很大的变化，当代中国经济效益理论也经历了探索研究、迅速发展和逐步深化的过程，客观的评价各个时期的经济效益理论是我们应有的科学态度，也只有这样才能对未来经济效益理论的研究提供一个更好的探索方向。

本章小结

首先，从传统计划经济时期当代中国经济效益理论研究的探索、有计划的商品经济时期当代中国经济效益理论研究的迅速发展、社会主义市场经济时期当代中国经济效益理论研究的逐步深化三个阶段，对当代中国经济效益思想进行理论综述和文献回顾。

其次，从国外经济效益理论研究的主要内容和国外经济效益理论研究对我国的影响两个方面，对国外经济效益理论研究进行文献综述。

最后，对本文研究的范围和重点做说明和确定。

参考文献

[1] 袁庆明:《新制度经济学》，中国发展出版社，2005 年，第 5 页。

[2]《人民日报》社论:《充分考虑经济效果》，1957 年 1 月 6 日，第 1 版。

[3] 顾准:《试论社会主义制度下的商品生产和价值规律》,《经济研究》1957 年第 3 期。

[4] 陈云:《陈云文选》第 2 卷，人民出版社，2003 年，第 62 页。

[5] 邓小平:《邓小平文选》第 1 卷，人民出版社，1994 年，第 223 页。

[6] 火剑:《邓小平经济效益核心思想初探》,《学术论坛》，2002 年第 1 期，第 20 页。

[7] 火剑:《邓小平经济效益核心思想初探》,《学术论坛》，2002 年第 1 期，第 21 页。

[8]《辞海・经济分册》，上海辞书出版社，1980 年，第 319 页。

[9] 许涤新:《政治经济学辞典》(下)，人民出版社，1981 年，第 142 页。

[10]《中共中央关于经济体制改革的决定》，人民出版社，1984 年版，第 17 页。

[11]《经济日报》，1994 年 1 月 23 日，第 3 版。

[12] 石云龙:《经济效益概念探析》，山东大学学报（哲学社会科学版），1994 年第 1 期，第 85 页。

[13] 张学安:《准确宣传“经济效益”内涵》,《求索漫笔》第 36 页。

[14] 郭东仁:《提高经济效益的途径》,《航天工业管理》1994 年第 6 期，第 17 页。

[15]《技术经济信息月刊》，1994 年第 10 期，第 37 页。
[16] 曹俊文：《“经济效益”新观察》，《江苏统计.理论探讨》，2001 年第 12 期，第 10 页。
[17] 杨蓉：《浅议法律的经济效益》，《监察实践》，2002 年第 3 期，第 52 页。
[18] 郑鹏程，刘军强：《有关法律经济效益的分析》，《Journal of Yunnan & economics university》第 18 卷第 1 期。
[19] 孙玮：《经济效益理论视角下的法律现象》，《青海民族学院学报（社会科学版）》，2004 年 1 月第 30 卷第 1 期，第 83 页。
[20] 葛常静，牛惊雷，高世光：《军事联盟的经济效益分析》，《军事运筹与系统工程》，2003 年第 3 期，第 50 页。
[21] 赵贺春：《我国提高工业经济效益的重要性及途径》，《华东经济管理》1994 年第 5 期，第 22 页。
[22] 苏吉永：《提高工业企业经济效益研究》，中国统计出版社，1997 年。
[23] 王中庆：《宏观经济效益控制与动态模拟》，《华东交通大学学报》，1994 年 9 月第 11 卷第 3 期。
[24] 王海建：《前后向完全经济效益的计算》，《系统工程》1998 年 7 月第 16 卷第 4 期。
[25]《西欧金融史》，中国金融出版社，1991 年，第 8 页。
[26]《辞海 · 经济分册》，上海辞书出版社，1980 年，第 319 页。
[27] 许涤新：《政治经济学辞典》（下），人民出版社，1981 年，第 142 页。
[28] 蔡北华、徐之河：《经济大辞典—工业经济卷》，上海辞书出版社，1983 年，第 457 页。
[29]《经济大辞典》（商业经济卷），上海辞书出版社，1986 年，第 21 页。
[30]《新编简明经济辞典》，天津人民出版社，1990 年，第 492 页。
[31] 王海波：《工业经济效益问题探索》，经济管理出版社，1990 年，第 2 页。
[32] 黄汉江主编：《投资大辞典》，上海社会科学院出版社，1990 年，第 710 页。
[33]《经济大辞典》，海洋出版社，1992 年，第 1028 ~ 1029 页。
[34] 谢明干：《实用经济辞典》，人民出版社，1993 年，第 4 页。
[35] 蒋学模：《高级政治经济学 – 社会主义本体论》，复旦大学出版社，2001 年，第 65 页。
[36] 参见国家检察官学院杨蓉：浅议法律的经济效益，检察实践，2002 年 3 月，第 52 页。
[37] 曹俊文：《对传统“经济效益”的重新思考》，《统计与信息论坛》，2001 年第 6 期，第 56 页。
[38] 郑鹏程、刘军强：《有关法律经济效益的分析》，中南政法大学学报，第 18 卷第 1 期。
[39] 杨蓉：《浅议法律的经济效益》，《监察实践》，2002 年第 3 期，第 52 页。
[40] 理查德 · A· 波斯纳：法律的经济分析 [M]. 北京：中国大百科全书出版社，1997 年，中文版（第二版序言）。
[41] 史晋川：法律经济学：回顾与展望 [J]. 浙江社会科学，2001 年，第 2 页。

[42] 周林彬：法律经济学论纲 [M]，北京：北京大学出版社，1998 年，第 373 页。
[43] 参见国家检察官学院杨蓉：浅议法律的经济效益，《检察实践》，2002 年第 3 期，第 52 页。
[44] 王海建：《前后向完全经济效益的计算》，《系统工程》1998 年 7 月，第 16 卷第 4 期第 53 页。
[45] 黄明理：《论文化的经济效益与社会效益的统一性》，《广西社会科学》，2003 年第 6 期，第 113 页。
[46] 葛常静、牛惊雷、高世光：《军事联盟的经济效益分析》，《军事运筹与系统工程》，2003 年第 3 期，第 50 页。
[47] 郭文斌：《经济效益、知识效益的概念和算法》，《山西焦煤科技》，2004 年第 3 期。
[48] 候荣华、王朝纲、张耀辉：《宏观经济效益理论与实证分析》，中国计划出版社 1997 年 5 月。
[49] 贺天元：《怎样提高企业经济效益》，科学技术文献出版社重庆分社，1990 年 4 月。
[50] 王海波：《中国国民经济各部门经济效益研究》，经济管理出版社，1990 年 3 月。
[51] 林光：《提高经济效益的途径和方法》，中国广播电视出版社，1994 年。
[52] 异同：《正确理解经济效益促进经济发展》，《经济研究》1993 年第 10 期。
[53] 尹莲英：《《资本论》中的经济效益思想初探》，《东南大学学报（社会科学版）》1999 年第 1 卷第 1 期。
[54] 马克思：《资本论》第 1 卷，人民出版社，1975 年，第 168 ~ 169 页。
[55] 马克思：《资本论》第 1 卷，人民出版社，1975 年，第 172 页。
[56] 尹莲英：《《资本论》中的经济效益思想初探》，《东南大学学报（社会科学版）》1999 年第 1 卷第 1 期。
[57]《马克思恩格斯全集》第 1 卷，第 605 页。
[58] 尹莲英：《《资本论》中的经济效益思想初探》，《东南大学学报（社会科学版）》1999 年第 1 卷第 1 期。
[59] 马克思：《资本论》第 3 卷，《马克思恩格斯全集》第 25 卷，人民出版社 1975 年，第 50 页。
[60] 中井蚕行：《工厂工程管理：改善企业经营提高经济效益》，书泉出版社（中国台湾），1988 年 4 月。
[61] 鲍依科夫：《工业企业提高经济效益的经验》。
[62] 冈田邦夫：《中小企业的质量管理》，化学工业出版社，1985 年 10 月。
[63] 科里夏克：《经济效益》，黑龙江出版社，1984 年 10 月。
[64] 谢尔巴科夫：《苏联科学活动的效益》，科学技术文献出版社，1987 年 10 月。
[65]《新编简明经济辞典》，天津人民出版社，1990 年，第 492 页。
[66]《经济大辞典》（商业经济卷），上海辞书出版社，1986 年，第 21 页。
[67] 蔡北华、徐之河：《经济大辞典—工业经济卷》，上海辞书出版社，1983 年，第 457

页。
[68] 马克思:《政治经济学批判》,《马克思恩格斯全集》第 46 卷（下），第 225 页。人民出版社，1975 年。
[69] 张先治:《经济效益与经济效率 - 兼与托马斯 · G · 罗斯基商榷》,《财经问题研究》, 1994 年第 11 期，第 54 页。
[70] R.H.Leftwich 1973 "THE PRICE SYSTEM & RESOURCE ALLOCATION"， P.20.
[71] Richard G.Lipsey，1987 "ECONOMICS"，P.31；247，HARPER & ROW，PUBLISHERS，NEWYORD.
[72] Paul A.Sumuelson， 1989 "ECONOMICS"，P.971 McGRAW-HILL BOOK COMPANY，NEWYORK.
[73] Edwin Mansfield，1982 "MICROECONOMICS THEORY & APPLICSTIONS "，P.440-442 W.W.Nortonand Company. New York，and London.
[74] 戴维.W. 皮尔斯，中译本《现代经济学词典》，上海译文出版社，1988 年，第 18 页。

第二章　立论基础研究

本章的主要目的是奠定全文的基调和做好全文的立论基础研究工作。首先，对本文涉及的基本概念诸如经济、经济效益等概念进行理论上的界定，给出作者个人的看法，确定研究的主要内容。其次，对研究途径进行详细的探讨，确定科学的研究方法及论述框架。最后，说明选题的必要性、理论和现实意义。以此作为本文研究的立论基础。

第一节　有关概念的理论界定

经济效益思想蕴涵于经济学、管理学等众多学科的理论研究框架内。不同的学科从不同的角度、用不同的方法、在不同的层次上，对其进行详细的考察和研究，作出了不同的表述。对研究对象所涉及的有关概念，不仅要对过去的认识和研究成果进行科学的归纳和概括，而且要在综合分析、慎密研究的基础上尽可能准确的给予科学的界定，为明确研究范围、确定研究对象打下坚实的立论基础。

一、对“经济”涵义的理论界定

研究“经济效益思想”肯定首先要深刻理解“经济”的涵义，为本文研究的需要给予科学的界定。“经济”是个多义词，涵义相当广泛，不同场合有不同涵义，可参见表 2–1。

表 2–1　对“经济”涵义的不同解释一览表

序号	对“经济”涵义的不同解释	参阅文献
1	原意是“经世济民”，现主要包括以下内容：1. 经济学中称社会物质生产和再生产的活动。2. 对社会物质生产有利或有害的。3. 个体生活消费，收支状况。4. 用较少的代价获得较大的效益。5. 管理国家。[1]	《新华汉语词典》，商务印书馆国际公司 2005 年 3 月，第 509 页。

续表

序号	对“经济”涵义的不同解释	参阅文献
2	在我国的古代文献里早就有“经济”一词，但在古汉语中主要是指“经邦济世”“经世济民”等意思，即有治理国家、拯救庶民之意，但最主要的就是“节约”。在现代汉语中，“经济”一词至少有两个定义。一是指节省、有效率，以较少的人力、物力、时间等耗费获得较大的成果。例如，人们常说“经济的利用自然资源”。另一定义则用来统称人类社会生产、消费、交换等活动，及组织这些活动的制度、系统、如工业经济、国民经济、计划经济、市场经济等。[2]	易刚、海闻主编，周惠中著：《微观经济学》，上海人民出版社，2002年，第1页。
3	1.指生产关系诸方面的总和，它是政治制度和意识形态等上层建筑的基础。2.指社会生产。例如发展经济、保障供给。3.指个人或集体的收支情况。例如经济情况。4.节约，即以较少的耗费获得较大的成果。5.经世济民。旧指治理国家。[3]	《新华词典》(修订版)，商务印书馆，1993年，第466页。
4	在西方文献中，古希腊思想家色诺芬（约公元前430～354年）在《经济论》一书中最先使用了“经济”一词，首次用“经济”一词来概括奴隶主组织和管理奴隶的经济活动，意指家庭管理或家政管理。英文“economy”一词就是源于希腊文，“eco”的意思是“家务”，“nom”的意思是“规则”或“管理”。其原意是指家计管理或家政管理，特别是指家庭收支方面的管理。持家的根本是勤俭节约，economy自然成了“节俭”的同义词。后来在法语中其涵义不断的扩展，发展为“对国家事务的管理”，因而又衍生出“政治经济学”和“经济学”，用来指研究人类社会经济活动的科学。[4]	吴树青，逄锦聚等：《政治经济学》，高等教育出版社，2002年9月，第2页。
5	在《牛津高阶英汉双解词典》中，对“economy”一词有三种解释：一是指（金钱、力气、时间、资源等的）节省、节约二是指理财、政治经济学；三是指（国家的）经济管理、经济制度。[5]	《牛津高阶英汉双解词典》第四版，商务印书馆、牛津大学出版社，1999年，第459页。
6	关于“economy”的中文译名，早期主要为“富国策”和“富国养民策”（又译为“富国养民学”）。例如1880年（光绪六年）由北京同文馆毕业生、副教习汪凤藻翻译，美国传教士做教师的总教习丁韪良校订，呈请总理各国衙门批准，首次出版的英国经济学家福西特（H.Fawcett，当时译为“法斯德”）的《政治经济学指南》(A Manual of Political Economy）当时就译为《富国策》。1886年（光绪十二年），由英国传教士艾约瑟（J.Edkins）翻译的英国经济学家杰文斯（W.S.Jevons，当时译为“哲分斯”）的《政治经济学入门》(Primer of Political Economy）就翻译为《富国养民策》。从日本传入我国的译名为“经济学”。甲午战争后，又出现了“富国学”“理财学”“平准学”“资生学”“计学”“生计学”等译名。严复认为，日本译为“经济”，“既嫌太廓”，[6]“经济”两字的原意是经世济民，严复认为范围太广。中国译为理财，又为过狭。严复说：“人云‘理财’，多主国用，意偏于国，不关在民”，[7]这就是说，“理财”主要是理国家的财政收入，用它来代表经济学失之过狭。所以严复在翻译《原富》时，采用了“计学”的译名。梁启超在	叶世昌：《近代中国经济思想史》，上海人民出版社，1998年，第82，83，152，153页。

续表

序号	对“经济”涵义的不同解释	参阅文献
	1902年（光绪二十八年）编写了一部外国经济学说史的著作，书名定为《生计学学说沿革小史》。梁启超在书中的《例言》中说：“兹学之名，今尚未定，本编向用‘平准’二字，似未安。而严氏定为‘计学’，又嫌其于复用名词颇有不便。或有谓当用‘生计’二字者，今姑用之，以俟后人。”孙中山、朱执信等人则始终采用“经济学”的译名，孙中山在1912年说过，中国原来“无经济学之名词”，后来“或以富国学名，或以理财学名，皆不足以赅（完备）其义，惟经济二字，似稍近之”。[8]	
7	“经济”通常指做事要精打细算，要节约。不只是指个人或家庭的省吃俭用，还指为了满足需要，人们在生产中要节约，节约人力、物力、财力等各种资源，使生产取得更大更好的成果。在使用货币的社会中，各种投入生产的要素或资源，都表现为一定量的货币，叫做“收益”，有货币作为度量的标准，生产中的耗费和这些耗费取得的成果之间就可以比较了。如果收益大于成本，有了剩余，这时生产活动是有效益的；如果收益低于成本，生产成果补偿不了消耗掉的资源，发生了亏损，这时经济活动就是无效的，是对资源的浪费。[9]	伍柏麟，尹伯成：《经济学基础教程》，复旦大学出版社，2004年7月，第1页。

通过表2–1可以看出，“经济”的涵义，各种解释的定义之间，都存在着内在的联系。共同点就是在于任何经济活动，都必须考虑如何以最小的耗费来获得最大的效益，从而满足人们不断增长的欲望。

本文的目标是以现有的经济效益理论研究成果为基础，在经济思想史研究方法的理论框架内，注重当代中国经济效益理论的演变过程研究，找出其规律性，为更好地提高我国的经济效益工作实践服务。

那么，本文就将“经济”的涵义界定为“在我国社会物质生产和再生产经济活动中，用较小代价获得较大较好的成果”。也就是说，本文研究的对象是我国的国家或集体组织的物质生产和再生产活动，不是个人或家庭的活动。用较小的代价，注意这里用的是“代价”，代价包含的内容很多，既含有耗费的内容，又含有占用的内容，还有对环境、生态、资源等的影响。获得较大较好的成果，对“成果”的要求不仅要求做到“较大”，而且还要做到“较好”。

二、对“效益”涵义的理论界定

“效益”效果。效果就是指事物或行为、动作产生的有效结果。收益就是生产上或商业上的收入。[10]

在西方经济学中，西方经济学家们普遍的认为，人类进行的生产活动是为了满足他们的消费欲望，而由于客观的存在经济资源的稀缺性问题，就产生了如何利用有限的经济资源，来获得最大的“效用”问题。

西方经济学认为，产品价值的多少，是由产品的效用大小决定的。[11]效用就是消费者消费物品或劳务所获得的满足，并且这种满足是一种消费者主观心理感觉。同时还提出了“边际效用”的概念，边际效用（Marginal Utility）是消费商品或劳务所感觉到的满足的变化。

例如，一个人吃梨子从第一个吃到第五个，每一个梨子给他带来的满足程度是不一样的，最后一个梨子所带来的效用就是边际效用。为此还设计出效用函数，引出效用最大化问题。

在《新汉英词典》中，将“效益”译为“benefit/beneficial result”，“benefit”是利益或者好处，而“beneficial result”是一种有益的结果或效果。[12]

在《牛津高阶英汉双解词典》中，对 Utility 的解释为有用、实用、效用、功用。[13]对 benefit 的解释为利益、实惠、未来的好处；优越性、优良条件；使（某人或者某事物）受益。

到 20 世纪初，意大利经济学家维尔弗里德·帕累托（Vilfredo Pareto）等发现效用的基数性是多余的，从而又建立起序数效用理论。

从以上的解释上看，效益、效用、收益、效果、利益、实惠、实用、有用等，他们之间有着密切的联系。在分析经济问题时，从不同的角度会有不同的表达方法，但最终的结果都是落脚到效益的最大化问题上。为此，本文将“效益”的涵义界定为“能满足人们欲望的有效的最大成果”。在这里既要满足人们的消费欲望，还要满足人们的生产欲望；成果既要做到有效，还要做到最大；既有量上的规定性，又有质上的规定性。

三、对“经济效益”的理论界定

（一）经济效益的演变

英文“economic efficiency”有的译为“经济效益”，有的译为“经济效率”，“经济效益就是为了提高经济效率而增加经济收益”[14]，经济效益因比较符合我国习惯而被人们接受。

在我国传统经济理论中没有明确提出过“经济效益”这一概念。建国后有些经济学者探讨过“经济效果”问题，直到“文革”结束把党的工作转移到经济建设来以后，才明确提出了“经济效益”这一概念，并明确提出“经济建设以经济效益为中心”。

表 2-2　对“经济效果”“经济效率”或“经济效益”涵义的不同表述一览表

序号	年代	对“经济效果”或“经济效益”涵义的不同表述	参阅文献
1	18世纪	“经济效益”的观念，源于18世纪英国著名经济学家大卫·李嘉图的一句话：“真正的财富在于用尽量少的价值创造出尽量多的使用价值。”[15]	《经济日报》1994年1月
2	1993	英文“economic efficiency”被译为“经济效益”，或“经济效率”，“经济效益这个词，探其初衷，就是为了提高经济效率而增加经济收益”。[16]	
3	1973	“经济效率是用货币单位计量的有用资源投入与有用产出之间的比率。”[17]	
4	1987	经济效率“通常是指帕累托效率或帕累托最优。即已经不可能通过资源的重新配置使任何一个人处境变好，而不致使另一个人的处境变坏。经济效率可分为生产效率和配置效率。”[18]	
5	1989	效率是配置效率的简称，“指在投入和技术既定的条件下，能够使既定经济资源产生的满足程度最大化的状态。”[19]	Paul A.Sumuelson，1989
6	1982	配置效率最优“通常是指帕累托效率”[20]	EdwinMansfield，1982
7	1988	经济效率或配置效率“指通过投入要素的最有效的组合生产出‘最优的’或最适度的产品组合。”[21]	戴维 .W. 皮尔斯
8	1980	1980年《辞海》“经济效果”是指“经济活动中劳动耗费同劳动成果之间的对比”。[22]	《辞海·经济分册》
9	1981	1981年《政治经济学词典》中“经济效果”是指“劳动占用和劳动耗费同劳动成果的比较”。[23]	许涤新：《政治经济学辞典》（下）
10	1983	1983年《经济大辞典—工业经济卷》中“经济效益一般是指人们在物质生产活动中消耗一定量的活劳动和物化劳动后所能实际取得的符合社会需要的产品量的大小”。[24]	蔡北华、徐之河：《经济大辞典—工业经济卷》
11	1986	1986年《经济大词典》“经济效益是社会生产中劳动占用和劳动耗费同劳动成果的比较”。[25]	《经济大辞典》（商业经济卷）
12	1990	1990年《经济学词典》中经济效益为“经济活动中消耗、占用的劳动量同取得的符合社会需要的劳动成果之间的比较”。[26]	《新编简明经济辞典》
13	1990	“经济效益是投入和产出的比较。投入可以是劳动占用，也可以是劳动消耗。产出可以是各种形式的生产成果。”[27]	王海波：《工业经济效益问题探索》

续表

序号	年代	对“经济效果”或“经济效益”涵义的不同表述	参阅文献
14	1990	1990年《投资大辞典》中“经济效益指人们从事经济活动所取得的物质效用和经济收益，包括使用价值和价值两种形态”[28]	黄汉江主编：《投资大辞典》
15	1992	1992年《经济大辞典》中“经济效益指劳动占用、劳动耗费与劳动成果的比较”。[29]	《经济大辞典》，海洋出版社
16	1993	“经济效益是指经济活动中实际取得的符合社会需要的产出（成果）大小与活劳动和物化劳动消耗（或占用）大小的比较。”[30]	谢明干：《实用经济辞典》
17	2001	“经济效益是指在环境得到有效的保护和自然资源得到合理利用的前提下，人与自然物质交换的过程中所取得的符合社会需要的标准质量的劳动成果与劳动占用和劳动耗费的关系。”[31]	蒋学模：《高级政治经济学－社会主义本体论》

通过经济效益涵义不同表述的历史演变过程（可看表2-1），可加深对经济效益涵义的理解。开始认为“经济效果”是“经济活动中劳动耗费同劳动成果之间的对比”[32]，后改为“社会主义生产和再生产过程中，劳动占用和劳动耗费同劳动成果的比较”。[33]

十一届三中全会后，中共中央提出社会主义建设以经济建设为中心，经济建设以经济效益为中心。1983年对经济效益的定义为“经济效益一般是指人们在物质生产活动中消耗一定量的活劳动和物化劳动后所能实际取得的符合社会需要的产品量的大小”。[34]

到1986年在理论的理解上仍然认为经济效益就是经济效果。[35]

1987年上海辞书出版社出版的《经济大词典》（财政卷）中对经济效益的定义仍然与此相同。

1990年对经济效益定义为“经济活动中消耗、占用的劳动量同取得的符合社会需要的劳动成果之间的比较”。[36]王海波指出“经济效益是投入和产出的比较。”[37]1990年《投资大辞典》对经济效益的解释为“经济效益指人们从事经济活动所取得的物质效用和经济收益，包括使用价值和价值两种形态。”[38]

1992年《经济大辞典》中对经济效益的解释为“经济效益指劳动占用、劳动耗费与劳动成果的比较。广义经济效益是指社会经济效益，狭义经济效益是指一定具体的微观单位的劳动消耗与劳动成果的比较。”[39]

1993年《实用经济辞典》“经济效益是指经济活动中实际取得的符合社会需

要的产出（成果）大小与活劳动和物化劳动消耗（或占用）大小的比较”。[40]

2001年蒋学模对经济效益的定义为：“经济效益是指劳动成果与劳动占用和劳动耗费的关系。”[41]

这说明经济理论界对经济效益涵义的理解不断走向较为全面的认识。在这里受马克思劳动价值论的影响，特别强调劳动这一生产要素的作用。我国的经济理论界对经济效益涵义的理解和认识，同对其他问题的认识过程一样，也是由浅入深、由片面到全面的认识和理解过程，这符合认识问题的一般规律。

综合上述，近代经济学家从不同角度把经济效益概括为“投入与产出的比较”“以最小的耗费取得最大的效果”“以用尽可能节省的劳动生产尽可能多和尽可能好的社会产品”等。

（二）科学把握经济效益内涵的探讨

1. 经济效益，既能衡量社会经济状况好坏，又能衡量社会经济发展进步

我国政府提出全面建设小康社会，构建和谐社会，就是要保护好环境使人与自然和谐共存，理顺社会不同人群的各种关系，使经济活动有良好的经济效益，保持经济持续快速健康的发展。

2. 经济效益，既要反映近期情况，又要有一个长远观念

在人与自然的物质交换过程中，人类在创造物质文明的同时，也从根本上改变着地球环境等各个系统。这不仅影响人类自身的生存，也将影响人类经济再生产的顺利进行。

随着世界人口的急剧增长和生产的飞速发展，资源的绝对稀缺以及相对稀缺越来越明显。矿产物质不断减少，有些生物和动物濒于灭绝。有些资源如水等资源，过去一直是被认为是“取之不尽、用之不绝”的，但是现在全世界很多国家和地区水资源不足，甚至严重缺水。目前我国的600多个城市中，有400多个城市缺水，有40多个城市严重缺水，显著制约经济效益的提高，严重影响了我国国民经济的发展。[42]

人类对资源必须科学开发、合理利用，使有限的资源充分发挥作用，以满足人类长远发展的需要，保证经济可持续发展，经济效益的提高。我国政府提出建设节约型社会道理就在于此。特别是环境状态改变的不可逆转性、环境危害的长期性、环境资源的有限性、环境要素的整体性、环境问题的不

确定性等特点，在经济发展提高经济效益的过程中更要重视环境保护工作。

1987 年联合国世界环境与发展委员会的研究报告《我们共同的未来》中，明确提出了可持续发展的概念为既满足当代人的需求又不危及后代人满足其需求的发展。

1992 年联合国环发大会的召开使可持续发展思想得到世界的认同，会议通过的《21 世纪议程》为可持续发展提供了指导性行动计划。[43]我国政府反复强调经济的持续健康发展，就要求在提高经济效益的过程中必须树立长期的观念。

3. 经济效益，既有量的规定性，又有质的规定性

从数量上看，劳动成果越多，劳动占用和劳动耗费越少，说明经济效益越好。经济效益质的规定性，就是指人们在生产经营活动中所取得的劳动成果必须符合标准质量的要求。

产品质量是决定经济效益的内在因素，要提高经济效益必须注重提高产品的质量。

4. 经济效益，既反应一定生产力水平，又受到生产力发展程度制约

我国的历史经验和几十年的改革实践表明，效益性的经济发展优于速度型的经济发展。[44]一般来说，生产力水平越高，生产力发展速度越快，劳动生产率就越高，经济效益也就越好。反之，越差。但是，与生产力发展程度相联系，提高经济效益不能脱离生产力水平，超越现有科学技术水平去要求提高经济效益也是不现实的，必须结合具体实际情况，充分挖掘潜力去提高经济效益。

5. 经济效益同一定生产关系相联系从属于不同生产目的，反映出不同性质，从而提高经济效益所产生的作用和社会后果也不同

这也是《新制度经济学》[45]的应有之意。资本主义制度下的经济效益具体表现为用最小限度的预付资本生产出最大限度的剩余价值。经济效益越高，说明资本家攫取的剩余价值越多，工人所受的剥削程度越深。资本家对经济效益的无限追求，必然导致两极分化越来越重，资本主义矛盾日益加深。

在社会主义制度下，基于社会主义的生产目的，好的经济效益表现为以最小的资金与劳动占用和耗费，取得尽可能多的、质量尽可能好的产品，以最终满足劳动人民日益增长的物质和文化生活的需要。经济效益越高，人民生活越好，社会福利越多，劳动时间越短，劳动者越能全面发展。所以说提

高经济效益反应了社会主义基本经济规律的客观要求。

（三）对“经济效益”涵义的理论界定

要更好地提高经济效益，就必须加大对管理和科技等各方面的投入，从而有更多的产出。然而，传统的经济效益概念却很容易误导生产者，促使他们产生破坏人类生存环境的行为，后果是危及到人类生存，有必要对传统经济效益涵义进行新的认识和思考。反复强调经济增长方式要从粗放型向集约型转变，根本目的就是为了提高经济效益。因人们在理解经济效益涵义上的差异，造成追求经济效益的方式也有所不同。

1. 加大管理力度和提高科技投入

应探索两种投入中哪些该降低，哪些不仅不降还要提高。最初投入中管理要素不能减少，否则将使各生产要素的组合不佳或失调，发挥不了应有的作用；中间投入中的外购或自主进行的研究和开发费用不能减少，那么只有科技水平和管理质量提高，对原材物料等消耗才能真正的降低。所以，提高经济效益就要鼓励生产者加大管理和科技投入，尽量降低生产对其他投入的消耗。

2. 对经济效益内涵理解上的缺陷

对经济效益涵义传统理解上最大缺陷是没充分考虑环境保护、自然资源合理利用、保持经济可持续发展等问题，在定义投入产出时具有典型“人类中心主义”思想，在“人类中心主义”思想中又包含着极为初级、原始的“自我中心主义”思想。

3. 对经济效益理解上的缺陷的后果

一是导致严重信号失真。

二是极易误导生产经营者，促使他们产生破坏人类生存环境的内在激励机制。

前总理温家宝说：“我们必须通过科技进步和创新，转变增长方式，解决资源环境等制约经济社会发展的瓶颈问题，建设资源节约型、环境友好型社会。”[46]

为此，本论著将“经济效益”的涵义界定为：“经济效益是指在环境得到有效保护、资源得到合理配置和有效利用的前提下，人与自然物质交换过程中取得的有利于构建和谐社会，符合人类经济社会持续、健康、稳定的增长和发展，满足人们合理需要符合标准质量的生产经营活动成果与土地、劳动、资本、管理等生产经营要素占用和耗费的关系。”笔者认为这一表述从保护环境、资源合理配置和有效利用、构建和谐社会、保证经济社会持续、健康、稳定增长和发展、满足人们合理需要、保证产品质量等多个方面弥补了以前经济理论界对经济效益涵义理解上的缺陷，还把“劳动成果”改述为“生产经营活动成果”，把“劳动占用和劳动耗费”改述为“土地、劳动、资本、管理等生产经营要素的占用和耗费”，这就突出了土地、资本、管理等生产经营要素和劳动力要素一样在生产经营活动中的贡献。那么，提高经济效益就是在环境得到有效保护及资源得到合理配置和有效利用的前提下，要争取以尽可能少的土地、劳动、资本、管理等生产经营要素的占用和耗费，取得尽可能多的有利于构建和谐社会，符合人类经济社会持续、健康、稳定增长和发展，满足人们合理需要符合标准质量的生产经营成果。

随着社会主义市场经济的不断完善和发展，理论创新意识不断增强，对经济效益涵义的理解也会随着时代的进步而不断发展，经济理论界对经济效益涵义的理解和认识，一定会由浅入深，由片面到全面的认识和理解，这符合认识问题的一般规律。当然，经济在发展，社会在进步，对经济效益涵义的认识也会更全面、更科学、更透彻。

四、经济效益思想理论研究的主要内容

在对“经济”的涵义界定为“在我国社会物质生产和再生产经济活动中，用较小代价获得较大较好的成果”、对“效益”的涵义界定为“能满足人们的欲望有效最大的成果”、对“经济效益”的涵义界定为“经济效益是指在环境得到有效保护、资源得到合理配置和有效利用的前提下，人与自然物质交换过程中取得的有利构建和谐社会，符合人类经济社会持续、健康、稳定增长和发展，满足人们合理需要符合标准质量的生产经营活动成果与土地、劳动、资本、管理等生产经营要素占用和耗费的关系”以后，笔者对研究对象需要做出进一步说明。论述经济效益理论至少包括四方面内容：一是对经济效益内涵的界定，这是理论研究的前提；二是经济效益的科学评价标准，这是衡量的尺度；三是影响经济效益提高的主要因素；四是提高经济效益策略和途径，这是目的所在。本书是在经济思想史研究框架内，主要以经济思想史研

究方法为理论视角，在系统考察和总结经济效益理论研究成果基础上，梳理经济效益理论的发展脉络和思维逻辑。因此，本文试图把思考的范围涵盖到国内国际社会政治、经济、军事等领域，合理吸收多学科相关理论成果，当然核心内容肯定是来自经济学和管理学，来研究当代中国经济效益理论的产生、发展和逐步深化过程，提出新时期提高经济效益的策略和途径。

同其他中国经济理论史研究一样，本书所要揭示的中国这一特定样本下带有转轨型经济的明显特征，离不开中国转轨型经济下社会政治、经济大背景。中国的经济制度变迁走的是一条渐进式改革路径：1978 年党的十一届三中全会召开后，逐步实行改革开放政策，计划经济开始向有计划商品经济转变；1982 年党的十二大提出“计划经济为主，市场调节为辅”原则，在实践上结束了长期以来指令性计划和政府直接管理经济的局面；1984 年党的十二届三中全会确定社会主义经济是公有制基础上的商品经济，商品经济的充分发展是社会经济发展不可逾越的阶段；1987 年党的十三大指出社会主义有计划商品经济体制是计划和市场内在统一的，从此中国真正进入双轨制经济阶段；1992 年初邓小平南方讲话彻底破除了把计划经济和市场经济看作属于社会基本范畴的思想束缚，接着党的十四大上明确宣布我国经济体制改革的目标是建立社会主义市场经济体制，我国进入社会主义市场经济的建立、逐步完善的经济时期。

在对中国社会政治经济大背景有所考量基础上，确定本文研究的主要内容包括：首先，按照中国经济制度变迁路径梳理经济效益理论的演变过程，研究已有的理论成果，从中找出规律性的论述，为未来经济效益理论研究提供前瞻性思路。其次，对经济效益涵义进行深入探讨和思考，确定经济效益理论研究范围、研究对象、研究目的。再次、探讨经济效益评价考核标准，对影响经济效益因素进行分析，确定提高经济效益策略、找出提高经济效益的具体方法和途径，为提高经济效益工作实践提供指导。最后，研究经济效益与社会效益、环境效益、经济增长和发展的关系，以利于我国经济持续、健康、快速增长，更好的全面建设小康社会、构建和谐社会。

第二节　研究途径和研究方法

中国经济效益理论是在经济制度变革中进行不断探索、发展的产物，既受整个国内改革大环境的影响，又受国外西方经济管理理论的影响，具有独特社会政治经济背景和理论背景。随着经济制度和政策的变迁，人们对经济效益涵义的理解、提高经济效益的途径与方法产生很大变化，对中国独特经济效益理论如何科学准确的把握，确实是个比较困难的问题。对研究途径和研究方法做出进一步的解释和说明，有助于这个问题的解决。

一、客观评析理论研究的方法论问题

（一）经济效益理论的形成和发展背景

20 世纪 50 年代我国经济理论工作者提出“经济效果”的概念，是由于当时不顾客观现实条件的限制，经济发展一味追求高速度“大跃进”，在广大农村不考虑落后生产力水平，强行推广“人民公社”，实行“大锅饭”集中劳动，“大炼钢铁”，提出“一年超英国”不顾客观实际的口号，造成了极大的浪费。20 世纪 60 年代到 70 年代初，结合我国经济实际困难提出了“调整、充实、巩固、提高”的口号，对经济效益理论有益的探索研究，因受“文革”政治挂帅、平均主义、“大锅饭”等影响一度中断。

只有到了“文革”结束后，特别是十一届三中全会召开确定了“一切从实际出发，实事求是，理论联系实际”的思想政治路线后，经济效益理论研究工作迅速发展。改革开放后随着经济制度的变革和经济政策的变化，加之受西方经济、管理理论的影响，经济效益理论进入了逐步深化时期。基于以上事实，可以说经济效益理论是应时而生、与时俱进，在分析论述经济效益理论时不能脱离社会政治、经济背景而夸夸其谈。

（二）经济效益理论深厚的理论渊源

经济效益理论尚未作为独立学科而自立门户，经济效益思想蕴涵于大量经济学、管理学等多学科基于自身理论体系对社会和经济问题的思考、探讨和研究体系之中。笔者认为，经济效益理论是经济理论和管理理论交叉渗透而形成的一种带有边缘性应用性较强的理论。

经济效益理论的研究，不仅涉及社会经济领域，还要涉及政治、制度、军事等领域，不仅直接涉及到经济学、管理学理论，直接运用统计学、财务学、会计学、投资学、市场学等理论方法，而且还涉及技术科学、法学、经济地理学等多种学科理论。正是这种边缘性，所以说经济效益思想理论具有深厚的理论渊源。

经济效益理论又是一种应用性较强的理论，就是要运用经济、管理等理论的具体方法，来解决我国面临的经济效益不高的实际问题。基于以上事实，经济效益理论不能脱离其理论基础而独立存在，要充分利用经济、管理理论中直接关联的方法运用到经济效益理论中来，开启独特的经济效益理论视角，这也已被经济效益理论的逐步深化所证实。

事实上，时间节约规律在人类社会经济活动中一直起着支配作用，而且随着社会进步和经济不断发展所起作用与日俱增。在原始社会生产力水平低下，人们学会并不断改进简单的劳动工具，通过简单劳动协作等节约劳动时间，以较少的劳动获得较多劳动成果。

在奴隶社会和封建社会，奴隶主和封建主特别是商品经营者充分注意资产的利用率，有意识节约劳动时间，以便获得更多的社会财富。到了资本主义社会，特别是市场经济的发展，对劳动时间节约规律的重视有了质的飞跃，资本家用最少的活劳动和物化劳动以便生产出更多的剩余价值。

劳动时间的节约也就是经济效益的提高，在社会主义经济制度下，有了更加重要的意义。马克思说："一切节约归根到底都是时间的节约。"[47]

首先共同生产成为前提的条件下，也就是说在社会主义制度下，时间节约有更加重要的价值；一切节约归根到底都是时间的节约，无论是个人还是社会，为了全面的得到发展必须节约时间。再次就是要有计划地使用和分配时间，时间节约规律是首要的经济规律。最后也指明了节约时间即提高经济效益的途径，在宏观上必须把社会总劳动根据社会需要在各部门间进行合理分配，使社会劳动得到最充分、最有效的利用；在微观上，要尽可能节约每项活动的劳动耗费，以便用节约出来的时间从事其他更多的物质和精神生产活动。

（三）影响客观评析经济效益的因素

综合看来，影响客观评析经济效益的因素多种多样。不仅要考虑经济的因素，还要考虑社会、政治、军事、法律等因素。在评析影响经济效益的各种因素时，要始终注意史料是否完整、对理论理解的准确程度、是否脱离特定的社会政治经济历史背景。掌握史料越充分，史料真实性越强，越有可能得出自己的观点、得出正确地结论。中国经济效益理论的产生和发展，有其深刻的社会政治、经济、理论背景，在进行分析、评价、考察时，一定要把理论放到特定背景中结合实际情况进行。当然，“对于经济思想史著作来说，经济史料应从属于经济思想史研究、叙述的需要。我们只需扼要的介绍同整个思想界格局、某个经济思潮或者新思想有关的社会经济背景材料”。[48]

二、选取材料及确定研究方法

（一）精心选取材料

鉴于上述经济效益理论的边缘性、应用性特点，在选取材料时不能一味的求多求全，要充分注意材料的权威性、真实性和跨学科性，要精心选择具有代表性的材料。资料的来源主要是：得到经济思想史等理论界公认学者的文章和著作；在国内外权威党政刊物、经济学、管理学、社会学类等报刊杂志上发表的文章；国内外有影响出版社出版的著作；权威性经济学学会等团体组织在讨论会和年会上的讨论发言稿等。

（二）确定研究方法

经济思想始终是国内外学者的研究重点，经济思想史是历史悠久学科。其研究大多以历史发展、演变为线索，或从不同历史时期角度，或从经济学者思想体系出发来进行，强调时间的连续性、延续性，经济思想的完整性、独立性。关于经济效益思想理论从经济思想史的理论框架内来研究的著述，至今尚未发现，笔者对此试图做以探索。

1.理论研究与实证分析相结合。在研究经济效益思想理论过程中，具体运用纵横比较法贯穿全文对同一概念涵义的表达、理论问题的争论、分歧、思路差别等方面进行对比分析的同时，运用一般逻辑推理方法如演绎法和归纳法对在制度变革过程中不同的的经济效益思想理论进行归纳总结，演绎出自己的结论。然后结合经济思想史的学科特点，把实证分析和规范分析结合起来。在比较分析各种学术观点时，注重对实证研究结果的挖掘、探讨和比较；在侧重理论研究的同时，注意收集众多案例，使理论研究做到深入浅出，更好地指导具体实践。

2. 深刻挖掘提炼参考文献与大胆概括进行理论创新相结合。对大量文献资料进行科学检索、筛选、删拣、分析与提炼，是当代中国经济效益思想理论研究的前提和基础，同时在经济效益思想理论研究中大胆提出个人见解，特别是对“经济”“效益”“经济效益”的概念、提高经济效益途径上做出新的表述。

3. 理论研究与指导实践相结合。理论来源于实践又要指导实践，思想理论的产生和发展是在继承前人研究成果基础上，与客观实践相结合的产物。当代中国经济效益思想理论研究，离不开我国经济制度变革过程中“经济建设以经济效益为中心”的时代背景，经济效益思想理论研究对提高经济效益实践活动不言而喻。

4. 宏观微观结合分析思路。整个国家要经济增长、经济发展，企业也要发展、增长，经济效益有宏观、微观效益，在提高经济效益途径上，必须把宏观因素和微观因素结合起来进行分析。

5. 中西结合，洋为中用。灵活运用西方经济学的某些分析手段和方法，吸收其营养成分如利用经济数学方法，建立经济数学模型，分析经济效益思想理论。借鉴西方经济思想史的思维方式，分析考察中国经济效益思想理论。西方政府和企业在提高经济效益上许多方面值得借鉴，但我国市场环境、竞争机制、经济、制度环境、企业状况等同西方存在差别，必须结合实际走中国特色提高经济效益之路。

6. 坚持马列主义、毛泽东思想、邓小平理论、“三个代表”重要思想及科学发展观，认真研读习近平新时代有中国特色社会主义思想，深刻领会其精神实质的同时，做到与时俱进、理论创新。先进科学指导思想和方法论是研究社会经济理论的根本指南，也是研究在经济制度变革中中国经济效益思想理论的根本依据。

三、本书论述架构

在对文献进行综合分析、理论和实践上做好准备后，为研究的方便，对论著做出独特的论述架构。全篇分为四大部分：

第一部分是全书研究的前提和立论基础，包括第一章和第二章。首先，对中外经济效益思想理论进行综述和文献回顾，分析西方经济学理论对我国经济效益思想理论的影响，确定研究范围和研究思路，解决方法论问题。这是理论研究的前提。其次，对研究中涉及的相关概念诸如经济涵义、效益涵义、经济效益涵义进行科学界定，从而确定研究的主要内容；通过客观评析理论的方法论问题，精心对材料进行取舍，确定研究途径和研究方法。通过论述选题必要性、理论和现实意义，确定论文的创新点。这是研究的立论基础。

第二部分是全书研究的核心部分，包括第三章、第四章和第五章。三章分别对计划经济时期（1950–1981）经济效益思想理论的研究探索阶段、有计划商品经济时期（1982–1991）经济效益思想理论迅速发展阶段和社会主义市场经济时期（1992–2005）经济效益思想理论逐步深化阶段的社会政治经济背景和经济效益状况、经济效益理论研究的成果进行归纳、整理，进行细致思考后得出结论。

第三部分是全书研究的重点，就是第六章的内容。对新时期我国应建立的经济效益指标评价考核体系、提高经济效益遵循原则、应采取的策略和提高经济效益的具体途径做出新的探索，以期对提高经济效益工作实践有所指导。

第四部分是对全书的总结，就是第七章的内容。首先对全书主要观点进行总结，然后提出政策性建议，最后对后续研究工作设想做出安排。

第三节　选题意义和论著创新

任何经济活动的核心都是效益问题，而任何时期的经济活动都在围绕着经济效益而活动，没有经济效益就没必要进行经济活动。由于追逐经济效益是人们进行经济活动的根本目的，所以经济效益思想是经济思想的一个重要组成部分。

任何时期任何经济思想中都含有经济效益方面的思想，但是不同经济制度下的经济效益思想却不尽相同。经济思想是中国传统文化思想的重要组成部分，经济效益思想理所当然是中国传统文化思想中的重要组成部分，所以当代中国经济效益理论研究工作，不仅具有很强的目的性而且具有深远历史和现实意义。研究经济效益理论的目的是为更好地提高经济效益，从某种意义上说，经济效益理论的研究就是提高经济效益理论的研究。

一、选题的必要性

为提高经济效益进行公司治理等改革已成全球关注热点。最大限度地提高经济效益变为经济管理工作的出发点和归宿，所有工作都要围绕提高经济效益这一目标，一切经济活动和管理工作的成效都要用经济效益的大小进行判别，从而可以看出经济效益理论研究工作的重要性。从市场环境日益复杂、竞争日趋激烈的实际出发，加之中国“入世”后经济全球化、世界经济一体化浪潮的冲击，发现企业在追逐经济效益过程中所处经济环境在快速变化，无论政府、企业还是学术理论界，对经济效益理论进行系统梳理和深入研究十分必要和迫切。

（一）任何社会经济制度下提高经济效益都至关重要

马克思说：“在不同的发展阶段上关心的程度不同”。[49]因此，提高经济效益是社会商品生产发展的需要，是社会进步的客观要求。对我国来说提高经济效益变得更为重要。邓小平说：“首先要表现在经济发展的速度和效果方面。”。[50]我国进行社会主义市场经济建设，提高经济效益是核心问题，必须继续改革经济、政治管理体制，调整生产关系中不适宜提高经济效益的各环节；彻底改变人们的思想、作风和工作方法，将经济工作转移到经济效益为中心的轨道上来。

（二）提高经济效益是经济管理工作的目的，又是评价其好坏的标准

对提高经济效益思想理论进行系统研究，建立科学的经济效益指标评价体系，定期观察和评价经济效益升降情况，及时反映和分析生产和经营中存在的问题，促进企业改善经营管理，提高综合竞争力，为提高经济效益提供依据十分重要。

（三）提高经济效益是经济建设的核心问题，是做好经济工作的根本出发点

多年来我国经济的严重缺陷突出表现在低效益发展。这当然与建国后长

期实行传统经济发展模式和计划经济体制直接相关，盲目追求经济高速增长，忽视甚至根本不计经济效益。这种体制是低经济效益体制。改革开放后正式提出提高经济效益是经济建设的核心问题。

但是经济建设在改革开放过程中还是盲目追求经济增长率，忽视经济效益的状况没有得到根本得转变。党在历次重要中央经济工作会议上一再强调：当前的经济建设中普遍存在着高消耗、低效益、高投入、低产出、高消费、低效率的问题，各方面浪费严重。不断做出决定：要坚定不移地把经济工作转移到以提高经济效益为中心的轨道上来。

早在 1983 年邓小平同志就指出了提高经济效益的必要性，说要“重视提高经济效益，不要偏面追求产值、产量的增长”[51]。我国在经济建设实践中已认识到经济建设必须走一条发展速度比较实在、经济效益比较好、人民可以得到更多实惠的新路子。时至今日高能耗低产出现象仍十分严重。因此提高经济效益思想理论研究十分必要、不可缺少，还要花费大力气、找出问题关键点及解决办法，以促进社会主义市场经济体制的不断完善，保证经济建设持续稳定健康发展。

二、选题的理论和现实意义

思想的内容为社会性质、状况和人们的物质生活条件所决定。经济效益思想的内容为社会性质、经济状况和人们的物质、精神生活条件所决定。经济效益思想在社会和人们头脑中的地位高低，直接影响着社会和人们经济、文化和精神生活水平的高低。用先进的思想理论指导实践，才能促进社会的更大进步。

（一）经济效益研究的理论意义

1. 通过加深对经济效益涵义的重新认识，促进经济效益理论的发展

只有在对经济效益涵义进行了准确界定的前提下，才能在新的经济制度、经济体制框架下，对经济效益的判断、经济效益指标评价体系、经济效益审计，特别是提高宏观、微观经济效益策略和途径方法等方面需做出新的思考、分析和论证。

2. 探讨新的经济效益指标评价体系，提高经济效益理论的研究水平

在原有经济效益指标评价体系基础上，结合对经济效益涵义的重新思考，探讨建立科学合理的经济效益指标评价体系。对经济效益思想理论进行研究，要使经济效益思想在各种经济思想中占有统御性、驾驭性地位，真正树立经济活动的中心工作是以提高经济效益为中心的工作，所有工作都要围绕着“经济效益”做文章。

3. 探讨提高经济效益采取的新策略和新途径，明确经济效益理论研究目的

我国实现全面建设小康社会、构建和谐社会这一宏伟目标，面临着巨大就业压力、不合理经济结构、市场结构、地区经济发展不平衡等诸多问题，但解决这些问题的中心环节就是要提高经济效益。只有不断提高经济效益才能以同等人力、物力、财力取得更多积累，加速实现市场经济建设新目标。

经济效益理论研究涉及到经济学和管理学等研究经济领域的两大学科；提高经济效益理论涉及到企业（公司）制度思想、企业产权思想、发展股份制思想、证券市场思想、企业管理思想、公司治理思想等；提高企业经济效益涉及到职工阶层、职业经理人阶层、公司治理结构下管理层级、国家管理部门、政府等各个方面。由此对当代中国经济效益理论做深入系统的梳理和研究，对提高工作效率、解决经济效益低下问题有重大理论上的意义。

（二）经济效益研究的现实意义

对经济效益理论的演变进行研究，一定要从客观实际出发，研究目标是使经济得到长足发展，不断提高人民生活水平和质量，使企业在中国特色市场经济体制下提高经济效益，使其在激烈竞争环境中立于不败之地。不断提高经济效益是不同社会形态共有节约规律的客观要求。因为生产成果超过生产中的消耗是经济发展和社会进步必要的物质基础。在社会主义市场经济建设过程中对经济效益理论进行研究具有重大现实意义和深远历史意义。

1. 经济效益理论研究为增强经济效益意识、加大改革力度改善经济管理、实现规模效益提供良好指导

许多企业经济效益不好却找不出经济效益低的原因，或找出了原因却抓不到解决问题的关键，或不知如何下手造成盲目工作。最后一事无成，造成企业得不到发展壮大。

2. 经济效益理论研究是市场经济发展的需要

提高经济效益是社会主义市场经济发展的基础。这在提高经济效益与发展社会生产力、增加社会财富、增加剩余产品等方面已得到证明。

3. 经济效益理论研究是市场经济建设中的核心课题

在市场经济建设中，经常遇到生产的目的、经济效益、发展速度、国民经济按比例发展等问题。其中，经济效益是核心问题。但在以往经济工作中往往把生产的发展速度问题看作是压倒一切的最重要的问题。即使近些年来提出将提高经济效益作为经济发展的核心问题，但也往往突出表现在抓经济增长速度上，把速度本身当作经济发展目标。盲目追求高速度达不到发展社会生产、提高人民生活的目的，甚至造成相反后果。

4. 经济效益理论研究是保证改革顺利进行的重要环节

保证改革顺利进行就要创造比较宽松的经济环境，要求社会总供给与社会总需求保持基本平衡。若固定资产投资持高不下，导致巨额国民收入“超分配”运行，导致总需求超过总供给，导致生产资料等物价不断大幅度上涨，提高经济效益在实现社会总供给与社会总需求基本平衡方面有重要意义。搞好企业尤其增强大中型企业活力是整个经济改革的中心环节，增强企业自我改造、自我发展能力，建立企业自我约束管理机制，必须以提高经济效益为基础。决定改革成败的关键要充分考虑国家、企业和人民的承受能力，避免引起大的社会震动。

国家的承受力是指因改革而增加的财政支付能力。人民的承受力是指因改革而增加的生活费用的支付能力。企业的承受力是指因改革而增加的生产成本消化力。国家和人民的承受能力都取决于企业经济效益的提高、企业收入的增长，由此而来企业上缴国家财政收入的增长和职工收入的增长。企业承受能力更是直接取决于企业经济效益的提高。

目前我国进入了重要转型期。多年来企业形式中外混同，从产权主体单一到产权主体多元化，从无限责任到有限责任等，其演变呈现为递进过程。从这一过程中可理清经济效益理论的脉络。

诺贝尔经济学奖获得者道格拉斯、诺斯在其制度变迁理论中曾提出“路径依赖”理论，研究经济效益理论同样不能割裂其历史的联系。综上所述，经济效益理论研究对于我国更有重要的现实意义。

三、论著的创新

（一）选题立意视角上的创新

虽然经济效益理论研究的内容比较丰富，但是从经济思想史方法论角度对经济效益理论进行系统梳理、研究和评述的著作尚未发现。本书从经济思想史理论研究框架下对经济效益理论进行研究分析，突出经济效益理论在经济制度变迁中的演变过程，探讨提高经济效益的策略和途径，将“论”和“史”密切结合起来，依托中国特色社会主义市场经济体制下的时代背景，加上经济全球化和世界经济一体化不断发展等因素，对经济效益理论力争做出全面分析研究，把各种各样的经济效益理论进行系统梳理、归纳，总结出一种真正称得上“思想”的理论来。因此，专门从经济制度变迁过程中研究当代中国各个时期经济效益思想，并成为“经济效益理论”的水平，是一种理论上的创新。

（二）研究内容范围上的创新

在国内文献中大多数经济效益理论著作或文章只是对经济效益理论的某个局部或某个侧面进行研究，但经济效益思想理论究竟包括哪些内涵，外延又有多大？笔者认为，不同时期不同经济政策前提下所得出的结论会有所不同。本文认为，要想从历史角度对这一问题给出一个适当合理的答案，应该既要从微观上又要从宏观上，既要从理论上又要从实践上，既要看到当前的利益又要顾及到长远目标，对经济效益理论做出全面论述，既要对经济效益的内涵做出明确的界定，又要明确经济效益理论的研究内容，这是研究内容上的创新。

（三）研究方法上的创新

在研究当代中国经济效益理论的同时，本书注意结合经济、文化、军事等思想中所蕴含的丰富的分散的经济效益思想内容，做到“为我所用”。同时吸收西方经济学、管理学、经济思想史中合理有用成分，做到“洋为中用”。还注意从管理学、制度经济学、信息经济学、法学、历史学、地理学等理论方面合理吸收营养，对经济效益理论进行多学科的崭新分析。在对已有文献进行引用时，注重对文献内涵的理解，间接引用和直接引用并举。

（四）追求实际意义和价值体现

通过当代中国经济效益理论研究，要对社会的经济发展、经济增长，特别是对企业改革、发展，适应加入 WTO 后的新形势以及新经济时代的发展要求，更好的提高经济效益。本书通过总结在经济制度变革中不同时期经济效益思想理论的合理内核与不足之处，力图提出在新时期有利于提高经济效益的策略和途径，具有指导实践价值，追求实际意义。

本章小结

本章是本文的立论基础研究工作。

首先，对经济效益思想理论研究所涉及的有关概念诸如经济涵义、效益涵义、经济效益涵义进行理论上的界定，提出了笔者个人表达方式。“经济”的涵义界定为“在我国社会物质生产和再生产经济活动中，用较小代价获得较大较好成果”、对“效益”的涵义界定为“能满足人们欲望有效的最大成果”、对“经济效益”的涵义界定为“经济效益是指在环境得到有效保护、资源得到合理配置和有效利用前提下，人与自然物质交换过程中取得的有利构建和谐社会，符合人类经济社会持续、健康、稳定增长和发展，满足人们合理需要符合标准质量的生产经营活动成果与土地、劳动、资本、管理等生产经营要素占用和耗费的关系”。在此基础上，明确本书研究的内容，主要是经济效益涵义的理解、经济效益指标评价体系、影响经济效益的因素及提高经济效益策略和途径的研究等。

其次，说明研究途径，确定研究方法。

最后，叙述选题的必要性，选题的理论意义和现实意义，提出论著的理论创新点。

参考文献

[1]《新华汉语词典》，商务印书馆国际有限公司，2005 年 3 月，第 509 页。
[2] 易刚、海闻主编，周惠中著：《微观经济学》，上海人民出版社，2002 年，第 1 页。

[3]《新华词典》(修订版),商务印书馆,1993年,第466页。
[4] 吴树青,逄锦聚等:《政治经济学》,高等教育出版社,2002年9月,第2页。
[5]《牛津高阶英汉双解词典》第四版,商务印书馆、牛津大学出版社,1999年,第459页。
[6] 严复译:《原富》,商务印书馆,1931年版,《译事例言》第1页。
[7] 严复译:《原富》,商务印书馆,1931年版,第42页。
[8] 叶世昌:《近代中国经济思想史》,上海人民出版社,1998年,第82,152页。
[9] 伍柏麟,尹伯成:《经济学基础教程》,复旦大学出版社,2004年7月,第1页。
[10]《新华词典》(修订版),商务印书馆,1999年,第988,822页。
[11] 尹伯成:《西方经济学简明教程》第二版,上海人民出版社,2000年,第67,69页。
[12]《新汉英词典》(增补本),译林出版社,1999年,第1141页。
[13]《牛津高阶英汉双解词典》第四版,商务印书馆牛津大学出版社,1999年,第1676、120页。
[14] 异同:《正确理解经济效益促进经济发展》,《经济研究》1993年第10期。
[15] 摘自1994年1月的《经济日报》。
[16] 异同:《正确理解经济效益促进经济发展》,《经济研究》1993年第10期。
[17] R.H.Leftwich 1973 "THE PRICE SYSTEM & RESOURCE ALLOCATION", P.20.
[18] Richard G.Lipsey, 1987 "ECONOMICS", P.31; 247, HARPER & ROW, PUBLISHERS, NEWYORD.
[19] Paul A.Sumuelson, 1989 "ECONOMICS", P.971 McGraw-HILL BOOK COMPANY, NEWYORK.
[20] Edwin Mansfield, 1982 "MICROECONOMICS THEORY & APPLICSTIONS ", P.440-442 W.W.Nortonand Company. New York, and London.
[21] 戴维.W.皮尔斯,中译本《现代经济学词典》,上海译文出版社,1988年,第18页。
[22]《辞海·经济分册》,上海辞书出版社,1980年,第319页。
[23] 许涤新:《政治经济学辞典》(下),人民出版社,1981年,第142页。
[24] 蔡北华、徐之河:《经济大辞典—工业经济卷》,上海辞书出版社,1983年,第457页。
[25]《经济大辞典》(商业经济卷),上海辞书出版社,1986年,第21页。
[26]《新编简明经济辞典》,天津人民出版社,1990年,第492页。
[27] 王海波:《工业经济效益问题探索》,经济管理出版社,1990年,第2页。
[28] 黄汉江主编:《投资大辞典》,上海社会科学院出版社,1990年,第710页。
[29]《经济大辞典》,海洋出版社,1992年,第1028~1029页。
[30] 谢明干:《实用经济辞典》,人民出版社,1993年,第4页。
[31] 蒋学模:《高级政治经济学-社会主义本体论》,复旦大学出版社,2001年,第65页。

[10]《新华词典》(修订版)，商务印书馆，1999 年，第 988，822 页。
[11] 尹伯成:《西方经济学简明教程》第二版，上海人民出版社，2000 年，第 67，69 页。
[12]《新汉英词典》(增补本)，译林出版社，1999 年，第 1141 页。
[13]《牛津高阶英汉双解词典》第四版，商务印书馆牛津大学出版社，1999 年，第 1676、120 页。
[14] 异同:《正确理解经济效益促进经济发展》,《经济研究》1993 年第 10 期。
[32]《辞海・经济分册》，上海辞书出版社，1980 年，第 319 页。
[33] 许涤新:《政治经济学辞典》(下)，人民出版社，1981 年，第 142 页。
[34] 蔡北华、徐之河:《经济大辞典—工业经济卷》，上海辞书出版社，1983 年，第 457 页。
[35]《经济大辞典》(商业经济卷)，上海辞书出版社，1986 年，第 21 页。
[36]《新编简明经济辞典》，天津人民出版社，1990 年，第 492 页。
[37] 王海波:《工业经济效益问题探索》，经济管理出版社，1990 年，第 2 页。
[38] 黄汉江主编:《投资大辞典》，上海社会科学院出版社，1990 年，第 710 页。
[39]《经济大辞典》，海洋出版社，1992 年，第 1028 ~ 1029 页。
[40] 谢明干:《实用经济辞典》，人民出版社，1993 年，第 4 页。
[41] 蒋学模:《高级政治经济学 – 社会主义本体论》，复旦大学出版社，2001 年，第 65 页。
[42] 严法善:《环境经济学概论》，复旦大学出版社，2003 年 9 月，第 10 页。
[43] 严法善:《环境经济学概论》，复旦大学出版社，2003 年 9 月，第 37、38、39 页。
[44] 严法善:《环境经济学概论》，复旦大学出版社，2003 年 9 月，第 73 页。
[45] 袁庆明:《新制度经济学》，中国发展出版社，2005 年 2 月。
[46] 温家宝:《认真实施科技发展规划纲要 开创我国科技发展的新局面 – 在全国科学技术大会上的讲话(摘要)》，2006 年 1 月 9 日。
[47] 马克思:《经济学手稿(1857–1858)》,《马克思恩格斯全集》第 46 卷(上)，第 120 页。人民出版社，1975 年。
[48] 欧阳为民:《新体系、新解释、新史料、新人头》,《经济学情报》，1988 年第 3 期。
[49] 马克思:《资本论》第 1 卷,《马克思恩格斯全集》第 23 卷，第 88 页。
[50] 邓小平:《邓小平文选》第 3 卷，第 215 页。
[51] 邓小平:《邓小平文选》第 3 卷，人民出版社，1993 年版，第 22 页。

第三章　传统计划经济时期经济效益理论研究探索阶段（1950–1981）

本章论述我国计划经济时期（1950–1981）经济效益理论研究探索阶段的基本内容。在新中国成立后30多年的时间里，我国的经济建设走过了艰难、曲折、复杂的历程。我国经济经过八年抗日战争、三年解放战争的洗礼，可以说千疮百孔，生产力遭到极大破坏。建国后首先进入经济恢复和对资本主义工商业进行社会主义经济改造时期，而后转入社会主义经济建设时期。期间我国取得重大经济成就的同时，也暴露出重复建设、浪费严重等很多问题，为此有些经济理论工作者提出了“讲究经济效果”的论断。

在随后发生的10年“文革”冲击下，同许多其他理论领域的研究一样，“讲究经济效果”变成了一句空话。“使得他们无法为现代科学的理论方法基础作出直接的贡献”[1]。党的十一届三中全会后明确提出“社会主义建设以经济建设为中心，经济建设以经济效益为中心”，从此“经济效益思想”贯穿于我国各项社会经济活动之中。在30多年时间里传统计划经济体制严重影响着人们的思想，原有的理论研究基础十分薄弱，许多领域从未涉足或不敢涉足. 作为学术界的研究对象，要完全建立系统的理论框架尚需时日，因此，这一时期成为“研究探索”时期是恰当的。

在论述经济效益理论的过程中，一个客观存在的事实是经济效益思想与社会的经济制度、经济政策息息相关。特别是在经济转型过程中，在相应的经济制度下所实施的各种经济政策、所采取的各项措施都给社会的政治经济带来很大的影响。因此，只有以各时期社会经济状况的变动作为研究经济效益理论的依据，才能客观公正的评价经济效益理论，理清经济效益理论产生、发展以及逐步深化的演变过程，从中总结出规律性的结论。

第一节　改革开放前社会经济状况及经济效益理论（1950–1976）

按照对经济效益涵义的理论界定，研究经济效益理论必然要密切的联系社会经济状况。通过对社会经济状况的分析，尤其社会经济制度及经济政策的变迁，对经济效益理论的产生和发展是至关重要的。美国著名经济学家斯蒂格利茨认为，“21 世纪将是新制度经济学繁荣发达的时代，它将对越来越多的引导经济事务的具体制度安排提出自己的真知灼见，并且为改变这些安排以提高经济效率提供理论基础”[2]。

中国传统计划经济体制是传统计划经济模式的一个亚种，对于它脱离中国国情、缚束生产力发展的弊病已有充分的认识。实践证明，根据帕累托最优状态的三个边际条件，这种体制不可能实现帕累托最优状态[3]，实现社会最大福利水平。

一、经济恢复改造时期社会经济和经济效益状况（1950–1956）

（一）建国初期安全与稳定是压倒一切的因素

建国后，我国处在西方等包围和封锁中，安全与稳定在整个社会需求结构中居重要位置。在经济落后、资金匮乏、市场不发达、缺少重化工业发展条件下，为维持政权生存客观上要求借助政府，集中有限资源重点发展，形成以国有制为基础、高度集权、排斥商品货币关系的传统计划经济体制。社会主义经济曾被称为一个“大工厂”，和超大型企业类似，但与企业也有区别。因政府除具有经济职能外，还拥有政治、社会、文化等职能，这时首先是“讲政治”而不是“讲究经济效益”。

（二）社会的基本任务和取得的辉煌经济成就

这时期是我国“一五”（1953–1957）计划。这一时期比较讲究经济效果，注重经济的发展后劲，从长远角度发展经济，事实上为经济效益的不断提高打下了坚实基础。

1957 年底改造任务基本完成，建立起工业化的初步基础。在经济建设许多方面实现了较好的经济效益。

（三）建国初期经济上取得良好经济效果的原因

建国时间不长，迅速克服了严重经济困难，解决了多数人温饱问题，超前奠定了工业化基础，避免了严重宏观经济危机。为什么带有先天不足、与生俱来的传统计划经济体制，在一定时期内能取得如此辉煌的经济效果呢？[4]

一是传统计划经济体制无论有多少不足，毕竟比之它所替代的旧生产方式和经济运行机制远为先进和文明，在生产力极为落后条件下就能促进生产力飞速发展。

二是暂时放弃不急需事业，集中一切经济资源重点发展某些项目还是有经济效果的。

三是在经济规模较小的前提下，发展目标单一、消费需求层次较低、分工协作关系较为简单，与此相适应较精干的行政管理机构、人员，较低行政成本、制度成本、信息成本，再加上预先确定的计划比例不会遇到较大技术困难，就会取得较好的经济效果。

四是对饱受列强欺凌和战乱之苦的广大人民来说，为急切改变落后状况，富有奉献和牺牲精神，加上历史比较自己生活福利水平提高，就产生了无穷的经济动力，造成了特殊的激励机制。

五是党和政府的高度权威，各级官员清正廉洁、忘我务实的工作作风等，在那种特殊年代里取得卓著的经济奇迹也是必然了。

（四）经济中存在的问题和缺陷

在计划实施过程中也存在很多问题：

一是不注重建立合理的产业结构，结构失衡现象严重，为经济效益不能持续提高打下伏笔。

二是在 1956 年出现冒进，基建投资总额比上年增长 70%，基建贷款占财政支出的比重猛增到 48%。

三是社会主义改造过快，留下很多后遗症。

二、经济建设时期社会经济状况和经济调整（1957–1965）

（一）经济发展的基本任务和主要指标

这时期是“二五”（1958–1962）计划时期。主要是继续进行重工业建设，推进国民经济技术改造；继续社会主义改造，扩大集体所有制和全民所有制；培养建设人才，加强科学研究。

基建投资占全部财政收入的比重由“一五”时期的35%增长到40%左右，基建投资总额增长一倍左右，人均收入增长25%到30%。无论基本任务还是主要指标还符合经济效益发展规律，若没有“天灾”、避免“人祸”，目标还是能够实现的，实现较高的经济效益大有希望。这时由刘少奇、周恩来等提出的“经济建设必须坚持既反保守又反冒进的方针”，并为党的八大全会所肯定。

（二）经济建设指导思想上严重失误导致经济衰退的严重后果

党的“八大”后受急躁思想影响出现冒进倾向，许多计划指标大幅提高。还在人民公社化运动中刮起“共产风”，不仅“共了生产资料的产”，把几十户、一二百户社员公有的合作社所有制一下子扩大为包括几万农户的公社所有制，而且也“共”了劳动力的“产”，搞“吃饭不要钱”的平均主义，否认社员之间劳动贡献差别。其后果是极大挫伤了农民劳动积极性，经济效益状况可想而知。

三、“文革”时期社会经济和经济效益状况（1966–1976）

这时期是我国“三五”（1966–1970）计划和“四五”（1971–1975）计划时期。“三五”计划大力发展农业，提高产品质量，增加品种，发展交通运输业、商业、文化、教育、科学。可以说这是一个注重经济效益的计划。

但依据“备战、备荒、为人民”的方针，又提出加快“三线”建设。开采煤6806万吨，石油2777万吨，炼钢652万吨，新建铁路3894公里，新建公路31223公里。“四五”计划工农业总产值每年平均增长速度达到12.5%，1973年对主要经济指标进行了调整，不少指标有所压缩。

1972、1973两年国民经济形势有所好转，1973年是“一五”计划以来经济效益较好的一年。1975年是“四五”计划的最后一年，计划执行的结果是：工农业总产值完成计划的101.7%，这一时期经济效益的好坏仍然是看产量、产值的增加。

这时期仍然把商品经济等同于资本主义经济，并有过之而无不及。根本不把国有企业当作独立自主的商品生产者和经营者对待，这就造成国有企业缺乏应有的自主权，压抑了企业和职工群众的积极性，使本来应该生机盎然的国有企业在很大程度上失去了活力。我国从社会主义改造基本完成到“文革”结束的20年间，对社会主义商品生产和商品流通的认识，一直没有超过苏联和斯大林的观点。只有到了改革开放后，对商品生产和商品流通在社会主义制度下的重要性认识逐步有所增强。

“文革”期间“四人帮”一伙以“革命”的名义，把“共产风”进一步刮遍城乡大地，高喊“工人做工为革命”“农民种田为革命，不要工分也可以”，国民经济遭到极大破坏，根本不谈经济效益。1958年和1970年，我国曾进行过两次以行政性分权为特征的体制改革，但是这两次改革并未触动传统计划经济体制的根基，反而造成了“一统就死、一放就乱”的反复。

四、经济效益理论研究的艰难探索

（一）开始探讨“经济效果”问题

在这时期“经济效益”的概念尚未提出，经济活动基本按中央与地方政府指令进行。在我国经济理论界和实际经济工作中，与“经济效益”密切相关的是“经济效果”这一概念。从经济理论研究的历史来看，我国20世纪五六十年代使用“经济效果”一词，主要是为了纠正当时实际工作中片面强调产出的增加而忽视投入的节省所造成的严重浪费现象。

针对这种情况，《人民日报》专门发表社论《充分考虑经济效果》，在具体经济工作中产生了一定指导意义。20世纪六七十年代我国有些学者探讨过经济效果问题[5]，并认为“经济效果是经济活动中劳动耗费同劳动成果之间的对比”[6]。这显然过于简单和很不全面。后来又改为“社会主义生产和再生产过程中，劳动占用和劳动耗费同劳动成果的比较”[7]。这一定义加上了劳动占用的内容，由于取得一定劳动成果，不但需要劳动耗费，还需要劳动占用，如果劳动耗费降低了，但是劳动占用没有降低，那么不能说明经济效益是好的。只有不断地降低劳动耗费，同时降低劳动占用，才能更好地提高经济效益。即使如此，受当时极左思想路线干扰，这一思想并未得到进一步贯彻和落实。

在20世纪50年代已经有人认为，社会主义商品生产和流通，仍应主要由价值规律来调节，价格应是调节生产的主要工具，允许价格自发涨跌，也应允许企业追求价格有利的生产，统一的国民经济计划应该是预见性的，主要规定一些重要的经济指标，而减少对企业经济活动的具体规定，这样有利于提高企业的经济效果。[8]但这种观点在随后的反右派运动中被当作修正主义观点遭到了批判。

（二）邓小平经济效益核心思想的最早酝酿

邓小平很早就十分重视“经济效益”问题。[9]邓小平针对平均主义提出了“猫论”，1962年他大胆地说：生产关系究竟以什么形式为最好，就采取哪种形式。“黄猫、黑猫，只要捉到老鼠就是好猫”[10]，这是邓小平经济效益核心思想形成过程中的先行思想。[11]

同时，“文革”后期“平均主义”盛行，干多干少一个样，企业吃国家的大锅饭，职工吃企业的大锅饭，他在1975年对我国国民经济进行了大刀阔斧的整顿。这次整顿是一次改革的预演，是邓小平经济效益思想的最早酝酿。[12]

（三）陈云经济效益思想

陈云同志反复强调“提高经济效益”和“厉行节约”的原则。讲究效益是陈云同志一个重要的经济理论，他认为搞经济工作不仅要算大账，也要算小账。在50年代他和周恩来一起组织编制了“一五”计划，他指出不论是编制计划，还是企业布点立项，以及基本建设的投资，这些大的经济问题决策时，都要注重经济效果。效益与节约是紧密联系的，陈云同志从提高经济效益出发，强调节约，反对浪费。他说：“偶然浪费少数钱尚可请人民原谅，老是浪费年年如此，人民是不能原谅的。”[13]

（四）探讨经济效果与经济效益涵义的联系与区别。

经济效果是被广泛运用的一个经济范畴。[14]经济效果和经济效益之间，有着内在的联系，但是它们存在着本质的区别。

经济效果（三种情况）
- 产出（所得）–投入（所费）=正值（有效益）（产出>投入）
- 产出（所得）–投入（所费）=零值（无效益）（产出=投入）
- 产出（所得）–投入（所费）=负值（负效益）（产出<投入）

$$\text{经济效果} = \frac{\text{产出(所得)}}{\text{投入(所费)}} \begin{cases} > 1(\text{有效益}) \\ = 1(\text{无效益}) \\ < 1(\text{负效益}) \end{cases}$$

通过上图可以看出，经济效果也就是结果，有三种情况，有好、有坏。

经济效果和经济效益之间本质的区别，主要表现在：

一是经济效益不仅强调投入产出之比，更强调产出的社会需要程度，把产品适销对路包含在内，更多地强调使用价值和价值的衔接和实现。

二是经济效果突出生产活动本身的效率及其成果。

三是经济效果的分析非常简单。随着经济制度的不断变迁，经济效益的内涵越来越丰富，其分析越来越复杂。

（五）传统计划经济体制的弊端及带来的严重后果

传统计划经济体制下，计划管理范围和强度非常大，“统的过多、管的太死”，几乎保罗一切，政府力图用计划把包括人、财、物等各种经济资源，把包括生产、流通、分配、消费在内的整个再生产过程，统统置于计划直接管理之下。计划管理不仅统揽宏观经济活动和中观层次的产业、地区经济活动，还直接干预微观领域的经济活动。企业生产什么，生产多少等都要听命于指令性计划安排。如在生产要素投入上，生产资料“统一调拨”，劳动力“统分统配”；在产品销售上产品“统一定价”“统购包销”；在分配环节上工资按“统一标准”发放，财政“统收统支”。这就严重压抑了企业和职工的积极性、主动性和创造性，浪费现象严重，不谈经济效益，政治挂帅，成为长期“微观不活”的症结。

同时，传统计划经济模式排斥市场发展，建立计划价格体系，虽承认商品货币关系，但在本质上却是计划管理的工具和排斥市场关系的特殊手段；在性质上不是市场供求中形成的“市价”而是由政府统一制定的“官价”；在水平上具有较强的调整刚性，被称为“几十年一贯制”；在构成上消费品价格、要素价格等徒具形式、被人为扭曲且残缺不全，显著特征是“低利率、半工资、零地租”。价格不能合理配置资源，企业没有提高经济效益的内在动因，只好吃“大锅饭”。

第二节　改革开放初期社会经济状况及经济效益理论（1977–1981）

在“文革”结束后，长期禁锢的思想状态开始活跃起来。特别是 1978 年党的十一届三中全会重新确立实事求是的思想路线后，揭开了中国经济体制改革的序幕。从此，工作的重心转移到经济建设来，经济建设又以经济效益为中心，我国进入由计划经济向市场经济逐渐转型。进行大规模现代化经济建设的同时，经济效益理论进入了理论学术界重点研究的视野。值得注意的是，我国改革开放的总设计师邓小平一系列有关经济效益理论方面的论述，对于经济效益理论的研究工作带来深远影响，可以说他是我国经济效益理论迅速发展的奠基人。

但是这时的经济体制仍停留在固有传统计划经济体制下，旧的计划经济体制框架没有打破的情况下，虽然经济政策的变化和经济效益思想的注入推动了整个国民经济的迅速发展，但是原有经济体制和经济政策弊端带来的惯性使“经济效益”不可能在短期内得到较好的改善，特别是国有大中型企业依然故我，追求高速度急躁冒进热衷于投资粗放型经济发展道路没有根本性的改变。越来越多的经济学家开始注重用新制度经济学的制度分析方法来剖析发展中国家经济发展所存在的深层次问题。[15]

一、改革开放初期社会经济和经济效益状况（1977–1981）

（一）工作重心开始向经济建设转移

这时期正是执行“五五”计划（1976–1980）和十年规划（1976–1985）重要时期。这时期我国在农业生产领域发生了一次重大的制度创新，就是在农村开始实行家庭联产承包责任制，变生产队集体统一生产为以单个家庭为基础的生产。不仅解决了农业监督成本过高、农民劳动刺激不足的问题，更为重要的是解决了农民劳动投入与享有劳动成果的直接联系，较好地调动了农民生产积极性，使农业产出大幅度提高，极大地提高了农业劳动生产率。据林毅夫估计，我国从生产队向家庭责任制的转变使农业生产率平均增长了 20%。[16] 相对应的，制度改革一项就使产出增长约 46.8%。[17] 农村改革的巨大成功，为在经济建设中树立以经济效益为中心的经济效益思想，创造了良好的客观条件。

（二）受传统冒进追求高速度观念影响出现新的失误

明显的冒进倾向，规定的具体指标过高，使我国的经济建设出现新的失误。1979 年中央提出“调整、改革、整顿、提高”的方针，对国民经济进行调整。党的十一届三中全会到党的十二大召开，主要强调保留商品货币关系、尊重和充分利用价值规律的必要性。

（三）我国开始对传统计划经济体制进行彻底的根本的“革命性”改革

这次经济体制改革是以思想上拨乱反正、重新确立实事求是思想路线为先导，经济体制改革并没有一开始就打出市场化旗号。企业感受到传统经济体制统的过多过死、过分排斥市场作用的弊端，那么改革的内容主要是放权让利、承认个人和局部利益、尊重价值规律作用等。

一旦这些有利于企业发展、经济效益提高的措施取得好的经济效果，那么累积的扩散放大机制会相当迅速的生长起来。这种机制作用的途径大体是：局部改革成功、取得很好的经济效益——对潜在的企业改革者产生示范、波及效应并形成一定规模——政府对成功企业的改革经验加以肯定鼓励、并加以归纳升华——形成指导企业改革提高经济效益的理论和政策、并利用科层组织网络加以推广。

（四）放弃闭关锁国政策实行对外开放

十一届三中全会后思想路线、政治路线的改变，给我国各项事业带来飞速发展的转机。1979 年大胆设立深圳、珠海、汕头、厦门等 4 个经济特区，大量引进外资、引进国外先进技术、引进国外先进管理经验等。

经济活动实践既促进了经济效益思想的产生，又迫切需要科学的经济效益理论指导实践。从“经济效果”到“经济效益”的提法，说明经济学的某些范畴，随着社会经济的发展，经济制度的变革，也发生了很大变化而被赋予很多新的内容。随着经济的不断发展，经济制度的变迁，人们对经济效果、经济效益涵义的理解不断加深，对其有了更全面更深刻的理解。

二、经济效益理论研究的进一步探索

邓小平不仅是是我国改革开放的总设计师，也可以说是我国经济效益理论成为体系的奠基人。在发展经济方面，他在探索寻找一条适合国情能尽量快点节省点的道路。改革最先在农村展开，推行家庭联产承包责任制，调整农业生产关系，鼓励农民多种经营，改革农产品统购统销制度，促进了农村经济的繁荣发展。破除平均主义打破“铁饭碗”被逐步政策化，得益于他对安徽“小岗村”的大胆肯定和典型示范。

邓小平的“摸着石头过河”是讲究经济效益的一种形象说法。[18]“改革开放胆子要大一些，敢于试验，不要像小脚女人一样。”[19]“摸着石头过河”理论可以说是邓小平经济效益核心思想形成的萌芽阶段，为经济效益理论的发展做出了方向性贡献。

1979 年邓小平针对把市场经济和社会主义对立起来的传统观点，明确指出：“说市场经济只存在于资本主义社会，只有资本主义的市场经济，这肯定是不正确的。社会主义为什么不可以搞市场经济，这个不能说是资本主义。”“社会主义也可以搞市场经济。”[20]这对促进企业改革，引导企业走上经济效益的轨道起到了极其重要的作用。邓小平在改革开放初期就提出，并在以后多次提到社会主义可能要搞市场经济。因为市场经济问题既是个经济理论问题，也是个经济实践问题。在实践中它贯穿于改革开放起步、扩展和深化各阶段。离开市场抽象的谈论尊重价值规律行不通。市场经济作为价值规律作用的机制和实现形式是具体的、看得见、摸得着。要想革除计划经济体制权利过于集中的弊端，必须使企业成为独立的法人主体和市场竞争主体。离开市场或把市场当作资本主义进行批判就堵塞了企业发展通道，失去了提高经济效益的动力，也就扼杀了经济改革。

但直到 1980 年我国的权威辞书《辞海》等出版物中仍没有经济效益的概念，只有对经济效果的解释“经济效果是指经济活动中劳动耗费同劳动成果之间的对比”[21]。1981 年《政治经济学词典》中也只有“经济效果”并把定义改为“社会主义生产和再生产过程中，劳动占用和劳动耗费同劳动成果的比较”。[22]

尔后，邓小平经济效益核心思想以“发展论”为基本特征进入新阶段，充分反映了邓小平经济效益思想在改革开放实践中孕育、发展、成长的过程。

邓小平说："我们要利用机遇，把中国发展起来。"[23]他在1978年12月中央工作会议上说："经济工作是今后主要的政治。"1980年1月又强调，还是要把经济建设当作中心，绝不能干扰它，冲击它。不发展经济，不改善人民生活，只能是死路一条。

邓小平认为生产力是构成社会主义建设和发展的中心，生产力是思考和解决一切问题的出发点和落脚点。他提出"社会主义的本质，就是解放生产力，发展生产力"，"若要让人民达到富裕和'奔小康'就必须首先大力发展生产力。"

三是加快发展，全方位开放。邓小平对发展速度有独创性认识，他认为发展速度不仅是经济问题而且是个政治问题，即不仅关系到"三步走"战略目标能否实现，而且关系到国家的稳定和长治久安，关系到中国的国际地位，关系到社会主义制度优越性的实现。

在什么理论指导下，在什么社会机制作用下，使我国企业引向不断提高经济效益的轨道？"初级阶段理论"对传统社会主义经济理论具有最根本性重大突破。通过对国情实事求是的再认识，终于逐步认识到现阶段中国的社会主义是初级阶段的社会主义，社会主义经典模式还远远不是近期追求的目标。

初级阶段的社会主义生产力以不发达、不平衡为基本标志，生产方式内在矛盾的解决必须依赖于生产力的高度发展，从而要"以经济建设为中心"。

也许很多"过度经济学"理论家们没有意识到为所有改革当事人所设立必须遵循的"改革规则"：改革必须在维护稳定前提下进行，以改革促进生产力的发展，以发展保证改革的顺利进行、为稳定提供物质条件。这种"摸着石头过河"的"渐进式"的改革策略，没有沿用指令性计划的方式去指导改革，而重点是尊重群众首创精神，为制度创新营造宽松环境，及时从实践中汲取智慧，再借助科层组织将成功改革经验加以推广。这就形成由浅入深、由点到面、先易后难、循序渐进、政府与群众相互促动，各种形式的改革在空间上并存、时间上继起的总体改革态势。

"千方百计地提高生产、建设、流通等领域的经济效益，这是个核心问题。"[24]

从此，"经济效益"这一概念被广泛使用。我国政府工作报告中的提法，已经说明我国的社会经济各部门应把追求经济效益的提高作为明确追求的目标。这也从“宁要社会主义的草，不要资本主义的苗”极左思想的束缚中彻底解脱出来，走上了“社会主义建设以经济建设为中心，经济建设以经济效益为中心”的正确道路。

本章小结

本章主要对我国传统计划经济时期（1950–1981）经济效益理论研究探索方面的成果进行梳理、归纳和论述。首先，从分析改革开放前即经济恢复改造时期（1950–1976）、经济建设时期（1967–1965）、“文革”时期（1966–1976）和改革开放初期（1977–1981）的社会经济状况和经济效益状况入手，论述我国进行经济建设的过程中实行的经济制度、采取的经济措施、取得的经济成就和经济运行中出现的突出问题，并找出原因。然后，对在经济效益理论研究方面进行的有益探索成果归纳整理，并分析其对经济建设实践产生的影响。由于我国这时期的特殊政治环境所决定，这时期的经济效益思想火花都是产生在中央政府高层所制定的经济政策之中及有关政治领导人的经济思想理论之中。其中，邓小平理论中蕴涵着大量的经济效益思想。可以说，邓小平是我国经济效益理论体系的奠基人。

在这一阶段，经济效益理论的明显特征是“艰难探索”。建国后百废待兴，各行各业几乎都是空白，经济理论研究也是如此。受当时社会政治环境所限出现了“言利必无义”的局面，我国选择的传统计划经济体制又带有“天然”的低效率弊端，国家经济建设出现大的波动也是必然了。当经济中不断出现波动和严重浪费现象时，才不得不重视“讲究经济效果”了。只有“文革”结束后工作重点转移到经济建设上来后，才真正开始“讲究经济效益”。即是如此，在我国经济发展过程中，由于受经济发展自然规律所决定，还是要求讲究经济效益。为此经济理论工作者也进行了有关经济效益理论的许多探讨，所以，这就是我国经济效益理论的“有益探索”阶段了。

参考文献

[1] 林毅夫:《制度、技术与中国农业发展》，上海三联书店 1994 年版，第 265 页。
[2] 袁庆明:《新制度经济学》，中国发展出版社，2005 年 2 月。

[3] 帕累托：19 世纪末 20 世纪初一个有影响的意大利经济学家，是新福利经济学的代表人物。关于帕累托最优状态的三个边际条件可参见尹伯成《西方经济学简明教程》第 233 页。
[4] 蒋学模：《高级政治经济学 – 社会主义本体论》，复旦大学出版社，2001 年 10 月，第 108 页。
[5] 蒋学模：《高级政治经济学 – 社会主义本体论》，复旦大学出版社，2001 年 10 月，第 64 页。
[6]《辞海 · 经济分册》，上海辞书出版社，1980 年，第 319 页。
[7] 许涤新：《政治经济学辞典》（下），人民出版社，1981 年，第 142 页。
[8] 顾准：《试论社会主义制度下的商品生产和价值规律》，《经济研究》1957 年第 3 期。
[9] 火剑：《邓小平经济效益核心思想初探》，《学术论坛》2002 年第 1 期，第 20 页。
[10] 邓小平：《邓小平文选》第 1 卷，人民出版社，1994 年，第 223 页。
[11] 火剑：《邓小平经济效益核心思想初探》，《学术论坛》2002 年第 1 期，第 21 页。
[12] 火剑：《邓小平经济效益核心思想初探》，《学术论坛》2002 年第 1 期，第 22 页。
[13]《陈云文选》第 2 卷第 62 页。
[14] 石云龙：《经济效益概念探析》，《山东大学学报哲学社会科学版》，1994 年第 1 期，第 85 页。
[15] 袁庆明：《新制度经济学》，中国发展出版社，2005 年 2 月，第 360 页。
[16] Justin Yifu Lin.Household Farm.Cooperative Farm，and Efficiency：Evidenced From Rural Decollectivization in China，Working Papar No：533.New Haven，CT.：Yale University，Economic Growth Center，1987
[17] 林毅夫：《制度、技术与中国农业发展》，上海三联书店，上海人民出版社，1994 年版，第 93–95 页。
[18] 火剑：《邓小平经济效益核心思想初探》，《学术论坛》2002 年第 1 期，第 20 页。
[19] 邓小平：《邓小平选集》第 2 卷，人民出版社，1994 年，第 372 页。
[20] 邓小平：《社会主义也可以搞市场经济》，《邓小平文选》第 2 卷，人民出版社，1994 年版，第 236 页。
[21]《辞海 · 经济分册》，上海辞书出版社，1980 年，第 319 页。
[22] 许涤新：《政治经济学辞典》（下），人民出版社，1981 年，第 142 页。
[23] 邓小平：《邓小平选集》第 2 卷，人民出版社，1994 年，第 358 页。
[24] 参见 1981 年全国五届人大四次会议《政府工作报告》单行本。

第四章　有计划商品经济时期经济效益理论迅速发展阶段（1982–1991）

本章主要论述我国有计划商品经济时期（1982–1991）经济效益理论迅速发展阶段的内容。如林毅夫提出的著名的强制性制度变迁理论。[1]农村改革的巨大成功极大地加速了全面经济改革的进程。

以1982年党的十二大召开为标志，我国进入“计划调节为主，市场调节为辅时期（1982–1983）”，这时期虽然很短但意义非凡，这一原则的付诸实施，在实践上结束了长期以来指令性计划和直接管理一统天下的局面，为树立经济效益思想，全面提高经济效益打下了基础。

以1984年三中全会通过《关于经济体制改革的决定》为标志，进入“有计划商品经济时期（1984–1987）”，这时期肯定了“商品经济的充分发展，是社会经济发展不可逾越的阶段，是实现我国经济现代化的必要条件”[2]。

以1987年党的十三大召开为标志，进入“计划与市场内在统一双轨制时期（1988–1991）”，从此我国经济建设进入全面提高经济效益的时期。

林毅夫在批评新古典经济学对制度的忽视时说：“对制度及其演进过程的研究是马克思经济学的重点之一”[3]改革促进了中国经济的迅速发展，社会经济状况有了很大转机，人民生活水平得到提高，经济和生活条件得到很大改善，创造了巨大的经济效益和社会效益。正是在这种改革大背景下，经济效益理论研究工作进入迅速发展时期。

第一节　有计划商品经济时期社会经济状况和经济效益理论（1982–1991）

通过推行家庭联产承包责任制的试验，农业生产上取得了良好的社会效益和经济效益，农业经济出现了良好发展势头。以此为效应引发了对城市经济的改革浪潮，工业经济开始走上了追求经济效益的道路。

一、计划调节为主市场调节为辅时期（1982–1983）

（一）农村改革极大地解放了生产力，产量快速增长，经济效益迅速提高

在农村改革了“三级所有，队为基础”的人民公社制后，全面推行家庭联产承包责任制，大幅提高农产品收购价格。改革统购统销制度，农民完成定购任务后可将农产品拿到市场上出卖。到 1983 年底全国粮食总产量达到创纪录的 40731 万吨，比 1978 年增长 33.6%。[4]这不仅使农民收入大幅度增长，而且还解决了城乡居民的温饱问题。林毅夫估计从生产队向家庭责任制的转变使农业生产率平均增长了 20%。[5]相应的制度改革使产出增长约 46.8%，大约相当于投入增加的总效应。[6]

（二）农业连年大丰收不是偶然的，这是工作重点转移和注重经济效益的结果

这为以后农村产业的结构调整、城镇轻工业的快速发展，乃至城市经济体制改革都带来良好的示范效应。农业生产经营制度创新和农业产出的大幅度提高，导致乡镇企业（社队企业）迅猛发展。由基层乡镇或村干部牵头，自行解决人力、资金、市场等问题，在产权界定、原料供应、技术支持等方面，都不同于国有企业的特殊类型企业，凭借其“模糊的产权结构”[7]，实现了较好的经济效益。不仅使农村经济得到迅速发展，而且还吸收了 1 亿余人的农业剩余劳动力。在农业经济良好形势下 1982 年党的十二大召开，提出了“计划经济为主，市场调节为辅”的原则，把改革转向城市经济的改革。这一原则的付诸实施，在实践上结束了长期以来指令性计划和直接管理一统天下的局面。在这短短的两年时间段内，人们的经济效益思想观念发生了根本性的变化。

（三）制定社会经济和发展计划开始注重科学性和经济效益

1982 年全国计划会议召开着重讨论“六五”计划草案。“六五”计划编制时间较长，最初是“十年规划”（1976–1985）的一部分，根据《政府工作报告》着手编制的。1980 年重新制定中长期计划，再次酝酿编制“六五”计划，

组织专家论证。

（四）“六五”计划中蕴涵了深刻的经济效益思想

“六五”计划为“七五’奠定基础，为更好地提高经济效益创造条件。[8] 其具体目标中蕴涵了深刻的经济效益思想：

（1）工农业生产总值计划年均增长4%，执行中争取达到5%。要求经济效益有绝对量上的增长。

（2）提高经济效益不仅要有量上的增长，还要求质量上的提高，并注意调整不合理产品结构是提高经济效益的重要途径。

（3）降低物质消耗，使生产资料生产同消费资料生产协调。不断降低消耗和占用是提高经济效益的前提。

（4）有计划对企业进行技术改造，开展技术革新，集中资金，加强能源、交通等建设，做好“七五”发展衔接。

（5）组织科技力量进行攻关；发展教育、科学和文化事业。提高科学技术水平是提高经济效益的关键。做到经济效益和社会效益的统一。

（6）加强国防工业建设。创造安全的国际环境。

（7）提高经济效益，集中资金使财政收入由下降转为上升，保证财政收支基本平衡。处理好宏观经济效益和微观经济效益的关系。

（8）发展对外贸易，引进国外先进技术。发展外向型经济。

（9）控制人口增长、安排城镇就业，使城乡人民物质和文化生活继续得到改善。开始重视经济效益和社会效益关系的处理。

（10）加强环境保护制止环境污染进一步发展，开始考虑经济可持续发展问题，把近期、中期和长期经济效益结合起来。

二、有计划商品经济时期（1984–1987）

（一）经济效益思想的贯彻落实，使我国经济建设取得举世瞩目的成就

工农业总产值平均每年增长11%。产品的产量大幅度增长。1985年与1980年相比，钢产量增长26.1%，粮食产量年均增长21.4%。全民所有制单位固定资产投资总额达到5300亿元。财政收入平均每年增加159亿元，年递

增12%，出口额在世界的位次由1980年的第28位上升到1984年的第10位。

（二）历史遗留问题带来的惯性使粗放型经济增长方式没有得到根本性改变

从这一时期的统计报表资料上可以看出（参见下页图4–1：1972–1990年国家所有制独立核算工业企业利润总额趋势变化图），当时还没有建立起经济效益指标评价考核体系，只是主要注重经济效益绝对量上的增长，还没有考虑经济效益质上的变化。当时的制度安排使得在出现了损害所有者权益的短期行为[9]，使国有企业的财务状况开始趋向恶化。当然，造成这种局面的原因是多方面的，但与经济效益理论研究方面落后有重大的关系。

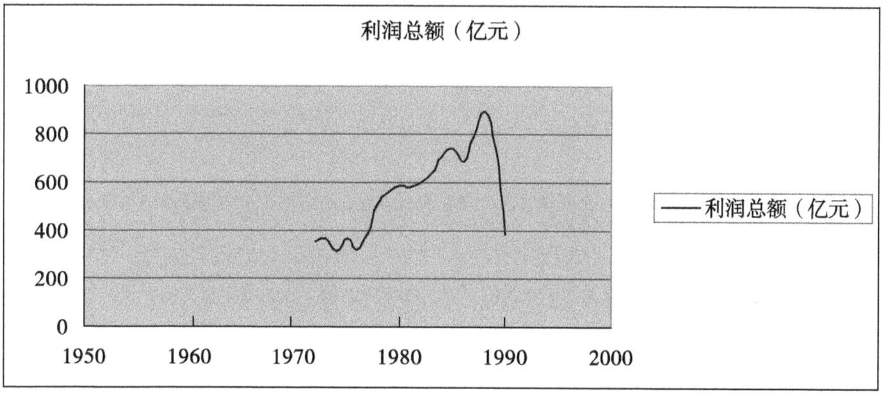

图4–1　国家所有制独立核算工业企业利润总额趋势变化图（1972–1990）

注：此图根据社会主义国家所有制独立核算工业企业的经济效益和增长速度[10]统计表绘制。

（三）制定国民经济计划更加注重科学性、完整性和经济效益

通过国家制定计划的过程可以看出，在经济转轨过程中不断加强计划的科学性，经济效益思想不断注入计划之中。1983年就开始起草《“七五”计划》（1986–1990年）工作，1985年上半年拟订的“计划”经十二届四中全会原则通过后，提交1985年9月的党代会审议通过。国务院1986年3月审定完毕，提交六届人大四次会议审议批准。

（四）经济上进一步实施扩大对外开放政策

1984年深圳、珠海、汕头、厦门等4个经济特区经济高速发展的成功经验得到推广，我国决定开放大连等14个沿海港口城市。1985年长江三角洲等实行经济开放政策。这些经济对外开放政策措施的实施，为我国的经济发展带来深远的影响，通过大量引进外资，引进国外先进技术，促进了企业生产技术、管理经验翻天覆地的变化，带来了良好的经济效益。从此发展外向型经济成了提高经济效益的重要途径。

（五）乡镇企业异军突起，拉动国民经济增长

1979–1988年乡镇企业总产值由493亿元增到1988年的6495亿元，年增长达到29%，占GDP的比重由1978年的13.6%上升到1988年的43.5%。这也从另一个侧面说明了国有企业经济效益不良的状况，从而对国有企业改革的迫切性。

三、计划与市场内在统一双轨制时期（1988–1991）

（一）农村改革引起人口流动，促进城市经济的发展

农村的改革给农业经济带来巨大的经济效益，随着农业劳动生产率的提高，农业劳动力出现剩余，出现了人口流动现象（见表4–1和图4–2）。流动人口向城市转移的结果是大大促进了城市经济的发展。而后随着改革的重点向城市经济的转移，我国工商业也得到了长足发展，经济效益思想深入人心。

表4–1　20世纪80年代中国人口迁移统计表[11]（单位：万人）

年度	省际迁移	省内迁移	合计
1982–1983	78.5	284.3	362.8
1983–1984	104.8	410.7	515.5
1984–1985	135.2	560.6	695.8
1985–1986	168.1	622.2	790.3
1986–1990	213.3	460.5	673.8

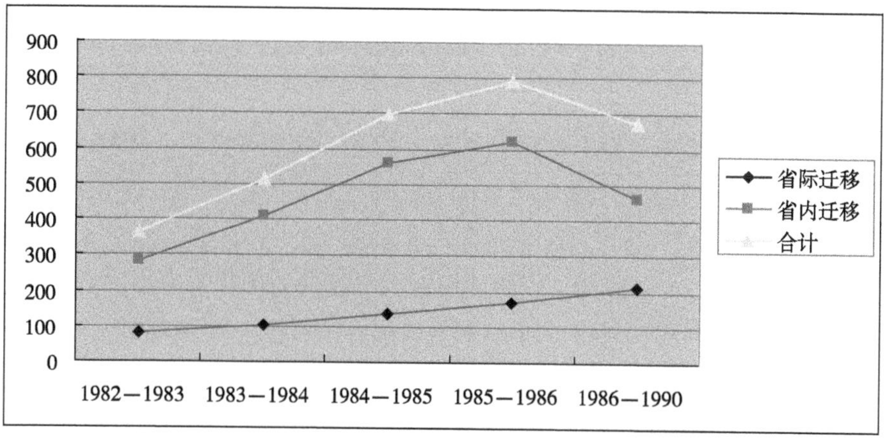

图 4–2　20 世纪 80 年代以来我国人口迁移规模模型

注：根据表 4–2：20 世纪 80 年代以来我国人口迁移规模统计表绘制。

（二）经济体制改革随着经济发展的不断变化逐步走向市场化

传统经济体制对企业统得过多过死、过分地排斥市场在经济运行中的基础性作用，从而改革的重点主要就是放权让利、承认局部和个人利益、充分尊重价值规律的作用等内容。实践证明这些措施有利于企业发展、有利于企业经济效益的提高，取得了良好的效果，这样累积的扩散放大机制迅速生长起来。局部改革成功、取得很好的经济效益，导致对潜在的企业改革者产生示范、波及效应并形成一定规模，再加之政府对成功企业的改革经验加以肯定鼓励、并加以归纳升华，最终形成指导企业改革提高经济效益的理论和政策、并利用各种途径加以推广。

（三）这一时期国民经济和社会发展的主要任务和发展目标，更加体现要较好提高经济效益的要求

为经济改革创造良好的环境，保证社会总需求和总供给的基本平衡，奠定有中国特色的新型社会主义经济体制的基础；大力加强重点建设，在物质技术和人才方面准备必要的后续能力；继续改善人民生活。

经济发展目标是五年内全国工农业总产值增长 38%，到 1990 年，我国工农业主要产品的产量分别达到：粮食 42500 万 –45000 万吨，发电量 5500 亿度，原煤 10 亿吨，原油 1.5 亿吨，推行九年制义务教育，进出口贸易总额五年增长 35%。

（四）进一步扩大开放，城镇经济飞速发展的同时，经济效益状况参差不齐

1988 年山东半岛经济开放区和辽东半岛经济开放区设立。1988 年全国城市共签订客商直接投资协议合同 4004 项，金额达 41 亿美元，外贸收购总值达 1154.6 亿美元，“三资”工业企业共有 1767 个，工业总产值 214 亿美元。引进外资实现了资本多元化，经济发展对国家投资的依赖型逐步减弱。但是，随着乡镇企业的突起和外资企业的不断增加，国有企业步履艰难，经济效益跌入低谷。从图 4-1：1972-1990 年国家所有制独立核算工业企业利润总额趋势变化图（本文 67 页）上可以清楚地看出，1990 年国有企业的利润总额甚至跌落到改革开放开始时的水平。

第二节　有计划商品经济时期经济效益理论迅速发展的原因（1982-1991）

中国实行改革开放后，变成了世界上具有极大开发潜力的巨大市场，引起了世界各国的关注。十一届三中全会后提出的“社会主义建设以经济建设为中心，经济建设以经济效益为中心”著名论断，使我国工作的重心转移到经济建设上来，使经济增长和经济发展建立在经济效益的基础上。而新制度经济学的发展，特别是制度变迁理论的基本观点“经济增长的关键是制度因素”[12]极大地促进了我国经济制度的变迁，其企业产权结构理论、企业性质理论、人力资本产权理论等对于促进我国企业提高经济效益产生了巨大的影响。所以说我国经济效益理论研究迅速发展的原因，既有我国经济经济建设飞速发展的社会经济原因，又有企业要求迅速发展的内在动力机制。

一、经济效益理论迅速发展的社会经济原因

（一）西方国家经济改革尝试和新兴工业化国家对我国改革的示范作用

20 世纪 70 年代以来，西方发达国家对凯恩思主义经济政策实践所导致的后果进行了反思，并实施经济改革的尝试，再加上世界各国经济增长和发展

绩效差异，使人们越来越认识到制度的重要性，这就促使我国改革开放后进行社会主义经济制度的变革，从而促进了我国经济效益思想理论的迅速发展。在发展道路的选择上，越来越多的国家选择走一条生态农业环保效益性的经济发展道路。

（二）国内改革带来的一系列负面问题

我国实行改革开放政策以后，经济体制改革的效果非常明显，但同时也出现了不少隐患。比如在集体经济和非国有制经济取得较大发展的情况下，国有制经济的经济效益状况急剧恶化，国有大中型企业的亏损面越来越大；追求眼前经济利益忽视长期经济效益的短期行为越来越严重；经济增长的同时环境污染问题突出表现出来，比如不仅城市污染严重，农村环境也日趋恶化。80 年代费孝通“有些工业要扩散到农村，但不能转嫁污染”[13]；人们追求经济效益的同时往往不顾给社会效益带来的后果等。费孝通在《及早重视小城镇的环境问题》[14]中指出，“经济繁荣，特别是工业的发展带来的环境污染是一个突出的矛盾”，“我们在发展经济的同时，必须把环境污染控制在最低限度”。针对上述问题，人们开始对经济效益的涵义进行深入的思考，并逼迫人们去探讨国有大中型企业如何提高经济效益的问题。1982 年中央明确提出提高经济效益的要求，但是经济理论界关于对经济效益涵义的理解还是停滞不前。1987 年十三大召开前在谈到计划与市场的关系时，邓小平说：“为什么一谈市场就说是资本主义，只有计划才是社会主义呢？计划和市场都是方法嘛。只要对发展生产力有好处，就可以利用。它为社会主义服务，就是社会主义的；为资本主义服务，就是资本主义的。”[15]

（三）经济状况复杂多变，经济效益问题始终困扰着我国经济发展

1984 年城市经济体制改革成为改革的主体后，地方政府财政与企业生产经营权逐步扩大，各种市场的开放与拓展，企业经济承包责制全面推行，使我国经济保持近两位数增长的同时，经济运行中出现了很多问题。因当时走的是一条“摸着石头过河”的改革路线，虽然强调经济建设以经济效益为中心，但是没有现成的科学理论指导，实践经验上又严重不足，导致经济产生很大波动。特别是国有企业的财务状况开始恶化，只顾眼前利益的短期行为突出，1988 年国有企业亏损额大幅度上升。受经济周期波动的影响，继我国

经济上一阶段大的发展之后，1989 年开始我国经济不得不进入治理整顿新阶段。这一整顿治理直到 1991 年才告以完成。复杂多变的经济形势给我国经济效益的提高带来了更多困难。

二、经济效益理论迅速发展的内在动力机制

（一）传统商品观念的突破，为企业讲究经济效益提供前提条件

十二届三中全会的决定虽然肯定了社会主义经济是商品经济，但仍然把它称为“有计划的商品经济”。有计划的商品经济被认为总体上仍然属于计划经济性质，而商品的范围受到了很大的限制，这样许多企业在提高经济效益问题上还不能很好的放开手脚。为此 1985 年邓小平鲜明指出：“社会主义和市场经济之间不存在根本矛盾。”“现在看的很清楚，实行对外开放政策，搞计划经济和市场经济相结合，进行一系列的体制改革，这个路子是对的。”[16]经济体制改革为企业经济效益提高提供了前提条件，但不健全的市场体系又制约着企业更好的提高经济效益。科斯的《企业的性质》一文就是在认识到对企业制度和市场制度的忽视基础上写成的。他还说：“把企业描绘成一个‘黑箱’是一个非常离奇的事情，因为在现代经济体系中，大部分资源是在企业内部使用的，这些资源怎样使用依赖于行政决策，而不是直接依赖于市场的运作。结果，经济体系的效率在很大程度上取决于这些组织，当然特别是现代公司，是如何处理它们的事务。甚至更为令人惊讶的是，尽管经济学家的兴趣在于价格制度，他们却忽略了市场这种支配着交换过程的更具体的制度安排。由于这些制度安排在很大程度上决定着生产什么，所以我们现在拥有的是一个非常不完整的理论。”[17]

（二）企业应是自主经营、自负盈亏的商品生产和经营者

1984 年《关于经济体制改革的决定》，规定了改革的任务和各项基本方针、政策，为全面开展经济体制改革描绘出了宏伟蓝图，使经济体制改革进入一个新阶段。既然社会主义经济是商品经济，当时已经认识到国有企业应该自主经营、自负盈亏，理应有权灵活经营，这就为企业提高经济效益提供了内在动力机制，为国有企业改革和如何提高企业经济效益，指明了前进方

向和开辟了广阔道路。这个决定“是马克思主义基本原理和中国社会主义实践相结合的政治经济学”。[18]在这一理论的指导下，20世纪80年代我国在企业改革、市场改革和宏观管理体制改革等三个方面有了较大的进展。

第三节　有计划商品经济时期经济效益理论研究的主要内容（1982–1991）

一、关于经济效益涵义方面的讨论

（一）对经济效益涵义的理解不断深化

自1981年五届人大四次会议上的《政府工作报告》中出现“经济效益”的提法后，当时对经济效益涵义的理解不深，对经济效益概念不清，经济理论界对此问题还没有进行深入研究，因此当时在经济效益概念上出现了很多混乱。[19]有人说“我国卫星技术在经济建设中发挥威力，直接经济效益达2.8亿元。”还有人说“科技攻关使化学工业获得直接经济效益6亿元。”[20]经济效益到底指什么，人们的理解不同，评价经济效益好坏的标准也会不同，导致找不到制约经济效益提高的因素。自1982年中央明确提出提高经济效益要求后，经济理论界对经济效益涵义的认识还是没有大的改变。到1986年《经济大词典》（商业经济卷）中出现“经济效益”的概念，在理解上仍认为经济效益就是经济效果：“经济效益是社会生产中劳动占用和劳动耗费同劳动成果的比较。”[21]1987年《经济大词典》（财政卷）中对经济效益的解释仍然与此相同。当时经济理论界有人把“经济效益”和“经济效果”等同。什么是经济效益？它与经济效果有什么区别和联系？我国经济理论界对此问题的讨论一直没停，至今没明确结论。有人认为这两个概念的内涵基本相同，也有人认为不同。一部分人认为经济效果的范围大于经济效益，一部分人认为经济效果的范围小于经济效益。而在实际工作中这两个概念的通用已经基本约定俗成。

直到20世纪80年代末90年代初经济理论界对经济效益有了很深的认识，

增加“产品符合社会需要”内容。1990年《经济学词典》中改为：“经济效益是指经济活动中消耗、占用的劳动量同取得的符合社会需要的劳动成果之间的比较。”[22]关于经济效益的这一定义，虽然能较为客观地反映企业生产的综合情况，但是该定义仍然不能完全适应社会经济发展的需要，定义中的内容仍然存在局限性，为适应经济发展和经济制度变革，仍然需要加以改进。随着经济体制改革的逐步深入，经济理论界对经济效益涵义的理解也不断走向较为全面的认识。

（二）对经济效益涵义几种不同认识上的误区[23]

1. 有人认为“产出就是经济效益”

实际上这种观点就是用绝对量指标的增加多少作为评价经济效益好坏的标准。这种观点认为，总产值（即工农业总产值、工业总产值、农业总产值等）、国民生产总值以及国民收入等也就是经济效益。认为这些产出指标越高，经济效益就越好，反之，经济效益就越差。这种观点把经济效益和经济增长混同在一起，既没有强调经济效益的相对性，也没有强调经济效益的社会性。事实上，假如产出的增长速度低于投入的增长速度，不能说是有好的经济效益；还有假如产出增加但不适应社会的需求，造成了积压、浪费，则说明其经济效益更差。所以这种把产出等同于经济效益的认识，在理论上值得探讨，在实践上值得思考。

2. 有人认为“产出投入比率就是经济效益”

这种认识是用相对量指标作为评价经济效益好坏的标准。这种观点认为：产出投入比率越高，经济效益就越好；反之，经济效益就越差。这种观点在一定程度上揭示了当时经济效益的内涵，即强调了经济效益是一个相对化的概念，但同时也同样忽视了经济效益是一个社会化的概念。

3. 有人认为“经济效益就是经济效果”

经济效果是“经济活动中劳动耗费同劳动成果之间的对比”[24]。或者是“社会主义生产和再生产过程中，劳动占用和劳动耗费同劳动成果的比较”[25]。经济效益概念是由经济效果这一概念演化而来，二者之间有内在的联系是必然的，但也不能无视二者之间有着本质的区别。

4. 有人认为“利润就是经济效益”

这是上述第一种观点的另一种表现形式，也是在实际工作中非常流行的一种形式。正常情况下利润是一个速度指标，通过降低消耗、减少成本等使利润提高，利润和经济效益可以是同方向变化，虽然可能变化的幅度往往不一致。但若通过增加资金和劳动投入，提高物化劳动和活劳动消耗来提高利润，这样通过高能耗，拼资源等来增加利润，利润的水平提高了，经济效益却是下降了，二者出现了反方向变动的趋势。

二、关于提高经济效益必然性的探讨

运用马克思经济理论来解释论述作为独立的商品生产经营者不断提高经济效益的必然性。马克思认为“表现为等于更多货币的货币，比本身价值更大的价值”。[26]也就是说，马克思也把经济效益看作是社会经济各部门都追求的目标。马克思在《资本论》的分析中认为，作为独立的商品生产经营者（马克思说的主要是资本家），以不断追求经济效益的提高为目标，有其客观必然性：

第一、不断追求经济效益的提高，是价值增值规律作用的必然要求。“剩余价值的生产是资本主义生产的决定的目的。”[27]马克思所揭示的资本主义剩余价值规律，已寓于了价值增值规律的一般形式。任何存在商品经济的社会里，价值增值规律都会发生作用，只是在资本主义剥削制度下价值的增殖部分被资本家私人占有。社会主义发展商品经济，同样受价值增值规律的支配，因此，同样会追求经济效益问题。

第二、不断追求经济效益的提高，是价值规律作用的必然要求。价值规律是商品经济内在的基本经济规律，它的作用要求商品的价值量由生产该商品的社会必要劳动时间决定，商品的交换以等价原则为基础。价值规律的客观要求是“不以交换者的意志、设想和活动为转移”[28]的。它作为自然规律“强制的为自己开辟道路，就像房屋倒在人的头上时重力定律强制的为自己开辟道路一样。”[29]价值规律是价值量运动规律，商品生产者无法控制其运动，“而是他们受这一运动控制”[30]。

三、国民经济计划中体现的经济效益思想

我国“七五”计划将经济效益理论生动地体现出来。

（1）坚持把改革放在首位，使改革和建设相互适应、相互促进。这时已经把经济体制改革，转换企业内部经营体制，作为提高经济效益的重要课题。

（2）坚持会总需求和总供给的平衡，保持财政、物资的各自平衡。这就为提高综合经济效益打下了基础。

（3）坚持把提高效益放到突出的位置，开始重视经济效益和社会效益的关系问题。

（4）坚持适应社会需求变化，调整产业结构。开始把调整不合理产品结构、产业结构等经济结构，作为提高经济效益的重要途径。

（5）坚持恰当的固定资产规模，开始解决经济效益得不到提高的瓶颈产业问题。

（6）坚持把建设重点转移到企业技术改造上来，内涵型扩大再生产。开始注意经济增长方式由粗放型向内涵型的转变。

（7）坚持发展科学、教育。继续重视科学技术进步，实施科教兴国战略，把科技进步作为提高经济效益的关键。

（8）坚持对外开放，继续发展外向型经济，以此作为提高经济效益的重要途径。

（9）坚持改善城乡人民的物质文化生活。把经济效益思想明确贯彻在其中。

（10）坚持物质文明建设，加强精神文明建设，发扬艰苦奋斗。加强思想政治工作，保持良好精神状态，成为提高经济效益的一个前提。

四、关于经济效益趋于下降规律的探讨

我国经济制度变革过程中，许多企业特别是国有大中型企业的经济效益状况得不到较好的改变，分析其原因，当时产生了许多模糊性认识。探讨其原因，既有体制性（传统经济体制带来的低效益）的原因，也有非体制性的原因。不能把两类原因混在一起，否则就会对我国企业提高经济效益产生盲目悲观的情绪。有人认为：经济效益下降的非体制性原因，就是经济效益趋于下降规律作用的结果。[31]通过揭示经济效益趋于下降规律，可提高驾驭经济效益趋于下降规律的能力，以便找到良好的应对策略与决策。只要我们采用适当对策，加上良好的制度安排，处理好客观规律与主观能动性之间的关

系，国有企业经济效益下降的速度能够减缓并使之趋于上升趋势，保证国民经济快速、持续、健康的发展。

东南大学尹莲英教授认为，可以借助马克思对一般利润率趋于下降规律的分析，研究分析我国经济效益趋于下降的规律。马克思认为，在资本积累和扩大再生产的过程中，一方面一般利润率呈现出不断下降，另一方面又由于各种反作用因素的存在，利润量有可能同时增加。因为有可以阻碍、延缓或部分抵消利润率下降的因素起着作用，减缓了利润率下降的程度和下降的进程，使得利润率下降“只有趋势性质”，“我们也就把一般利润率的下降叫做趋向下降”[32]。

马克思“同样一些规律，会使社会资本的绝对利润量日益增加，而使它的利润率日益下降”[33]。

资本主义生产和积累的发展，又使资本总量不断增加，这就客观上“要求劳动过程的规模及其范围日益扩大”。[34]这样，被资本家“支配的劳动大军越来越大（尽管对他们来说，可变资本同不变资本相比已经减少），他们占有的剩余价值量，从而利润量，会随着利润率下降比且不顾这种下降而同时增长起来”。[35]同时，在社会资本积累发展和总资本增加的过程中，还“必然有某些起反作用的影响在发挥作用，来阻挠和抵消这个一般规律的作用”。[36]

一般利润率趋于下降规律依然在社会主义市场经济条件下客观存在并发挥作用（参见表4–2：社会主义国家所有制独立核算工业企业的经济效益和增长速度）。

表4–2　社会主义国家所有制独立核算工业企业的经济效益和增长速度[37]

年份	资金利润率（%）	资金利税率（%）	利润总额（亿元）	年份	资金利润率（%）	资金利税率（%）	利润总额（亿元）
1952	19.2	25.4		1972	18.0	27.7	355.10
1953	23.1	30.4		1973	16.8	25.8	369.20
1954	22.5	30.4		1974	13.4	21.7	316.30
1955	22.1	30.0		1975	14.1	22.7	363.40
1956	22.0	32.1		1976	11.4	19.3	317.10
1957	23.9	24.6		1977	12.9	21.2	384.50
1958	34.2	46.5		1978	15.5	24.2	508.80
1959	35.2	48.7		1979	16.1	24.8	562.80

续表

年份	资金利润率（%）	资金利税率（%）	利润总额（亿元）	年份	资金利润率（%）	资金利税率（%）	利润总额（亿元）
1960	32.6	43.6		1980	16.0	24.8	585.40
1961	9.0	15.9		1981	15.0	23.8	579.70
1962	8.5	15.1		1982	14.4	23.4	597.70
1963	13.4	20.5		1983	14.4	23.2	640.90
1964	17.5	25.7		1984	14.9	24.2	706.20
1965	20.9	29.8		1985	13.2	23.8	738.20
1966	34.5	34.5		1986	10.6	20.7	689.90
1967	13.6	21.7		1987	10.6	20.3	787.00
1968	10.0	17.3		1988	10.4	20.6	891.90
1969	16.1	25.3		1989	7.2	17.2	743.01
1970	20.1	30.6		1990	3.2	12.4	388.11
1971	19.3	30.0					

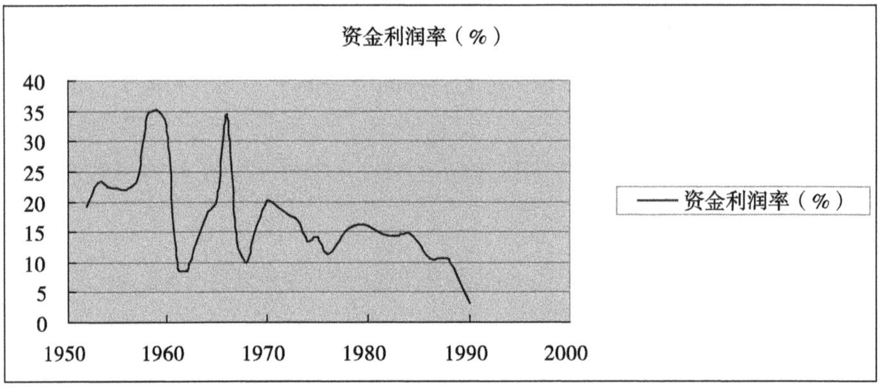

图 4–3　社会主义国家所有制独立核算工业企业资金利润率变化趋势模型（1952–1990）[38]

注：根据表 4–2 提供的资料绘制。

通过表 4–2：社会主义国家所有制独立核算工业企业的经济效益和增长速度可以看出，我国资金利润率（或资金利税率）下降和利润总额增加的二重现象并存的情况，表明我国工业企业经济效益是一种趋向性下降的态势。经济效益不好，并出现下降的趋势，是社会主义经济条件下一般利润率趋向下降规律作用的基本表现和必然结果。

可以肯定，随着经济制度的不断变革，以及积累增长机制、技术进步机制、投资机制、市场利润机制等的不断变化，我国在今后较长时期内，经济效益趋向下降的态势不会有多大的改变。正像马克思说的“这个规律只是作为一种趋势发生作用，它的作用，只有在一定情况下，并且经过一个长的时期，才会清楚的显示出来”。[39]

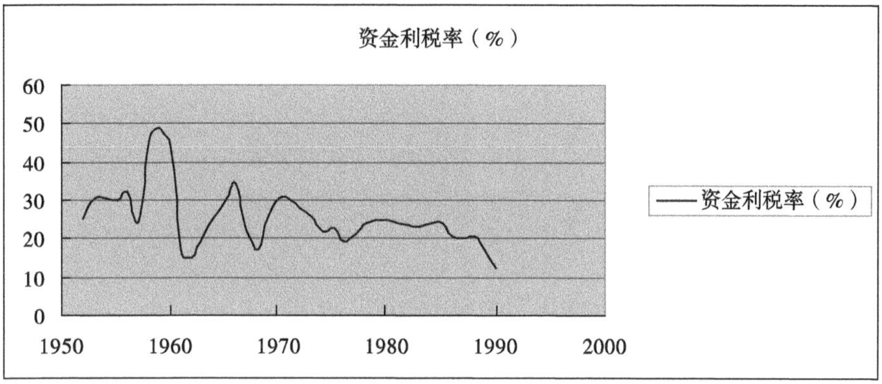

图 4–4　社会主义国家所有制独立核算工业企业资金利税率变化趋势模型（1972–1990）[40]

注：根据表 4–2 提供的资料绘制。

五、关于经济效益平均化规律的探讨

对经济效益平均化规律的揭示，可以从马克思对一般利润率平均化规律的分析中可得到启示。

党的十一届三中全会后，实行了改革开放政策，经济体制实现了不断向社会主义市场经济体制的转换。

我国资金利润率平均化的实现是非常必要的。首先，实现资金利润率平均化有利于产业结构的调整，为解决“瓶颈”产业不合理的产品价格创造前提。其次，实现资金利润率平均化有利于企业改善经营管理，改进科学技术，加强经济核算，提高管理效率。第三、实现资金利润率平均化有利于共同富裕，因它能缩小各部门各地区之间收入过于悬殊的差距，等等。据我国改革开放近 20 年来国有独立核算工业企业的资金利润率研究资料表明，资金利润率在我国国民经济各部门之间的差距正在缩小，开始呈现出平均化趋势。

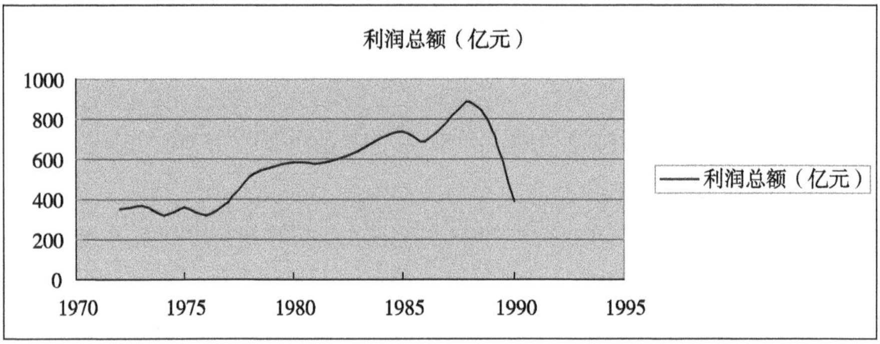

图 4-5　国有独立核算工业企业利润总额平均化趋势模型（1972-1990）

注：根据 1972-1990 年独立核算工业企业的经济效益和增长速度表绘制[41]

六、提高经济效益途径与方法理论的研究

郑新立等著《提高经济效益之路》[42]、黄荫涛《企业经济效益从那里来？——资金循环周转理论浅说》[43]、林光编《管理决策的经济效益分析》[44]、张继录《科技进步宏观经济效益的度量与分析》[45]、张振铭等《企业提高经济效益与管理现代化》[46]、马洪、周淑莲、汪海波著《中国工业经济效益问题研究》（上、下）[47]等大量提高经济效益途径与方法探讨的文献开出现。有的开始从宏观方面的经济结构调整、产业政策、制度层面探讨宏观经济效益的提高。有的从微观角度的加强企业管理、承包责任制、科技进步、决策等方面探讨提高企业经济效益的途径与方法。但是论述往往从某一个侧面去分析探讨，还找不到提高经济效益的前提、基础、关键等。但是这一系列研究对于经济效益思想理论的逐步深化打下了良好的基础。

本章小结

本章主要论述有计划商品经济时期（1982-1991）经济效益理论迅速发展时期关于对经济效益涵义的理解、提高经济效益的必然性、国民经济计划中蕴涵的经济效益思想。

我国经济理论界对经济效益涵义的理解和认识，也会同对其他问题的认识过程一样，都会由浅入深，由片面到全面的认识和理解过程，这是符合认识问题的一般规律的。当然，经济在发展，社会在进步，对经济效益涵义的认识也会更全面更科学更深透。这一时期基于国家对所实行经济制度的变革为标志又分为三个阶段：即“计划调节为主，市场调节为辅”阶段、有计划商品经济阶段、计划与市场内在统一的双轨制阶段。从分析不同阶段我国的社会经济和经济效益状况入手，分析经济效益理论迅速发展的社会经济原因和内在动力机制，对本时期经济效益理论研究的主要成果进行梳理、归纳和提炼，最后得出在我国不断走向市场化的过程中，不断提高经济效益是保证我国经济持续、健康、快速发展的不可或缺的路径。

这一阶段经济效益理论的主要特征可以归纳为：随着经济体制改革的发展，经济制度以及相应的经济政策发生了一系列变化，经济建设以经济效益为中心的观念树立起来，从而经济效益理论的研究迅速发展。对经济效益涵义的理解不断全面起来，开始进行提高经济效益途径和方法的研究，并特别关注经济效益与社会效益的关系。随着经济市场化程度的不断提高，西方经济管理论的大量引进，其研究方法的借鉴使研究思路更开阔。对经济效益开始进行科学的分类，建立经济效益指标评价体系，把经济效益理论运用到各行各业各个领域内，可以说把经济效益融入到整个社会的一切经济活动之中了。虽然如此，但是对经济效益涵义的看法解释各有不同，提高经济效益途径和方法上其观点也各异，在理论建树和方法论的总结上滞后的特征十分明显，还没有高度重视环境、资源等对经济效益的影响。

参考文献

[1] 参见林毅夫：林毅夫：《经济学史中的结构与变迁》，上海三联书店，1994年版，第5页。
[2] 参见《中共中央关于经济体制改革的决定》，人民出版社，1984年版，第17页。
[3] 林毅夫：《经济学史中的结构与变迁》，上海三联书店，1994年版，第8页。
[4] 参见《当代中国的农业》北京：当代中国出版社，1992年版，第375页。
[5] Justin Yifu Lin.Household Farm.Cooperative Farm，and Efficiency：Evidenced From Rural Decollectivization in China，Working Papar No：533.New Haven，CT.：Yale University，Economic Growth Center，1987
[6] 林毅夫：《制度、技术与中国农业发展》，上海三联书店，上海人民出版社，1994年

版，第93–95页。
[7] 李稻葵：《论转型经济中的模糊产权》，《中国乡镇企业研究》，中华工商联合出版社，1997年。
[8] 参见《国民经济社会与发展第六个五年计划》，人民出版社，1982年12月。
[9] 吴敬琏：《当代中国经济改革：战略与实施》，上海远东出版社，1999年，第165页。
[10] 参见《中国统计年鉴》(1991年)，第395、410、416页。
[11] 引自《人口流动和农村城镇化战略管理》，华中理工大学出版社，2000年，第197页。
[12] 袁庆明：《新制度经济学》，中国发展出版社，2005年2月，第5页。
[13] 费孝通：《及早重视小城镇的环境问题》，《论小城镇及其他》，天津人民出版社，1986年，第137页。
[14] 费孝通：《及早重视小城镇的环境问题》，《论小城镇及其他》，天津人民出版社，1986年。
[15] 邓小平：《计划和市场都是发展生产力的方法》，《邓小平文选》第3卷，人民出版社，1993年版，第203页。
[16] 邓小平：《社会主义和市场经济不存在根本矛盾》，《邓小平文选》第3卷，人民出版社，1993年版，第148、149页。
[17] 科斯：《论生产的制度安排》，载于《经济社会体制比较》，1992年第3期。
[18] 邓小平：《在中央顾问委员会第三次全体会议上的讲话》，《邓小平文选》第3卷，人民出版社，1993年版，第83页。
[19] 参见《文摘报》，1991年9月19日。
[20] 参见《人民日报》，1991年9月23日。
[21] 参见《经济大辞典》(商业经济卷)，上海辞书出版社，1986年，第21页。
[22] 参见《新编简明经济辞典》，天津人民出版社，1990年，第492页。
[23] 石云龙：《经济效益概念探析》，《山东大学学报（哲学社会科学版）》1994年第1期第85页。
[24] 参见《辞海·经济分册》，上海辞书出版社，1980年，第319页。
[25] 许涤新：《政治经济学辞典》(下)，人民出版社，1981年，第142页。
[26] 马克思：《资本论》第1卷，《马克思恩格斯全集》第23卷，人民出版社1975年，第177页。
[27] 马克思：《资本论》第1卷，《马克思恩格斯全集》第23卷，人民出版社1975年，第257页。
[28] 马克思：《资本论》第1卷，《马克思恩格斯全集》第23卷，人民出版社1975年，第91页。
[29] 马克思：《资本论》第1卷，《马克思恩格斯全集》第23卷，人民出版社1975年，第92页。

[30] 马克思：《资本论》第1卷，《马克思恩格斯全集》第23卷，人民出版社1975年，第91页。
[31] 尹莲英：《〈资本论〉中的经济效益思想初探》，《东南大学学报（社会科学版）》，1999年2月，第1卷第1期，第21页。
[32] 马克思：《资本论》第3卷，《马克思恩格斯全集》第25卷，人民出版社1975年，第258页。
[33] 马克思：《资本论》第3卷，《马克思恩格斯全集》第25卷，人民出版社1975年，第244页。
[34] 马克思：《资本论》第3卷，《马克思恩格斯全集》第25卷，人民出版社1975年，第244页。
[35] 马克思：《资本论》第3卷，《马克思恩格斯全集》第25卷，人民出版社1975年，第244页。
[36] 马克思：《资本论》第3卷，《马克思恩格斯全集》第25卷，人民出版社1975年，第258页。
[37] 参见《中国统计年鉴》（1991年），第395、410、416页。
[38] 参见《中国统计年鉴》（1991年），第395、410、416页。
[39] 马克思：《资本论》第3卷，《马克思恩格斯全集》第25卷，人民出版社1975年，第266页。
[40] 参见《中国统计年鉴》（1991年），第395、410、416页。
[41] 参见《中国统计年鉴》（1991年），第395、410、416页。
[42] 郑新立等：《提高经济效益之路》，中国经济出版社，1985年12月。
[43] 黄荫涛：《企业经济效益从那里来？——资金循环周转理论浅说》，中国经济出版社，1983年。
[44] 林光编：《管理决策的经济效益分析》，中国人民大学出版社，1986年3月。
[45] 张继录：《科技进步宏观经济效益的度量与分析》，上海科技普及出版社，1988年6月。
[46] 张振铭、胡乃武、江一舟、宋九如：《企业提高经济效益与管理现代化》，中国财政经济出版社，1986年12月。
[47] 马洪、周淑莲、王海波：《中国工业经济效益问题研究》，中国财政经济出版社，1990年。

第五章　社会主义市场经济时期经济效益理论逐步深化阶段（1992–2005）

这时期我国经济体制改革进入一个全新发展阶段，经济制度变迁进入一个新阶段，经济效益理论研究进入黄金发展阶段即逐步深化阶段，相关各种经济效益理论文献层出不穷。本章将重点对这些经济效益理论进行系统梳理和总结，并为下章提出新时期提高我国经济效益策略和途径打下坚实的基础。

1992 年十四大召开，江泽民在会上代表党中央所作报告中，阐述了建立社会主义市场经济的必然性及其基本特点、主要内容和运行方式。其后党和国家的一系列文件中，对社会主义初级阶段基本经济制度，公有制经济的涵义、地位和实现形式作出了明确界定，就如何适应市场经济发展要求，加快推进国有企业改革、完善分配结构和分配方式、充分发挥市场机制作用，健全宏观调控体系等一系列重大问题作出战略部署，基本上形成了社会主义市场经济理论体系，为我国提高经济效益、经济效益理论的发展指明了方向。

与此同时随着我国经济规模的不断扩大，经济形势日趋复杂，再加上西方经济理论的大量引进，研究上百家争鸣，各种学说蜂拥而至，大量学术术语从国外大量引进，研究方法多种多样。经济效益理论的研究也是如此，在原有“探索性”研究和迅速发展的基础上，随着市场经济形式的变化对经济效益的涵义、如何提高经济效益等理论问题进行深入的探讨，提出个人的见解和看法。因此，将这一时期命名为“逐步深化”阶段。这一阶段的划分主要是基于以下三个方面的事实：首先，经济体制改革的目标是建立市场经济体制，这为经济效益理论的研究确定了方向。其次，对经济效益的涵义有了更深层次的理解，各种各样的看法趋于一致了。再次，对如何提高经济效益方面的研究成果大量增加。

本章研究的思路依然是以党和国家对经济制度的重大改革、经济政策的重大调整为主线，从经济制度变迁和经济效益理论互动关系中，找到经济效益理论研究的发展思路。首先分析当时的社会经济形势和经济效益状况，然后论述经济效益理论逐步深化的原因，最后对大量的经济效益理论研究成果进行归纳，从中谈出自己的观点。这是因为自经济效果的提出，到经济效益的演变，都与我国的经济制度变迁、实施不同的经济政策及相关的经济形势息息相关，特别是受我国经济运行中出现周期性波动的影响极大。每当经济运行中出现较大不良情况时就特别强调经济效益问题，而一旦经济高速良好运行时往往忽视对经济效益的追求。

第一节　社会主义市场经济时期社会经济和经济效益状况

这时期是在我国改革开放不断深化、国家实力不断增强、思想不断解放、经济效益理论逐步深化时期。在经济体制上树立了最终建立社会主义市场经济体制的改革目标，市场在资源配置和资源利用方面的基础性作用越来越大。在对外开放上大量引进外资、吸收先进科学技术、发展外向型经济，我国经济增长不断取得大的进展，经济效益状况越来越复杂，受经济周期性波动的影响也越来越大。

一、治理整顿基础上经济持续高速增长经济效益指标却在下降

1992 年在前三年治理整顿的基础上又迎来了一次经济持续高速增长期，但是我国经济在很多方面的经济效益指标却仍在下降（参见表 5-1）。据统计反映全社会经济活动投入产出关系的社会净产值率（国民收入与社会总产值之比）1992 年比 1988 年下降了 11.21%；固定资产与经济增长的关系“六五”期间每 1 亿元固定资产创造国内生产总值 4.05 亿元，“七五”期间则减少到 3.67 亿元，“八五”期间又下降到 3.01 亿元；从能源消耗上 1994 年我国每吨标准煤实现国民生产总值 710 美元，仅为发达国家的 1/3-1/9，独立核算国有工业企业资金利税率由 1980 年的 25.6%下降到 1994 年的 14.4%。这种发展速度与经济效益成反方向变化的趋势对我国的经济持续增长与发展极为不利。这也说明我国的经济效益状况一直没有得到较好的扭转。

我国是一个人均资源十分贫乏的大国，长期以来走高投入、高消耗、低质量、低效益的发展道路更是不可取。[1] 为更好地合理配置资源和有效利用资源，必须充分发挥市场的基础性作用。

表 5-1　2003 年规模以上工业企业主要经济效益指标[2]

单位：万元

项 目	企业亏损面	每百元销售收入实现的利润	每百元销售收入实现的利税	平均每一职工创造的利润	平均每一职工创造的利税	全员劳动生产率（按增加值计算）
总 计	44.08	5.68	12.14	16116	34470	75657
一、按经济类型分						
国有企业	51.27	5.32	11.80	12850	28471	63884
中央企业	40.00	6.54	7.17	4611	5049	22101
集体企业	43.75	-0.34	7.69	-587	13289	50127
股份合作企业	14.29	2.86	7.06	16710	41253	138597
股份制企业	37.16	6.97	15.00	24335	52352	100965
外商及港澳台投资企业	47.25	5.71	10.62	15895	29552	68191
其他经济类型企业	29.41	4.35	8.26	15248	28926	83499
二、按轻重工业分						
轻工业	44.33	5.53	12.42	12401	27846	62426
重工业	43.78	5.79	11.93	20622	42503	91705
三、按企业规模分						
大型企业		4.03	11.09	32233	88658	177007
中型企业	33.33	6.00	13.29	17859	39551	86477
小型企业	45.44	6.48	11.73	12387	22426	52295
在总计中：国有控股企业	48.70	5.58	12.66	16511	37489	78966
在总计中：农村工业		3.61	15.08	2750	11500	22000

资料来源：中国统计信息网。

二、改革开放和现代化经济建设进入新阶段

1990 年《中共中央关于制定国民经济和社会发展十年规划和“八五”计划的建议》，1991 年《关于国民经济和社会发展十年规划和第八个五年计划纲要的报告》，1992 年邓小平同志重要谈话，《关于国民经济和社会发展“九五”计划》，是这一时期重要政策指引。

2000–2005 年是我国“十五”计划时期：一是宏观调控的主要预期目标

是经济增长速度年均7%左右；二是产业结构优化升级，国际竞争力增强；三是2005年全社会研究与开发经费占国内生产总值的比例提高到1.5%以上；四是2005年全国总人口控制在13.3亿人以内；五是提高人民生活水平，社会风气和社会秩序好转。

三、“八五”计划后经济增长、经济效益向好的方向发展

“八五”计划后国民经济持续快速增长，经济效益各项综合指标在向好的方向发展（参见表5–2）。

表5–2　2000年前11个月工业企业实现利润几近翻番[3]

	1至11月（亿元）	较上年同期增长（%）	较1至10月增长（%）
产品销售收入	73130.4	21.3	–0.7
利润总额	3714.1	92	–6.7
税金总额	4423.1	16.4	–0.9
亏损企业累计亏损额	1006.2	–16.3	3
应收账款	14619.5	8.6	
产成品存货	6918.1	4.6	0.8
经济效益综合指数	115.7点	16.8点	0.9点

资料来源：中国统计信息网，2000年12月28日。

四、产业结构日趋合理为提高经济效益打好基础

固定资产投资加快，产业结构日趋合理，为提高经济效益打下坚实基础。

五、经济改革为提高经济效益提供制度保证

经济体制改革取得突破性进展，为经济效益的提高提供了制度上的保证。1992年《全民所有制工业企业转换经营机制条例》颁布，企业被法定拥有生产、销售、劳动人事、财物、工资等相当广泛的经营权利。

六、发展外向型经济为提高经济效益新途径

对外开放总体格局基本形成，对外贸易迅速发展，企业国际竞争力提高，为提高经济效益开辟了更为宽泛的区域。以浦东为龙头的开发开放，成为“八五”期间对外开放的一项重要举措。“八五”期间对外开放的县市超过1100个，大批兴办经济开发区和13个保税区。年出口额已突破1000亿元，1995年进出口贸易总额居世界第11位；国家外汇储备比“七五”末期增加5.6倍。

七、生活改善提高了经济效益的动力

城乡人民生活改善，为提高经济效益提供了更为现实的内在动力。“八五”期间，城镇居民人均生活费年均增长分别为7.7%，社会商品零售总额累计达67275亿元，年均增长10.6%。

第二节　经济效益理论逐步深化的原因

我国经济效益理论逐步深化的原因，首先是经济社会不断发展中生产经营活动具体实践需要迫切指导。其次是随着我国改革开放发展的进一步深化，在客观条件和思想观念上为推动经济效益理论的逐步深化研究扫清了一切障碍，创造了深化的机会，起到了推波助澜的作用。再次，这一时期西方市场经济国家大量经济学、管理学理论的大量引入，开阔了经济效益理论的研究视野。最后，也是最重要的是对经济、效益、经济效益涵义的理解更深入、更全面、更科学，从而在密切结合我国客观实际生产经营环境的前提下，提出了适合中国国情的提高经济效益的具体策略和途径。

一、国内经济形势变化需要理论深化

我国经济在1989–1991治理整顿阶段结束后，1992年开始又一轮经济持续高速增长。我国的经济发展不能不讲速度，但是又不能只讲速度不讲效益，

关键是“要重视提高效益，不要片面追求产值、产量的增长”[4]，“讲究经济效益和总的社会效益，这样的速度才过得硬”[5]。

在社会主义市场经济体制下，企业是自主经营的商品生产者，企业的生产经营活动以市场为中心，企业在生产经营中要尽可能地节约活劳动和物化劳动的消耗，还要使自己产品的质量和数量都符合市场的需求。所以，市场经济体制更需要加强经济效益的研究。

二、我国每次经济波动中明显表现出轻视经济效益现象

随着经济理论研究工作在思想上的解放和经济理论实证方法的运用，我国经活动中经济波动研究越来越受到重视。经济波动是在经济增长过程中经济增长速度在不同年份表现为有涨有落的一种运动过程（参见表 5–3：改革开放后 1978–1998 年我国 GDP 增长率周期波动情况表）。经济波动主要有两种表现：一是经济活动总水平在发展过程中呈现正负两种增长的交替。负增长表现为 GNP 或 GDP 的绝对量较上一年度下降。二战前西方主要国家经济危机到来时的再生产周期主要就是这种表现。二是表现为 GNP 或 GDP 总水平是逐年增长，但增长率表现为有高有低的变动。我国的经济波动两种表现都存在，但主要表现为后一种。无论是那一种的经济波动中，经济活动中都突出的表现为较低的经济效益现象。

表 5–3　改革开放后我国 GDP 增长率周期波动情况表（1978–1998）（%）[6]

经济周 期	每轮经济周期起止年份	到达波峰的增长率（%）及年份	到达波谷的增长率（%）及年份	波峰与波峰之差（%）
1	1978–1981	11.7（1978）	5.2（1981）	6.5
2	1982–1986	15.2（1984）	8.5（1986）	6.4
3	1987–1990	11.6（1987）	3.8（1990）	7.8
4	1991–1998	14.2（1992）	7.8（1998）	6.4

资料来源：根据 1979–1999 各年度的《中国统计年鉴》汇总。

改革开放后从表：5–1：1978–1998 年我国 GDP 的涨落中可以看出，我国已经历了四次经济周期波动。

表 5-4 改革开放后主要年份 GDP 比上年增长率统计表（1978-1998）

年份	GDP 比上年的增长率	年份	GDP 比上年的增长率
1978	11.7%	1987	11.6%
1981	5.2%	1990	3.8%
1984	15.2%	1992	14.2%
1986	8.5%	1998	7.8%

资料来源：根据表 5-3 绘制。

根据表 5-2 可以绘制出 1978-1998 年我国经济周期波动模型图 5-1。通过图 5-1 可以清楚的看出改革开放后我国经济周期波动的主要特征：一是经济波动呈明显的不规则形态，波动曲线不是平缓的波浪型，而是呈现不规则的锯齿型状态。从时间间隔上看，平均每隔 4-5 年出现一次，但实际上波动出现的时间频率也是不规则的。二是和改革开放之前相比，波动幅度明显缩小，而且不再有经济负增长的年份。通过表 5-3、表 5-4 和图 5-2 可以看出，建国后 20 多年的时间里，我国也发生过 5 次经济波动，不但波峰和波谷之间平均落差为 23.1%，有几个年份的经济还出现了负增长。

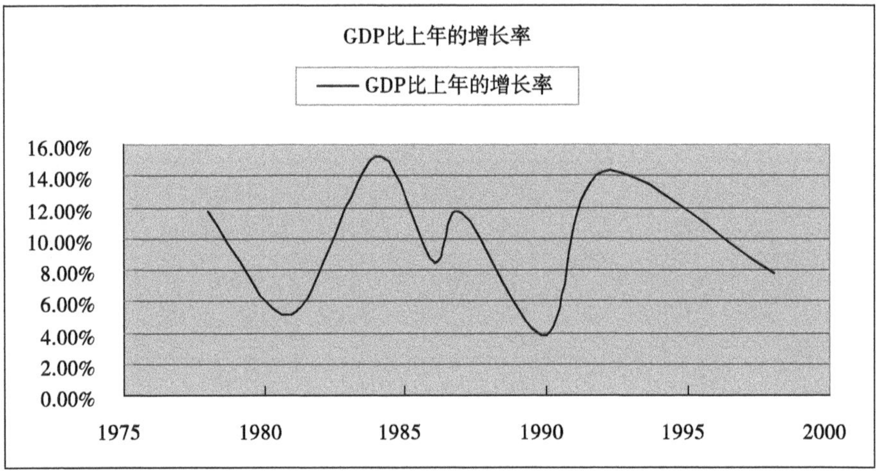

图 5-1 改革开放后我国经济周期波动模型（1978-1998）

注：根据表 5-4 绘制。

表 5–5　建国后我国经济波动的情况表（%）（1953–1976）

经济周期	年份	峰顶	谷底	落差	平均落差
1	1953–1957	18.7%	6.1%	12.6%	
2	1958–1962	32.7%	–33.5%	66.2%	
3	1963–1968	19.0%	–9.9%	28.9%	23.1%
4	1969–1972	25.3%	4.5%	20.8%	
5	1973–1976	11.6%	1.4%	10.2%	

注：资料来源根据《中国统计年鉴》（1977）计算

通过表 5–3 和图 5–2 可以看出，理所当然，在我国第 2 次经济周期波动中出现 –33.5% 负增长主要是因大跃进和人民公社化运动的决策失误造成，我国第 3 次经济周期波动中出现 –9.9% 的负增长主要是因“文革”动乱造成。分析原因就是我国每次经济周期性波动都是片面追求经济增长速度、过分强调工业发展、基建投资规模过大、传统计划经济体制弊端、不合时宜的经济政策等造成的。但是，所有这一系列的原因都是由于不重视经济效益这一根本原因造成的，每次出现失误后都强调经济效果、经济效益，但是都是只挂在嘴头上没有落实到实际行动中。所以为了尽快扭转在较低经济效益水平上发展经济的需要，无论从国家经济建设实践上还是企业自身的发展上都需要对经济学思想理论进行深化方面的研究工作。

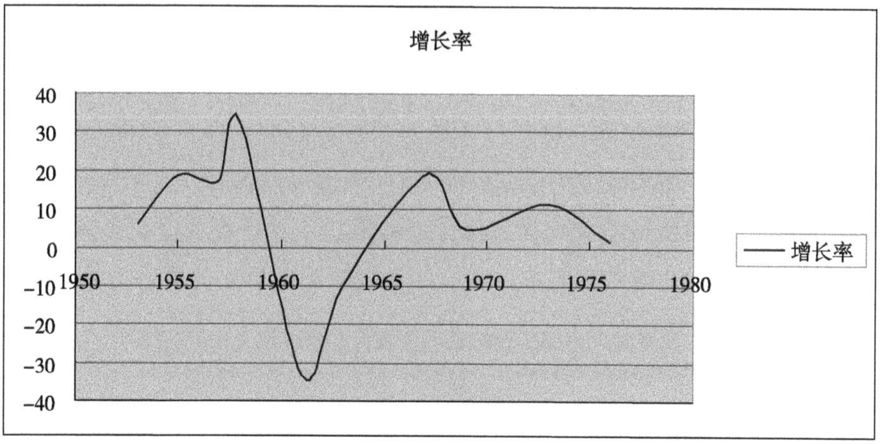

图 5–2　建国后我国经济波动情况模型（1953–1976）

注：根据表 5–5 及《中国统计年鉴》（1977）绘制

三、我国经济效益不好在过度投资上的表现

我国的投资率长期以来受政府控制，即使改革开放对投资体制改革后，依然受政府控制的程度很高。因此，在传统计划经济体制下往往会出现高积累率和高投资率，只有当国家的经济承受能力无法承担或无法长期维持时才不得不大幅度地降低积累率和投资率，造成极大浪费后才开始转移到重视经济效益上来。而改革开放后政府和企业也广泛存在着“扩张冲动”和“投资饥渴”，以此促进经济的高速增长。通过表5–4可以看出，改革开放后在我国四次经济周期性波动中，投资增长率的波动和工业总产值增长率显示出相当的吻合。在投资自我约束机制不健全和预算软约束的情况下，很容易造成投资经济效益低下，而投资需求不断膨胀。

表5–6　我国改革开放后投资增长（%）与经济增长（%）关联程度统计表[7]

经济周期	到达波峰时经济增长率（%）		到达波谷时的经济增长率（%）	
	投资增长率	产值增长率	投资增长率	产值增长率
1	22%（1978）	13.6%（1978）	–10.5%（1981）	4.3%（1981）
2	38.8%（1985）	16.3%（1984）	21.5%（1987）	11.2%（1986）
3	25.4%（1988）	17.7%（1987）	–7.2%（1989）	7.7%（1990）
4	61.8%（1993）	24.7%（1992）	8.8%（1997）	13.1%（1997）

资料来源：1979–1998年度《中国统计年鉴》

当对经济进行调整时，一般是在调整的初期由于投资需求的萎缩而使国民经济进入低谷，而当重视经济效益以后国民经济结构和产业结构经过一定时间的调整开始逐渐变得合理、经济效益状况有所好转时，新的一轮投资周期又开始了。从而使得我国国民经济的周期性波动与国家五年计划也有着强烈的相关性，一般的特点表现为五年计划的第二三年是投资增长率的峰值年，相应的也是经济增长率的峰值年，而五年计划的第四五年变为谷值年。

表5–7　我国部分年度的投资及产值增长率统计表（1978–1997）

年份	投资增长率（%）	产值增长率（%）
1978	22%	13.6%
1981	–10.5%	4.3%

续表

年份	投资增长率（%）	产值增长率（%）
1984		16.3%
1985	38.8%	
1986		11.2%
1987	21.5%	17.7%
1988	25.4%	
1989	-7.2%	
1990		7.7%
1992		24.7%
1993	61.8%	
1997	8.8%	13.1%

资料来源：根据 1979–1998 年度《中国统计年鉴》

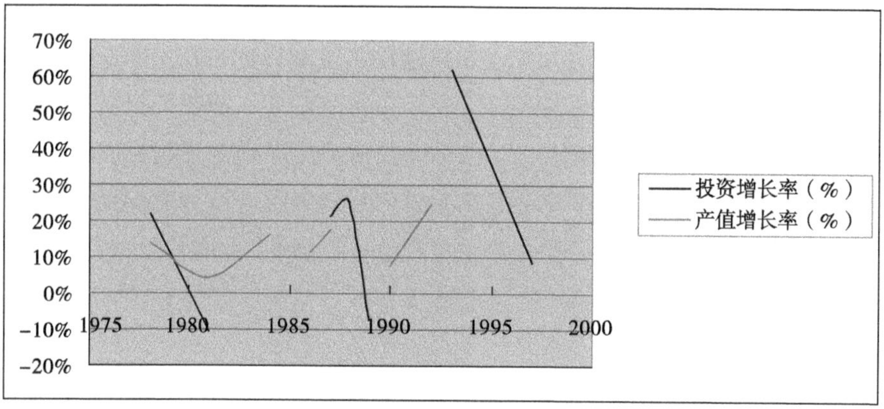

图 5–3　投资增率与产值增长率相关性模型（1978–1997）

注：根据表 5–7 及 1978–1997 年度《中国统计年鉴》绘制

四、国际经济形势变化需要理论深化

随着我国经济对外开放的深化，国民经济的外贸依存度变的越来越大，国际因素变成影响经济效益的重要因素。改革开放前我国社会主义经济游离于国际经济交往之外，不利用有利的国际经济条件，搞封闭式经济建设。但是这样以来经济增长与发展受国际经济变动的影响很小。在经济开放条件下，随着我国对外贸易的迅速增长，我国经济已成为国际经济的重要组成部分，受国际经济的“传递”效应的影响，伴随经济全球化和世界经济一体化的不断发展，那么我国经济肯定可能受到来自国外的冲击。1997 年源于泰国的亚洲金融危机，使许多亚洲国家和地区卷入其中。虽然当时我国人民币自由兑换只对经常性项目开放，对资本项目尚未开放受影响较小，但是其后对我国的商品对外出口还是受到了很大影响。

我国加入世界贸易组织后经济开放度越来越大，国际因素对经济效益的影响肯定也是越来越大，如何面对世界经济全球化的新形势，提高国际竞争力，变成我国较好提高经济效益的重要课题。

第三节　经济效益理论研究逐步深化的内容

这时期有关经济效益理论的著作和论文较多（参见表 1-1）。从 1992 到 21 世纪初是我国经济制度重大变迁的关键期。改革目标是在不断总结历史实践经验、理论创新基础上提出来的。改革目标的确立，把我国经济体制改革推到一个新阶段，具有“试错法”色彩的渐进式改革转向了目标具有明确导向的改革，由点到面的改革转向了具有总体规划的综合度较高的改革，从分配环节入手的改革转向了深层次的产权改革。这就为加深对经济效益涵义的理解，探索提高经济效益的新途径创造了条件。从而为经济理论的逐步深化提供了深化的历史新机遇。

一、对经济效益涵义理解加深

（一）什么是经济效益？这是经济理论界长期以来讨论的问题

经济效益的涵义确定不下来，经济效益理论的研究方向、研究内容、研究方法等都无法取得进展。1993 年人民出版社出版的《实用经济辞典》中的解释为：“经济效益是指经济活动中实际取得的符合社会需要的产出（成果）大小与活劳动和物化劳动消耗（或占用）大小的比较。”[8] 这说明经济理论界对经济效益涵义的理解不断走向较为全面的认识。对“经济效益”的解释“产出”中既考虑到生产的劳动成果有用性，也考虑到生产的产品是否适销对路，符合社会需要。这种比较完整的观点，被当时经济理论界和社会各界普遍接受。各有关部门就是依据这一定义来设置经济效益评价考核指标体系的，在经济制度上为提高经济效益的途径做了方向上的保证。

马克思："真正的财富在于用尽量少的价值创造出尽量多的使用价值，换句话说，就是在尽量少的劳动时间里创造尽量丰富的物质财富"[9]。但到现在仍然有人认为经济效益是"社会生产过程中总产出与总投入的差额，即总产出量大于各种生产要素（劳动对象、劳动资料、劳动力）的完全投入量的差额"[10]。

在理论界，2001 年 10 月出版蒋学模主编的《高级政治经济学——社会主义本体论》一书中对经济效益的涵义做了新的表述："经济效益是指在环境得到保护和自然资源得到合理利用的前提下，人与自然物质交换过程中所取得的符合社会需要的标准质量的劳动成果与劳动占用和劳动耗费的关系。"[11]

（二）如何正确理解经济效益

石云龙的《经济效益概念探析》[12]、曹俊文的《"经济效益"新观察》[13]、《对传统"经济效益"的重新思考》[14]、龚江南《关于经济效益概念的拓展》[15]、郭文斌《经济效益、知识效益的概念和算法》[16]等都对经济效益的概念做了深入的探讨。产出（也就是所得、成果）必须符合社会需要。这里的需要不仅有质量、规格、品种上的要求，而且也有数量上的界限。马克思在《资本论》中把产品是否符合社会需要作为有无效益的前提提出来。他说：生产不管具体形式如何，作为目的活动都是"为了人类的需要"[17]。他又说："商品要有使用价值，因而要满足社会需要，这是卖的一个前提。"[18]他还指出："产品符合社会需要首先要求产品有一定的质量。任何商品卖者一样对他所提供的商品是负有责任的，如果他不想被商品的另一些卖者所排挤，他就必须提供一定质量的商品。"[19]在数量规模上"如果某种商品的产量超过当时的社会需要，社会劳动时间的一部分就浪费掉了"[20]。因此，"耗费在这种商品总量上的社会劳动的总量，就必须同这种商品的社会需要量相适应，即同有支付能力的社会需要量相适应"[21]。

（三）市场经济条件下经济效益观念上应有的转变

我国 1992 年明确建立社会主义市场经济体制目标以来，工业经济增长进入快车道，1993、1994 两年工业增加值年递增率都在 20%左右。

首先，实现商品价值是市场经济条件下企业的首要问题。使用价值和价值是分离的。在计划体制下企业根据上级计划进行生产，产品由国家统购包销。在市场经济下企业作为独立商品生产者必须承担“价值实现”责任，商品如卖不出去，生产越多产品和资金积压越多，经济效益越差。计划体制下企业在时间上至多考虑流动资金周转速度，在空间上经营方向往往囿于本行业、本地市场至多考虑国内市场，而市场经济下企业必须从资金增值目标出发，加速全部资本周转，只要有利于资本增值则不受行业所限可跨行业发展，市场范围扩大到世界各地。

其次，市场导向贯穿于生产经营过程。要求企业必须从计划体制下只对上级、计划指标负责、为生产而生产转到为市场而生产接受市场检验，由过去“供 - 产 - 销”转变为“销 - 产 - 供”，企业生产经营决策由市场导向来主导。随着经济体制转轨、愈来愈多商品由卖方市场变为买方市场。再次，树立市场竞争观念确定适合本企业发展的竞争策略。商场如战场，我国兵书《三十六计》等对于企业在国内外激烈竞争市场中很有启迪意义。当然商场又不同于战场，如价格竞争和非价格竞争手段的运用等。总之，企业只有在精心分析可观实际情况下才能更好地提高经济效益。

二、经济效益一般性和基本特征的讨论

（一）经济效益的一般性

龚江南《关于经济效益概念的拓展》[22]、曹俊文的《“经济效益”新观察》[23]、石云龙的《经济效益概念探析》[24]等文中提出了对经济效益一般性的认识。他们的主要观点认为，经济效益既是一个相对化的概念，也是一个社会化的概念。对这两个方面的理解若有任何的轻重，都会导致对经济效益涵义的理解产生误解。

（二）经济效益的基本特征

《关于经济效益概念的拓展》[25]、《经济效益概念探析》等文中对经济效益的基本特征[26]进行了论述。众所周知特征是本质的体现。要正确的全面理解经济效益，还要对经济效益的基本特征进行加以总结。

要取得良好的经济效益，首先，必须充分利用现有的人力、物力、财力等资源，减少生产过程中的各种资源浪费，做到少投入多产出。否则，生产中资源大量的浪费，投入产出率低，很难取得较好的经济效益。其次，经济结构效益的取得在宏观上保证资源利用效益的最终实现，是保证实现较好经济效益的一个前提条件。如果经济结构不合理，结构效益差，即使资源利用效益好，也很难获得良好的社会经济效益。

经济效益是生产效益和最终效益的统一。生产效益是生产经营过程中所产生的生产效果，是物质生产领域中投入与产出、所费与所得、消耗与成果的对比。这里强调的是在物质生产领域中少投入多产出，或者是少消耗多出成果。而经济效益涉及社会再生产的整个过程，不仅要考察生产效益，还要考察它的最终效益。因为生产效益一般只能说明投入与产出、消耗与成果的对比关系，至于有效地成果能否实现和满足社会的需要，却不是生产效益的考察范围。

三、邓小平理论对经济效益理论的贡献

火剑的《邓小平经济效益核心思想初探》[27]一文对 1992 年后邓小平对经济效益思想理论的贡献进行了论述。党的十一届三中全会以后，我国的国民经济在不断的改革、调整和发展中，逐渐探索出一条关于经济增长速度和提高生产率的一般规律。1992 年初邓小平在南方讲话中明确把它概括为“台阶式”发展增长方式，这是邓小平经济效益核心思想形成的成熟阶段。“台阶论”实际上就是邓小平的社会主义市场经济的“经济效益观”。

四、对经济效益涵义理解上的进步

龚江南在《关于经济效益概念的拓展》[28]一文在经济效益涵义的拓展方面做了有益的探索。随着人类世界面临着人口剧增、资源枯竭、环境破坏和生态失衡等问题的出现，使人类从企图主宰地球、驾驭自然中醒悟过来，开始重新审视自己的发展历程和社会经济行为，为提高经济效益探索新的发展道路，给人类自己敲响了警钟。[29]

可持续发展是指既能满足当代人的需要，又不对后代人满足其需要的能

力构成危害的发展。[30]具体讲就是在经济和社会发展的同时采取保护环境和合理开发与利用自然资源的方针，实现经济、社会与环境的协调社会，为人类提供包括相应的环境质量在内的物质文明和精神文明，为建立和谐社会创造一个前提条件。这就要求企业在讲究经济效益的时候必须考虑可持续发展的原则。

综上所述，经济效益涵义不仅要涉及产品的直接生产过程，还要涉及到社会再生产过程。分析经济效益一定要分析它对资源利用、环境保护、生态平衡以及社会发展产生的影响。一是在时间上不能只顾短期经济效益，要注重长远经济效益。经济要持续稳定健康发展，必须处理好当前经济效益与长远经济效益的关系，绝不能只顾及眼前利益，不顾长远利益。重视长远经济利益，实质上就是重视资源的合理利用和环境保护。由于资源的稀缺性，一旦资源遭到破坏，环境受到污染，生态失去平衡，一味追求眼前经济利益的后果必然损害未来的经济利益。二是在空间上不能只讲局部经济效益，要注重全局经济效益。生态环境是一个相互联系、相互作用的整体，没有区域界限。个别单位或地区对环境造成的任何局部污染和破坏，有可能引起整个生态失衡，失衡的生态必然会对人类的行为做出强烈的反映和报复。如某些国家或地区把废弃物排向国际河流或公海，建设高耸入云的烟囱把污染物质排入高空飘向其他地区，导致生态破坏、气候变暖，威胁整个人类和生物的生存，最终自己也难以幸免。三是在追求经济效益的同时要注意有所限制。[31]

五、关于提高经济效益途径和方法的探讨

（一）提高宏观经济效益的论述

这方面的文献比较多。经济效益若从整个国民经济来考察就是宏观经济效益，是社会再生产全过程的经济效益。如朱耀华的《经济效益简论》[32]、候荣华等主编的《宏观经济效益理论与实证分析》[33]、王华新等《中国经济效益研究》[34]、张先治《经济效益研究》[35]等从三十个方面谈了提高宏观经济效益的措施。马克思在《资本论》第4卷中说过："用最小限度的预付资本生产最大限度的剩余价值或剩余产品。"[36]这是资本追求的最大效益。在提高经济效益途径问题上是这时期经济理论界研究的重点。

马克思说："在一切社会状态下，人们对生产生活资料所耗费的劳动时间

必然是关心的，虽然在不同的发展阶段上关心的程度不同。”[37]只有较大限度地提高经济效益，尽可能地节约社会商品生产中所耗费的活劳动和物化劳动，即节约社会商品生产中所耗费的劳动时间，社会的商品生产才有可能不断扩大。所以，提高经济效益是社会商品生产发展的需要，是社会进步的客观要求。对社会主义社会来说，提高经济效益变得更为重要。提高经济效益是新的社会制度得以胜利的保证。邓小平同志说：“社会主义制度优于资本主义制度。这要表现在许多方面，但首先要表现在经济发展的速度和效果方面。没有这一条，再吹牛也没有用。”[38]进行社会主义革命的目的，就是要打破旧的生产关系对生产力发展的桎梏，要彻底解放生产力，使社会生产力迅速发展，从而提高人民的物质文化水平。

提高经济效益主要表现为要使获得等量使用价值而付出的劳动和资源消耗及占用量最少；或在等量劳动和资源消耗及占用的条件下，获得的使用价值最多。在社会主义市场经济条件下，应注意同时考虑三个方面的内容，即：生产经营成果符合社会市场的需要，劳动消耗尽量少，劳动成果尽量多。所谓符合社会市场的需要，一是商品的品种、质量、花色等都适合消费者的需求；二是能够保持国民经济做到按比例协调发展；三是资源合理开发、综合利用，做到有效地配置，环境、生态平衡不受影响。所谓劳动消耗尽量少，是指生产商品所消耗的活劳动和物化劳动尽量少。所谓劳动成果尽量多，是指所消耗的劳动要生产出尽可能多的有用商品。随着工业现代化的迅速发展，自然资源的节约、自然环境的保护和生态平衡问题日益尖锐地摆在人们面前。因此，提高工业企业经济效益思想研究的考察范围除了从生产的直接结果上考虑产出，而且考虑资源的有效配置、合理开发和综合运用。因此除了节约劳动时间，还有个社会效益的问题。

在社会主义市场经济条件下，提高经济效益的实质就是用最少的劳动消耗与资本费用，最大限度地生产出满足人们日益增长的物质和文化生活所需要的商品来。社会主义市场经济下的经济效益是投入的劳动和资金所取得的。这里的关键就是符合社会市场和人民生活的需要。即不仅在商品质的方面，包括商品的质量、品种、规格、花色等，而且在量的方面即生产数量，在商品的构成方面包括生产资料、消费资料，都要符合社会需要，即适合投资水平和购买力水平、消费构成的需要。否则，就无效益可言。要把经济建设速度与效益、数量与质量统一起来，在提高经济效益的基础上求速度，在提高商品质量的前提下追求数量的增长，以更好地实现社会主义的生产目的。

利用马克思经济学理论来研究经济效益提高途径是重要的方法。杨作书的《对马克思经济效益观的深层思考》[39]、尹莲英的《资本论中的经济效益思想初探》[40]的分析值得借鉴。

1. 提高劳动生产率方面。劳动生产率的提高，“是指劳动过程中的这样一种变化，这种变化能缩短生产某种商品的社会必要劳动时间，从而使较小量的劳动获得生产较大量使用价值的能力”[41]。提高劳动生产率是提高经济效益的根本途径，社会主义社会经济效益的提高从根本上说也要取决于劳动生产率的提高。[42]

2. 推动科学技术进步方面。马克思充分肯定了科学技术对提高经济效益的决定性作用。他指出大机器是“缩短劳动时间的最有力的手段”。[43]机器生产“使它所占领的行业的生产力得到无比巨大的增加”。[44]科技革命所带来的经济效益已被世界各国的经济发展的历史事实所证明。[45]我国经济效益的提高同样也要依靠科技进步。近年来我国通过自我研发和从国外引进先进技术对于促进经济增长和发展、经济效益的提高起到了决定性的作用。

3. 改进劳动生产组织。马克思认为劳动生产组织的改进如协作代替单干，提高劳动生产组织的社会化程度，就可以“生产更多的使用价值，因而可以减少生产一定效用所必要的劳动时间。”[46]因为“结合工作日的特殊生产力都是劳动的社会生产力或社会劳动生产力”，[47]这种“劳动的社会生产力不费资本分文”。[48]我国通过开办外资企业引进学习国外先进的管理技术与经验，在提高经济效益的过程中起到了重要的作用。

4. 延长工作日、提高劳动强度和降低工资。马克思说：“工作日、劳动强度和工资的变化，一定使 v 和 m 以及他们的比率同时发生变化。”[49]在社会主义商品经济条件下为增加剩余价值量，可以提高劳动者为社会提供剩余劳动的积极性，提高劳动熟练程度，改进操作方法，合理利用劳动时间等，扩大劳动者为社会提供的贡献，提高社会主义贡献率，从而提高经济效益。[50]在我国改革开放过程中，强调按劳分配、多劳多得，职工加班就要取得加班工资，主要目的就是鼓励职工为经济发展多做贡献。

5. 缩短周转时间，加速资金周转。马克思说：“周转时间或它的两个部分（生产时间和流通时间）中的任何一个部分的缩短，都会增加所生产的剩余价值量。……所以，很清楚，每一次这样的缩短，都会提高利润率。”[51]同样，在社会主义社会，同量的资金或资本在一定时间内周转的次数越多，利润率就会越高，经济效益就会越好。

6. 节约生产资料。马克思分析不变资本使用上的节约会使利润率提高的方法。因为影响利润率高低的因素不仅取决于剩余价值量（利润量）还取决于不变资本量。剩余价值量（利润量）一定，“不变资本这一部分的费用的减少，会相应的提高利润率”。[52]

7. 降低原料价格。马克思提到原料价格降低是提高利润率的又一途径。他说：“如果原料的价格降低了……因而利润率就提高。相反，如果原料的价格提高了……因而利润率就下降。”[53]

（二）提高经济效益的基本途径

基于对经济效益涵义的传统理解，综合说来，大多都是以尽可能少的投入，获得尽量多的产出，来讨论提高经济效益的具体途径。经济效益就是产出与投入之比。用公式表示：经济效益 = 产出 / 投入。因而提高企业经济效益必须从产出与投入两个方面着手，采取一切有效措施改变劳动投入与产出的比值。依据这一传统观念原理，提高企业经济效益就有了以下几个方面的基本途径：

第一，劳动投入不变，增加劳动产出。在这种情况下企业的经济活动所消耗的活劳动和物化劳动都没有改变，所占用的劳动量也没有改变，但劳动产出却增加了。这种增加可以依靠以下几种办法取得：一是改进生产技术，合理组织生产全过程，提高劳动生产效率，以不变的劳动占用和劳动消耗，取得更大的劳动成果。二是改进完善经营管理方法，加强产品生产与消费市场的联系，加快生产周转速度，缩短生产周期，以不变的劳动消耗和劳动占用使更多的劳动成果的价值尽快得到实现。三是改进宏观控制，转变管理机制，实现工业企业投入的合理结构和优化分配，使生产各部门、各个环节在劳动消耗和劳动占用的比例关系上保持协调，保证那些能以同样数量的劳动消耗和劳动占用提供更多劳动成果的部门和生产环节有充分的发展，发挥出更大的优势，这样就能以同样的投入获得更多的经济效益。

第二，劳动产出不变，减少劳动投入。这一基本途径的实质就是节约。这种节约的含义有两个层次：第一层次是通过加强完善企业内部管理机制，减少或完全消除劳动投入中不必要的浪费；第二层次是不断提高科学技术水平，依靠科技进步，不断提高劳动消耗与劳动占用的合理标准。减少或完全消除劳动投入中的浪费，这是节约的基本含义和低限标准。实现这种节约是提高企业经济效益最基本的要求。企业劳动投入中存在浪费现象，说明企业在生产经营过程中还没有按其自身要求得到正常的组织管理，因此必须加强搞好基础管理工作，提高管理水平，抓好基础环节。在劳动投入浪费现象不明显情况下，只有依靠科学技术进步，不断提高劳动消耗与劳动占用的合理标准，才能进一步节约劳动投入。这是节约的更高标准。在我国企业生产中因科技水平低造成消耗水平过高问题十分严重，工业产品科技含量很低。从物耗上看，1980 年我国吨钢耗能平均为 1.3 吨标准煤而国外只有 0.68 吨标准煤，我国比国外多耗能 91%。我国平均每吨合成氨耗能为 2.8 吨标准煤而国外只有 1.3 吨标准煤，我国比国外多耗能 2.2 倍。就活劳动消耗提高经济效益上来看，在工业制造业各行业中，日本的劳动生产率价值指标比我国高出 8.3 倍到 50.8 倍不等，平均为 21.6 倍。所以通过提高企业的科技水平抓住科技进步不放，大幅度降低劳动投入提高经济效益，在我国大有潜力可挖。

第三，劳动投入有所增加，劳动产出更大幅度地增加。企业一再强调要节约劳动投入，但并不是说劳动投入不会增加。恰恰相反随着企业生产规模不断扩大，对劳动投入量的需求一般是持续增加，问题在于如何使这种增加引起劳动产出更大增加，从而大幅度地提高经济效益。要使企业劳动投入增加而劳动产出有更大的增加，就要满足一个基本要求：即用于这一部分追加的劳动投入，必须能够带来递增的劳动产出，否则就不可能构成这种因果关系。在错综复杂的工业企业生产经营活动中，找出存在这种因果关系的环节，并对因果关系的方式、追加劳动投入的种类和数量作出判断和分析，从而找出提高企业经济效益的具体途径。

第四，劳动产出有所减少，而劳动投入有更大程度的减少。这种途径在理论上成立，在实际企业生产经营过程中也客观存在。它主要存在于三个方面：一是当企业产品需求出现暂时下降的时候，迫使企业的产品生产发生收缩，劳动产出有所减少，但如能采取适当有效得力措施，就能使劳动投入减少得更多。二是当企业某种生产要素的供给发生短缺时，迫使企业的产品生产发生收缩，但只要充分研究市场供应状况，采取合理市场竞争策略措施得当，就能使劳动产出下降幅度小于劳动投入的幅度。三是随着社会市场变化莫测，企业面临内外部条件发生变化，使其劳动产出或投入下降，但二者下降的幅度不同，劳动投入下降的幅度有可能更大。企业在减少产出的同时，使劳动投入有更大幅度的减少。这一提高企业经济效益的基本途径易被人们所忽略，但在实际企业生产活动中却十分重要。如果不断地淘汰那些已处于产品衰退期、市场销售每况愈下的产品，不断调整不合理产品结构，将有限生产资源转移到有广阔市场发展前景产品生产上去，就会明显地提高企业的整体经济效益。

第五，劳动投入减少，劳动产出增加。这是提高企业经济效益最为理想的途径。而从以上叙述分析中不难看出，它就是前面第一和第二条途径综合作用的结果。随着引起投入减少和产出增加因素作用的不同，二者反方向变动幅度也会出现较大差别。努力扩大这种差别，就会使企业经济效益有显著提高。一般地在出现某种比较大的科技革命后，就会使劳动投入减少而劳动产出却大幅度增加，这样就能大大提高企业的经济效益。这也是我国当前为什么加大促进科技发展力度提高自主创新能力的重要原因。

（三）提高企业经济效益的论述

如何提高企业经济效益？这是一个比较复杂的问题。不仅是深奥的理论问题，而且更有复杂的实际问题，涉及到各行各业的专业知识和党的方针政策以及国家的法律、法规等。贺天元《怎样提高企业经济效益》[54]、连岑等著《工资经济效益和效益工资》[55]、《“七五”以来我国工业经济效益研究》[56]、《工业经济效益研究》[57]、《加强行业管理提高运输经济效益》[58]等都是从不同的方面分析论述如何提高企业经济效益的著作。总起来提高企业经济效益的途径主要有加强企业管理增强企业活力、改革企业管理体制、推行目标管理、完善企业内部经济责任制、提高经营管理者素质、推进先进工作法、开设内部银行、组建股份制企业集团、加强思想政治工作等。从提高途径和方法上看很多很杂，笔者认为没有找准提高经济效益的前提、基础、关键、核心、重心等重要问题。本文在下一章新时期提高经济效益战略与途径中试图做一个新的探讨。提高企业经济效益的基本途径，为提高经济效益理清了工作思路。每个企业结合本企业生产经营具体实践，找到提高经济效益的具体途径，促进我国经济持续、稳定、健康、快速地发展。

六、运用经济效益理论对法律等现象进行经济学分析

英国著名经济学家亚当·斯密说过，经济学旨在理解和解释我们赖以为

生的世界。[59]孙玮《经济效益理论视角下的法律现象》[60]、杨蓉《浅议法律的经济效益》[61]、郑鹏程、刘军强《有关法律经济效益的分析》[62]等文章运用经济效益理论分析国家在立法、执法和司法过程中的各种法律活动和法律现象，在此基础上如何在经济运行中制定法律、实施法律，减少成本投入，更加合理地配置资源，选择更好的经济手段取得最佳的法律效果，预防出现法律负功能，以期获得更好的经济效益，有深刻的现实意义。

（一）运用经济效益原理分析并设计法律惩罚的幅度也许更令人信服

对违法行为进行经济制裁，传统理论往往强调教育目的，惩罚的限度往往以使当事人接受教训为限，这个难以量化的标准为公平适用法律带来困难。按经济效益原理，惩罚幅度的参照物不应是受害人所受损失，而是侵害者因侵害行为所得到的收益。惩罚幅度应适当超过或相当于侵害人所得收益，使侵害成本大大高于或等于其收益，从而有效杜绝侵害行为的发生。[63]正像贝卡里亚说的“只要刑罚的恶果大于犯罪所带来的好处，刑罚就可收到它的效果。这种大于好处的恶果应该包含的，一是刑罚的坚定性，二是既得利益的丧失。除此以外一切都是多余的，因而也就是蛮横的。”[64]

（二）把经济效益原理运用到反腐倡廉中，提高经济等管理工作的高效率运行

改革的不断深入，干部任用制度也不断完善，但是跑官、买官现象仍屡禁不止，究其原因，存在着对权利产生经济效益的良好预期，通过付出一定的行贿成本获得了某项职务和权利后，能获得较好的“经济效益”。

（三）运用经济效益理论降低诉讼成本，提高当事人诉讼的经济效益预期，避免“厌讼”现象的发生

由于人们要预交诉讼费、律师费，甚至还要有很多“社会关系”费用的开支，再加上法院判决后执行难“法律白条”的现象，让许多人感到非常的无奈，诉讼成本的不断攀升，其效益不断下降，不可避免地出现了不去法院的“厌讼”、公立以外的“私了”现象，从而破坏了国家的法制统一，使违法者不能付出应有的代价甚至还得到了一定的收益。所以，运用经济效益理论采取具体措施，降低诉讼成本，彻底解决执行难的问题，提高当事人诉讼的经济效益预期。

（四）运用经济效益理论分析、制止政府有些部门的“三乱”行为

有些管理部门利用其掌握的权利实施乱收费、乱罚款和乱摊派，是无本求万利的买卖，和经济效益原理是相违背的。降低维护国家机器的成本，减轻国民负担的变革，改组政府，就会成为国民的强烈愿望了，从而影响社会的稳定。

（五）运用经济效益理论分析偷漏税行为，提高公民意识，依法纳税

如果人们对自己的“主人翁”地位感到不明显、不具体，国家的概念与自己的距离感到很遥远，纳税成本远远不能获得与公民地位相称的预期经济效益，所以人们当然不愿意自觉承担这部分纳税成本支出。为此，国家必须加快推进政治体制改革，加速民主化进程，提高公民角色意识，以获得人们自觉纳税、主动为国家效劳的效益。

我们要善于运用经济效益理论分析各种社会现象，充分认识人类本能因素，进行后天文化的塑造，在尊重经济规律的基础上，因势利导、合理制约，减少负面影响。

七、关于经济效益指标评价体系的研究

考察评价经济效益的高低运用那些指标来科学衡量？这是一个重要的理论问题。生产经营活动错综复杂，衡量和评价经济效益既要建立一些综合指标，又要建立一些相互联系相互补充的单项指标，共同组成一个指标体系。[65]侯荣华、王朝纲、张耀辉主编的《宏观经济效益理论与实证分析》一书中对宏观经济效益指标体系进行了分析论述[66]，贺天元编著的《怎样提高企业经济效益》一书中提出了评价企业经济效益的标准并提出建立评价企业经济效益的指标体系等[67]。这一时期建立的经济效益指标评价体系都是建立在对经济效益的理解上，随着人们对环境保护的重视肯定要重新审视这一评价经济效益的标准。

建立提高经济效益指标体系能监测经济活动，为及时发现和解决提高经济效益经济运行过程中出现的问题，提供科学分析的依据，从而促进经济效益持续、稳定、健康、协调地发展和提高。这一时期评价经济效益的指标体系主要有七大类[68]：一是反映提高企业经济效益的综合指标，主要包括企业总成本净产值率和企业总成本利税率。二是反映工业企业劳动生产率。三是反映劳动消耗的提高经济效益研究的指标，一般用工业企业单项工业产值所消耗的某种物资量来表示。四是反映资金占用的提高经济效益研究的指标，

主要包括资金利税率和定额流动资金周转加速率。五是反映固定资产投资效益的指标 – 投资效果系数。六是反映技术进步的提高经济效益的指标——技术进步的经济效益指标。七是反映工业产品质量的提高经济效益的指标，主要包括主要工业产品质量稳定提高率和工业产品优质品率。

（一）反映提高企业经济效益的综合指标

提高企业经济效益的综合指标是企业总成本净产值率和企业总成本利税率。这一时期企业总成本净产值率是综合评价提高企业经济效益的主要经济指标。

1. 企业总成本净产值率是指企业在一定时期内该企业的总成本与净产值的比率。反映该企业在一定时期内单位成本支出能提供的净产值（国民收入）。其计算公式如下：

企业总成本净产值率 = 一定时期企业的净产值 / 一定时期企业的总成本

该公式中的分子即总产出，反映了企业全部活劳动消耗新创造的价值。企业净产值能够全面地反映活劳动新创造的成果和增产节约的新成果。该公式中的分母即作为总投入的“一定时期内企业总成本”是企业活劳动和物资消耗的总额即消耗总额，体现了在一定时期内为创造一定量的国民收入所投入人力和物力的总量即劳动消耗总量。因此企业总成本净产值率指标能全面真实地反映出一定时期内企业全部劳动消耗的经济效益，是反映企业提高经济效益高低的最合适的指标。

2. 企业总成本利税率是指企业在一定时期内该企业的生产总成本与实现的利税总额之间的比率。它表明了企业在计算期内单位成本支出实现的利税。其计算公式：

企业总成本利税率 = 一定时期企业实现的利税 / 一定时期企业的总成本

该公式中的分子是指计算期内工业企业通过销售产品和提供劳务实际上实现的利润总额和上缴给国库的税额。如果产品适销对路，在生产持续增长的前提下，实现的利税额就会日益增长，企业的经济效益就会不断提高；反之，产品不适应市场需求产品积压滞销，就会出现增产不增收实现税利不增长、甚至出现下降的趋势，企业的经济效益得不到提高。所以，实现利税额的大小既可反映生产过程经济效益的提高，又可反映流通过程经济效益的提高。这样工业企业必须采取各方面的有力措施，扩大适销对路产品的生产，提高企业的利税总额，从而提高工业企业的经济效益水平。

（二）反映活劳动消耗的提高经济效益指标——工业企业劳动生产率

工业企业劳动生产率是指工业企业在一定时期内该企业的工业总产值或净产值与该企业劳动者平均人数的比率。其计算公式如下：

工业企业劳动生产率（元/人）=一定时期工业企业净产值或总产值（元）/一定时期工业企业劳动者平均人数（人）

如果按工业企业净产值计算的劳动生产率反映一定时期（例如一年）该企业平均每个劳动者所创造的净产值。它反映了一定时期工业企业活劳动消耗所产生的经济效益。工业企业劳动生产率也可以按工业企业总产品或其价值形态总产值来计算。如果按工业企业总产品计算的工业企业劳动生产率的提高，从供给角度来看说明工业企业单位活劳动消耗所生产的使用价值量的增加；从需求角度来看反映工业企业生产经营过程结束后，单位活动所创造的产品数量的增加，意味着社会富裕程度的提高，人们满足自身需要程度提高的可能性增大了。但是，以总产值计算工业企业劳动生产率存在着这样一个问题即由于专业协作的发展，工业企业之间中间产品相互提供存在着价值上的重复计算，再加上价格变动会使单位价值量中所包含的使用价值量发生增减。因此，名义量和实际量可能发生脱离。

（三）反映物化劳动消耗的提高经济效益研究的指标

该项指标一般用工业企业单项工业产值所消耗的某种物资量来表示。以能源为例，能源消耗产生的经济效益可用以下公式计算：

每万元产值消耗的能源=能源消耗量（吨）/工业企业总产值（万元）

在技术构成和资金构成无重大改变的情况下，物资消耗比重越小，经济效益提高的程度越大，经济效益越好；反之，物资消耗比重越大，经济效益提高的程度越小，经济效益越差。

（四）反映资金占用的提高经济效益研究的指标

该类指标主要包括资金利税率和定额流动资金周转加速率。

1.资金利税率是指工业企业的全部资金包括固定资产净值和定额流动资金平均占用额与该企业实现利税总额的比率。它一般用每百元资金提供的利税来表示。其计算公式如下：

资金利税率=实现的利税总额/实现利税的工业企业全部资金平均占用额×100%

与资金利税率相关的指标，还有资金利税增长率。

2. 定额流动资金周转加速率。其计算公式为：

定额流动资金周转加速率 =1- 报告期定额流动资金周转天数 / 基期定额流动资金周转天数 ×100%

定额流动资金周转天数 =30 天 × 累计月份数 × 定额流动资金平均占用额 / 产品销售收入。定额流动资金周转越快，经济效益就越好；反之，则经济效益就越差。

（五）反映固定资产投资效益的指标——投资效果系数

该指标是指工业企业在计算期内增加的固定资产总额与该增额引起的企业工业净产值增加额的比重。其计算公式如下：

投资效果系数 = 计算期工业企业净产值增加额 / 引起这一增加的工业企业固定资产投资总额

投资效果系数指标反映计算期内工业企业每单位投资提供的工业净产值，投资效果系数越大，投资的经济效益就越好；反之，投资的经济效果就越差。在注重投资拉动经济增长的年代这一指标成了评价提高经济效益的重要指标。这就是每次经济波动中投资需求过旺的原因。

（六）反映技术进步的提高经济效益的指标——技术进步的经济效益指标

技术进步的经济效益指标表明了工业企业计算期投入生产的每一单位固定资产和流动资金提供了新增加的净产值。其计算公式如下：

技术进步的经济效益指标 = 计算期工业企业净产值的增长额 \ 计算期工业企业固定资产增长额 + 计算期工业企业流动资金增长额。

技术进步的经济效益指标有一定的假设性，因为并不是所有新动用的生产基金在技术上都是完善的、先进的。从动态上分析这个指标可以概括地表明采用新设备、新材料对工业企业净产值增长速度的影响程度。为了深入地分析这一过程还可补充使用改建、新建工程新设备的投资回收期指标。可以按下列公式进行计算：

$$TY=TV \backslash \Delta PT$$

公式中：TY 是工业企业新技术投资的回收期（年）；TV 是工业企业一年内新技术投资额；Δ PT 是工业企业利税的年增长额。投资回收期指标可以表明工业企业一年的新技术投资额，通过采用先进的科学技术降低生产费用、流通费用从而增加利税额，需要经过多少年才能得到全部补偿。在考察技术进步的经济效益时，还应注意反映工业企业的工业产值中新产品所占比重的指标。重视技术进步对提高经济效益的影响是这一时期对经济效益涵义理解上的重大进步，但是这一指标如何科学的衡量值得探讨。

（七）反映工业产品质量的提高经济效益的指标

该类指标主要包括主要工业产品质量稳定提高率和工业产品优质品率。其计算公式如下：

1. 主要工业产品质量稳定提高率 = 持平或改善的质量指标项数 \ 确定检查的质量指标项目 ×100%

2. 工业产品优质品率 = 优质产品产值 \ 全部工业总产值 ×100%

以上这些指标从不同的方面，反映了工业企业提高经济效益的情况。此外，我们还应该注意研究以下指标：一是反映职工安全、生产安全方面提高经济效益的指标，如每千名职工因工死亡率及其下降率等；二是反映工业企业的工业环境保护提高经济效益的指标；三是反映职工生活水平和社会保障措施提高经济效益的指标等等。

本章小结

本章主要论述社会主义市场经济时期（1992-2005）经济效益理论逐渐深化阶段的内容。首先，从治理整顿基础上经济持续高速增长经济效益指标却在下降、改革开放和现代化经济建设进入新阶段等社会经济背景下分析我国经济效益的状况。然后从国内经济形势的变化、每次经济波动中明显表现出轻视经济效益的现象、过度投资、国际经济形势的变化等方面论述中国经济效益理论逐步深化的原因。最后论述我国经济效益理论研究逐步深化阶段关于对经济效益涵义理解加深、关于经济效益一般性和基本特征的讨论、邓小平理论对经济效益理论的贡献以及关于提高经济效益途径与方法的探讨等。这章内容对于我国新时期提高经济效益有特别重要的启示意义：一是未来经济体制是这一时期社会主义市场经济体制的延续，经济制度、经济政策具有极强的相互继承性；二是这一阶段对经济效益涵义的理解已经基本成熟，对于提高经济效益途径和方法上有较大的借鉴性。

这一阶段经济效益理论的主要特征是逐步走向成熟，在经济效益涵义理解上更全面科学，把环境保护、可持续发展的概念引入其内，开始注意把经济效益、社会效益、环境效益三者密切的联系起来，建立了适合客观实际的经济效益指标评价体系，提高经济效益途径与方法研究上视野更开阔，已把科技进步作为提高经济效益的关键，更加运用经济效益的观点发现问题、分析问题和解决问题。真正做到了经济建设以经济效益为中心，使我国经济增长引向了集约内涵型发展轨道。

参考文献

[1] 参阅蒋学模主编《高级政治经济学——社会主义本体论》，复旦大学出版社，2001年，第73页。
[2] 资料来源：中国统计信息网。
[3] 资料来源：中国统计信息网，2000年12月28日。
[4] 邓小平：《各项工作都要有助于建设中国特色的社会主义》，《邓小平文选》第3卷，人民出版社，1993年，第22页。
[5] 邓小平：《在中国共产党全国代表会议上的讲话》，《邓小平文选》第3卷，人民出版社，1993年，第143页。
[6] 参见蒋学模主编《高级政治经济学——社会主义本体论》，复旦大学出版社2001年，第457页。
[7] 参见蒋学模主编《高级政治经济学——社会主义本体论》，复旦大学出版社2001年，第460页。
[8] 谢明干：《实用经济辞典》，人民出版社，1993年，第4页。
[9] 马克思：《马克思恩格斯全集》第26卷（Ⅲ），人民出版社，第281页。
[10] 参阅王海建：《前后向完全经济效益的计算》，《系统工程》第16卷第4期（总第88期），1998年7月。
[11] 参见蒋学模：《高级政治经济学——社会主义本体论》，复旦大学出版社，2001年，第65页。
[12] 石云龙《经济效益概念探析》，《山东大学学报（哲学社会科学版）》，1994年第1期 P85。
[13] 曹俊文：《“经济效益”新观察》，《江苏统计》，2002年12期，第10页。
[14] 曹俊文：《对传统“经济效益”的重新思考》，《统计与信息论坛》第16卷总第50期第55页。
[15] 龚江南：《关于经济效益概念的拓展》，《学术论坛》，1998年第3期，第45页。
[16] 郭文斌：《经济效益、知识效益的概念和算法》，《山西焦煤科技》，2004年第3期，第27页。
[17] 马克思：《资本论》第1卷，《马克思恩格斯全集》第23卷，人民出版社，第208页。
[18] 马克思：《资本论》第3卷，《马克思恩格斯全集》第25卷，人民出版社，第203页。

［19］马克思：《马克思恩格斯全集》第 48 卷，第 10 页。
［20］马克思：《资本论》第 3 卷，《马克思恩格斯全集》第 25 卷，人民出版社 1975 年，第 309 页。
［21］马克思：《资本论》第 3 卷，《马克思恩格斯全集》第 25 卷，人民出版社 1975 年，第 215 页。
［22］龚江南：《关于经济效益概念的拓展》，《学术论坛》，1998 年第 3 期，第 45 页。
［23］曹俊文：《“经济效益”新观察》，《江苏统计》，2002 年 12 期，第 10 页。
［24］石云龙《经济效益概念探析》，《山东大学学报（哲学社会科学版）》，1994 年第 1 期，第 85 页。
［25］龚江南：《关于经济效益概念的拓展》，《学术论坛》，1998 年第 3 期，第 45 页。
［26］石云龙《经济效益概念探析》，《山东大学学报（哲学社会科学版）》，1994 年第 1 期，第 85 页。
［27］火剑：《邓小平经济效益核心思想初探》，《学术论坛》，2002 年第 1 期，第 20 页。
［28］龚江南：《关于经济效益概念的拓展》，《学术论坛》，1998 年第 3 期，第 45 页。
［29］严法善：《环境经济学概论》，复旦大学出版社，2003 年，第 12–14 页。
［30］蒋学模：《高级政治经济学——社会主义本体论》，复旦大学出版社，2001 年，第 547 页。
［31］严法善：《环境经济学概论》，复旦大学出版社，2003 年，第 37–38 页。
［32］朱耀华：《经济效益简论》，中国财政经济出版社，1992 年 3 月。
［33］候荣华、王朝纲、张耀辉：《宏观经济效益理论与实证分析》，中国计划出版社，1997 年。
［34］王华新、姜伟民、顾大清：《中国经济效益研究》，武汉工业大学出版社，1992 年 6 月。
［35］张先治：《经济效益研究》，东北财经大学出版社，1996 年 12 月。
［36］马克思：《马克思恩格斯全集》第 26 卷，第 625 页。
［37］马克思：《资本论》第 1 卷，《马克思恩格斯全集》第 23 卷，人民出版社，第 88 页。
［38］邓小平：《邓小平文选》第 3 卷，人民出版社，第 215 页。
［39］杨作书：《对马克思经济效益观的深层思考》，《重庆商学院学报》，1994 年第 2 期，第 8 页。
［40］尹莲英：《资本论中的经济效益思想初探》，《东南大学学报（社会科学版）》1999 年 2 月，第 1 卷第 1 期，第 17 页。
［41］马克思：《资本论》第 1 卷，《马克思恩格斯全集》第 23 卷，人民出版社 1975 年，第 350 页。
［42］尹莲英：《资本论中的经济效益思想初探》，《东南大学学报（社会科学版）》1999 年 2 月，第 1 卷第 1 期，第 19 页。
［43］马克思：《资本论》第 1 卷，《马克思恩格斯全集》第 23 卷，人民出版社 1975 年，

第 477 页。
[44] 马克思:《资本论》第 1 卷,《马克思恩格斯全集》第 23 卷，人民出版社 1975 年，第 487 页。
[45] 尹莲英:《资本论中的经济效益思想初探》,《东南大学学报（社会科学版）》1999 年 2 月，第 1 卷第 1 期，第 19 页。
[46] 马克思:《资本论》第 1 卷,《马克思恩格斯全集》第 23 卷，人民出版社 1975 年，第 365 页。
[47] 马克思:《资本论》第 1 卷,《马克思恩格斯全集》第 23 卷，人民出版社 1975 年，第 366 页。
[48] 马克思:《资本论》第 1 卷,《马克思恩格斯全集》第 23 卷，人民出版社 1975 年，第 370 页。
[49] 马克思:《资本论》第 3 卷,《马克思恩格斯全集》第 25 卷，人民出版社 1975 年，第 61 页。
[50] 尹莲英:《资本论中的经济效益思想初探》,《东南大学学报（社会科学版）》1999 年 2 月，第 1 卷第 1 期，第 19 页。
[51] 马克思:《资本论》第 3 卷,《马克思恩格斯全集》第 25 卷，人民出版社 1975 年，第 84 页。
[52] 马克思:《资本论》第 3 卷,《马克思恩格斯全集》第 25 卷，人民出版社 1975 年，第 95 页。
[53] 马克思:《资本论》第 3 卷,《马克思恩格斯全集》第 25 卷，人民出版社 1975 年，第 122 页。
[54] 贺天元:《怎样提高企业经济效益》，科学技术文献出版社重庆分社，1990 年 4 月。
[55] 连岑:《工资经济效益和效益工资》，中国劳动出版社，1993 年 9 月。
[56] 参见:《“七五”以来我国工业经济效益研究》,《财经研究》1994 年第 10 期。
[57] 参见《工业经济效益研究》，中南工业大学出版社编，1993 年 5 月。
[58] 参见《加强行业管理提高运输经济效益》,《北方经济》1994 年第 6 期。
[59] [英] 杰夫里·怀特海德. 经济学 [M]. 北京：新华出版社，2000 年，第 13 页。
[60] 孙玮:《经济效益理论视角下的法律现象》,《青海民族学院学报（社会科学版）》，2004 年 1 月，第 30 卷第 1 期，第 83 页。
[61] 杨蓉:《浅议法律的经济效益》,《监察实践》，2002 年第 3 期，第 52 页。
[62] 郑鹏程、刘军强:《有关法律经济效益的分析》,《云南财贸学院学报（经济管理版）》第 18 卷第 1 期第 111 页。
[63] 孙玮:《经济效益理论视角下的法律现象》,《青海民族学院学报（社会科学版）》，2004 年 1 月，第 30 卷第 1 期，第 84 页。
[64] 贝卡里亚：论犯罪与刑罚 [M]，法律出版社，1998 年，第 67 页。
[65] 苏吉永:《提高工业企业经济效益研究》，中国统计出版社，1997 年。

[66] 候荣华、王朝纲、张耀辉:《宏观经济效益理论与实证分析》，中国计划出版社，1997年。
[67] 贺天元:《怎样提高企业经济效益》，科学技术文献出版社重庆分社，1990年4月。
[68] 苏吉永:《提高工业企业经济效益研究》，中国统计出版社，1997年。

第六章　新时期提高经济效益策略与途径

在对经济效益涵义有了新认识、总结各时期经济效益理论基础上，本章探讨新时期提高经济效益的策略与途径，为经济效益的提高做出理论上的尝试，以期对提高经济效益工作有所指导。按照本文对“经济效益”涵义的理论界定：“经济效益是指在环境得到有效保护、资源得到合理配置和有效利用的前提下，人与自然物质交换过程中取得的有利于构建和谐社会，符合人类经济社会持续、健康、稳定增长和发展，满足人们合理需要符合标准质量的生产经营活动成果与土地、劳动、资本、管理等生产经营要素占用和耗费的关系。”按照经济效益的新涵义，提高经济效益就是在环境得到有效保护及资源得到合理配置和有效利用的前提下，要争取以尽可能少的土地、劳动、资本、管理等生产经营要素的占用和耗费，取得尽可能多的有利于构建和谐社会，符合人类经济社会持续、健康、稳定增长和发展，满足人们合理需要符合标准质量的生产经营成果。所以，无论从国家经济角度还是从生产经营者自身角度，其经济活动较好体现出经济效益不是一件容易的事情。

历次重要经济会议上都强调：当前经济运行中普遍存在着高消耗、低效益、高投入、低产出、高消费、低效率的现象，各方面浪费严重，并不断做出决定：要坚定不移地把经济工作转移到以提高经济效益为中心的轨道上来，要“重视提高经济效益，不要偏面追求产值、产量的增长”[1]。但是，根据统计部门调查报告（参见表 4–2、表 5–1 和图 4–3、图 4–4、图 4–5）显示，现在经济效益依然偏低。这说明经济效益理论研究十分必要，并要花费很大力气、找出问题关键点及解决办法，以促进市场经济体制的完善，保证经济建设持续、健康发展。

论文从当代中国经济制度变迁中经济效益理论研究探索、迅速发展及逐步深化入手，站在提高经济效益战略研究高度，通过总结、反思许多提高经济效益改革之路，笔者认为经济效益得不到提高的原因是没很好地制定提高经济效益策略，没找到提高经济效益的前提、基础、关键、核心、重心、重要课题等，对每个提高经济效益的途径没做深层次分析研究。当然工业企业特别是股份制企业在整个经济活动中起着主导作用，在研究提高经济效益理论过程中，理所当然主要以工业企业特别是股份制企业为例来发现、思考、分析和解决提高经济效益问题。笔者试图通过对大量企业的调查研究，从解决经济效益状况得不到根本改变的现实入手，提出新时期提高经济效益策略和途径。笔者认为提高经济效益，不仅要对经济效益现状进行剖析、分析原因，找到解决问题的突破口，而且要注意提高经济效益途径的可操作性，以及与此相对应的配套措施，从而为更好的提高我国经济效益、解决效益低下问题助一臂之力。

第一节　新时期提高经济效益的前提

经济效益不好是长期困扰我国经济大发展的主要问题，而不注重经济效益理论研究是造成经济效益较低的重要原因。提高经济效益采取何种途径？多年来一直是经济理论界的热门话题，也是政府和有关管理部门所关注的中心议题。随着社会主义市场经济体制的不断完善，特别是多年来随着市场经济的不断发展，政府及企业在提高经济效益方面采取了很多措施，加大政策力度，许多企业特别是国有企业时至今日也没从根本上解决经济效益低下问题。其中原因到底在哪里？解决问题的途径到底有哪些？做好这项艰巨复杂的工作首先明确前提，十分必要。

一、抓住新机遇迎接新挑战

1993 年十四届三中全会《关于建立社会主义市场经济体制若干问题的决定》，社会主义市场经济体制基本框架被勾画出来。1997 年后我国经济出现总需求约束下的紧缩状态。[2] 在采取扩大内需的经济政策下经过长达 6 年的盘整后，2003 年我国经济全年增长达到 9.1%，这一势头在 2004 年出现了加速趋势[3]，2005 年仍然高位运行。[4] 研究表明这次经济增长的第一动力依然是“投资需求”，而导致宏观经济持续发展的立足点“消费需求”并没得到很好改善[5]，“需求不足”依然是制约中国经济发展的瓶颈。加之投资的高速增长肯定会导致生产能力的重复建设，从而出现总供给能力过剩可能再次出现“总需求约束下的紧缩状态”。2005 年我国采取具有针对性的宏观经济调控政策以后经济又出现了良好势头。社会主义市场经济体制经过 10 多年建设取得了令人瞩目的成绩，但当审视这个“框架”时仍然发现发育程度较低、不健全、不完善的市场经济体系，如在国有经济、金融体制、投融资体制、“三农”问题、行政体制、社保改革、市场体系、教育、科技、文化体制及分配制度等方面还存在诸多体制障碍。从经济效益理论与经济制度密切相互关联的角度看，做到更好地提高经济效益还会遇到制度上的种种障碍和困难。从中国市场经济环境、企业成长和发展及激烈竞争实际出发，加上我国加入世贸组织后经济全球化、世界经济一体化浪潮的冲击，就会发现企业追逐经济效益所处的经济环境正处在快速变化之中，且多数企业还处在经济转型和不断调整之中，无论是政府、企业还是学术理论界对提高经济效益理论进行系统深入的研究非常迫切，必须首先做到抓住新机遇迎接新挑战。

总之，无论从现实经济情况看还是从制度建设上，无论从国内市场情况看还是国际经济新形势，较好地提高经济效益都面临着新的挑战。充分分析客观现实条件冷静应对复杂多变的经济环境，抓住新机遇，这是做好提高经济效益工作的前提之一，从而才能更好地迎接新挑战。

二、新时期提高经济效益树立新理念

在新时期更好的提高经济效益，必须建立在全面科学理解经济效益涵义基础上，尤其要处理好几个方面的关系。

（一）正确处理宏观经济效益和微观经济效益的关系[6]

宏观经济效益是从整个国民经济角度总体上来考察的经济效益，也就是社会经济效益。微观经济效益是从生产经营者集体或个人角度来考察的经济效益也就是企业经济效益。在社会主义市场经济新条件下宏观经济效益和微观经济效益从根本上来说是一致的。提高微观经济效益是提高宏观经济效益的基础，没有微观经济效益的提高就没有宏观经济效益的提高，提高宏观经济效益是微观经济活动的根本目的，二者是有机地统一整体。[7]当然经济活动是相当复杂的，两者也会有矛盾。

正确处理二者关系的原则：首先，应当以大局为重围绕改革开放中心环节，承认企业独立经济利益，搞活企业经济，大力加强宏观经济效益基础环节，尤其是对当前来说，努力提高企业经济效益更是当务之急。其次，要注意宏观经济效益并不是微观经济效益的简单相加，要兼顾各方经济利益特别要努力追求整体优化效应，任何微观经济效益的提高必须有利于而不能损害宏观经济效益的提高。

（二）正确处理长远经济效益与当前经济效益的关系

在社会主义经济体制转型期二者有矛盾的一面也有统一的一面，应将二者恰当地结合起来。只有这样社会主义市场经济才能做到持续稳定快速健康发展。在处理二者关系时，既要重视当前经济效益的提高，更应重视长远经济效益的提高。在实际经济工作中往往会发生顾此失彼的两难选择。注重长远经济效益如为扩大再生产提高积累率就会影响职工群众当前收入的增长，不利于调动各方面积极性，当然最终也会影响今后提供更多的积累。反之，为了提高当前经济效益离开长远经济效益，就不利于经济持续稳定快速健康地发展，不能保证社会长远目标的实现。在经济发展过程中，特别是对自然资源合理利用和环境保护问题，更不能只为提高当前经济效益而延祸子孙后代。处理二者关系的原则，应当立足当前经济效益的提高，放眼长期经济效益的提高。长远经济效益的提高是以当前经济效益的提高为基础，经济效益目标的长期化只能逐步达到；同时，要实施有效的控制措施，防止经济效益“目标短期化行为”[8]，使企业有追求长远经济效益目标的动力。

（三）正确处理直接经济效益与间接经济效益的关系

在社会主义市场经济条件下，国民经济各部门、企业之间是相互联系、相互制约的一个有机统一整体。有些部门、有些建设项目或产品本身的经济效益并不是很大，但却为其他部门、其他项目或产品的发展创造了有利条件提高了经济效益。相反，有些部门、项目或产品本身的经济效益较好却妨碍了其他部门、项目或产品的发展，影响经济效益的提高。可见，这些部门、项目或产品的经济效益间接地通过其他部门、项目或产品反映出来。因此，在评价某一部门、某一建设项目、某一产品的经济效益时，必须考虑这种经济联系，进行全面分析，树立“完全经济效益”[9]观念。[10]既要考察其直接经济效益的提高，也要考察其间接经济效益的提高，这样才能得出正确的结论。

（四）正确处理经济效益和社会效益的关系

经济活动要以提高经济效益为中心，但是社会主义市场经济条件下，全面地评价一项经济活动，还要考虑该项活动所造成的其他社会影响。例如：

职工健康、生态平衡、国防安全、民族团结、社会风气等等。在特定情况下这些因素也可能成为评价经济活动的主要依据。提高经济效益不应损害社会效益，尽管在特定情况下强调某些社会效益，但也不应不顾及经济效益。提高经济效益与社会效益的有机统一是评价社会主义经济效益必须遵循的基本原则之一。建设社会主义物质文明的同时更应注意加强精神文明的建设，注意社会效益的提高。这是社会主义生产的本质和目的决定的。

（五）正确处理经济效益和环境效益的关系

环境效益是经济活动主要是生产活动排放的废弃物和开发利用环境资源活动而引起的对环境的变化。这些变化可能是好的影响，也很可能是坏的影响。[11]随着经济的发展生产经营活动对环境的影响越来越大，而环境对经济发展制约作用也会越来越大。经济效益和环境效益之间是辩证统一的关系，环境效益是经济效益的基础，经济效益是环境效益影响的结果。在环境保护措施最优方案中，环境效益和经济效益的方向基本上是一致的，有良好的环境效益必须有利于提高经济效益。当然，二者之间也会产生一定的矛盾，有些方案从近期看有良好的经济效益，可从长远看可能由于污染环境而损害生态平衡。但最终还是影响经济效益的提高。所以树立保护环境的新理念是提高经济效益的前提，这是新时期尤其要注意的。

三、以人为本加强思想教育工作

在改革关键期，以人为本加政治思想教育工作，保持良好精神状态，是提高经济效益的前提。[12]

（一）思想教育是提高经济效益的前提

在变革中觉悟有先有后、认识有深有浅以至对各种问题有不同看法，直接影响经济效益的提高。[13]马克思说："理论一经掌握群众，也会变成物质力量。"[14]毛泽东也说过："物质可以变成精神，精神可以变成物质。"[15]发挥思想教育沟通和调节功能，充分调动提高经济效益工作的主动性、积极性和创造性。

经济学家历以宁认为："人力资源开发要发挥超常规的效率，就必定要以道德为依托，大到整个民族的凝聚力，小到调动人们的积极性，道德都可以产生超常规的效率。"[16]

思想政治教育是提高经济效益的基本方法。重视思想教育在经济管理中的作用，加强对经济活动的管理以便更好地提高经济效益。要使思想教育工作富有成效要注意有明确工作目的，把思想教育工作与提高经济效益结合起来，用科学发展观武装人们的头脑；要有科学的工作方法，加强教育的说服力、感染力和吸引力；要有实在工作效果，切忌“空对空”搞形式主义，一定要讲经济效益见效果保证和促进经济效益的提高，切实推进社会主义经济的“两个转变”。

（二）保持良好精神状态应注意的问题

改革是一场深刻的社会变革，而人的思想观念的转变是这一变革的先导。在这场变革中既有理论上的困惑也有思想上的疑虑，既有心理上的不平衡也有形动上的消极性，给思想政治工作带来很大困难。积极引导协调好各种关系，尽快解决各种矛盾，调动各方面的积极性，以更好的提高经济效益已成为一项紧迫的任务。

随着社会主义市场经济体制的不断完善和商品经济不断发展，市场竞争日趋激烈，企业会面临更多的困难。但是，困难既是一种挑战也是一种机遇。在克服困难的过程中，只要抓住机遇就能不断发展壮大自己。20 世纪 60 年代大庆人靠艰苦创业的“铁人”精神，拿出第一个大油田为我国摘掉贫油国的帽子。工农红军靠坚定信念走完万里长征实现了北上抗日，使中国革命取得最终胜利，无数事实已经证明精神力量是克敌制胜最宝贵因素。邓小平早在 1983 年十二届二中全会上就要求“在工作重心转到经济建设以后，全党要研究如何适应新的条件，加强党的思想工作，防止埋头经济工作，忽视思想工作的倾向”。[17] 他在 1985 年党的全国代表会议上要求干部做到“要全心全意为人民服务，深入群众倾听他们的呼声；要敢说真话，反对说假话，不务虚名，多做实事；要公私分明，不拿原则换人情；要任人唯贤，反对任人唯亲。”[18] 现代化建设的中心任务是发展经济必须有政治保证，提高经济效益也要讲政治讲纪律。[19] 改革开放后不少领导干部大吃大喝、生活腐化堕落、腐败透顶，必须引起高度重视。很多企业通过全体员工努力取得很好的经济效益，可是不到几年功夫又负债累累。原因就是有些企业的领导人取得成绩后沾沾自喜，讲排场比阔气吃喝玩乐，甚至“五毒”俱全。最终使企业吃光喝光，谈何经济效益？提高经济效益，领导班子很关键。一个好带头人应注意做到以诚相待搞好团结，调动整个班子积极性；真抓实干，廉洁奉公，赢得职工爱戴，增强自身的影响和感召力；关心群众，密切与职工的感情，增强企业凝聚力、向心力；始终把职工群众的利益放在第一位，把企业的经济利益放在第一位，为提高经济效益要奋不顾身地工作。在市场经济形势下更应学政治、讲政治。江泽民说过“有些事情群众能做，我们领导干部不能做。比如夜总会、高级舞厅等高消费娱乐场所，我看我们的领导干部还是不要去，要有这个自觉性”。[20]

从调查的情况看存在的问题主要表现在，一是事业心责任心不强得过且过，不思进取；二是因循守旧缺少克服困难的胆略和气魄；三是认为经济效益不好是“普遍现象”，“你差我也差”，消极等待，无所做为；四是还怨天尤人埋怨客观，把希望寄托在外部环境的改善上。提高企业经济效益需要良好的外部环境，但良好的外部环境需要人去创造，有了好环境只有通过人的努力才能把它变成内部的活力。内因的主导因素就是人的精神，特别是企业领导人的精神。员工的思想状态和进取精神，决定企业的兴衰成败。这里强调一下忧患意识。保持良好的精神状态始终有忧患意识、提高意识、做到居安思危，是立于不败之地的首要条件。如果今年日子过得不错就不为来年打算了，这样的家庭算不上好家庭。同样一个企业目前的经济效益好了，如没忧患意识没居安思危的“远虑观”，企业也不可能永远是好企业。当一个人知道自己处于风险境地时，就会产生忧患意识，警钟常鸣，自我加压，奋力拼搏，最大限度地调动其内在潜能，图存图强。日本经济之所以取得巨大成功，一个很重要的原因，就是日本人数十年举国上下始终充满着忧患意识，唯恐在国际竞争中被淘汰、被压倒、被扼杀，时时刻刻为之奋力进取。要增强市场经济中的竞争能力，提高经济效益必须时刻发扬这种精神。日本铃木公司从一个小型的织布机作坊发展为如今的国际型大企业，发展速度和幅度以及取得的经济效益均令人吃惊。如此高幅度正是得益于每位员工心目中的提高意识和忧患意识。在高度竞争的环境里不求发展、不求提高就会导致停滞不前，就会被淘汰出局。

在发展经济抓好经济工作的同时，切实开展思想政治工作，促进精神文明建设。在企业困难时积极开展“重振雄风”活动，焕发“严、紧、细、实，勇争一流”的企业精神，鼓舞职工战胜困难；在经济形势好的情况下针对自满情绪，教育职工居安思危，开展“主人翁”工程和各种形式的立功竞赛活动，鼓励青年岗位成材，树立和表彰先进人物，有力地促进经济效益的提高。

思想觉悟不是自发产生的，要全面深入学习马克思列宁主义、毛泽东思想、邓小平理论、“三个代表”重要思想、科学发展观，学习习近平新时代有中国特色社会主义思想，职工工作的积极性和创造性才有强大的源泉。职工群众主体素质全面增长是职工群众主体地位和主体作用得以实现的基础，应把全面提高职工素质作为企业深化改革不可或缺的重要内容。

（三）提高经济效益必须要有良好的精神状态

强化“以人为本”的管理思想，加强思想政治工作，在创造良好精神状态过程中应注意做到：

1. 要有强烈的事业心和责任感，认清形势、坚定信心、振奋精神，有提高经济效益的紧迫感和危机感。领导者要将面临的困难和问题及形成原因和解决措施，真实地告诉职工，正确引导大家既正视形势和困难，又看到市场经济和内部机制改革带来的机遇和希望。请职工积极参与重大问题决策，增强企业管理透明度，真正把职工群众推到主人翁的地位，调动职工的积极性，使企业呈现出一个相互理解、相互支持、心同力合的新局面。让全体员工深深地懂得，经济效益搞不上去，国家、集体、个人的经济利益都得不到实现。

2. 要解放思想，敢于开拓，化解各种矛盾，平衡职工心理，多想办法出主意，充分发挥主观能动性，做到宁可献出自己的生命，也要把提高企业的经济效益搞上去。如何抓住矛盾和化解矛盾？一是抓好领导干部的廉洁自律，增强同职工群众同甘共苦意识。这对平衡职工心理、增强安定团结促进经济发展至关重要。二是依靠群众、提高民主意识，增强群众决策水平。领导要通过职代会、座谈会等形式，广泛发动群众争取意见，深挖职工的潜力，吸收集体智慧，少走弯路减少失误，促进企业快速健康发展。三是解决利益分配中的不合理现象，尽量做到合情合理。如调整工资、资金分配等职工敏感的问题，一定要按政策和规定办事，做到赏罚分明。

3. 要严格管理、勇于负责、练好内功、务实求实、不图虚名，时刻把思想政治工作融入到管理中推动企业管理上新台阶。造成经济效益不好的原因是多方面的，但在很大程度上是个管理不善的问题，把思想政治工作融入到管理中，使两者有机结合起来，共同发挥作用，形成整合优势。二者的结合过程实质是二者的相互渗透过程，既能防止各自工作的片面性，又能弥补各自的不足，相互制约，相互促进，共同推进良性发展。

4. 领导干部带领全体员工一定要讲政治，坚持正确的政治方向、政治立场和政治观点，有较强的政治纪律性、政治鉴别力和政治敏锐性。要坚决防止腐朽思想对头脑的侵蚀，抵御住各种不良诱惑。要珍惜企业的一草一木，节约企业的一分钱，勤俭持家。近年来政工队伍变化较大，一是人员换的多，二是不安心工作的多，三是业务水平提高的慢。这就制约了思想教育工作和生产经营工作的发展。这既与内部环境有关也与政策有关，是个复杂难以解决的问题。这就要抓实质、抓关键，抓好政工队伍建设：一是相对稳定队伍，不要换一个领导就换一批队伍，特别是要保留部分骨干；二是要给予关心爱护。有些政工人员同其它搞业务的人员相比经济收入相对少，社会交往也少，给生活带来诸多不便和困难，这就要求领导同志给予体贴照顾，适当提供些方便，使他们安心做好本职工作；三是加强培训提高。通过办班、进修深造、外出参观学习、经验交流等形式，尽快提高业务水平，以适应新形势的要求。

5. 研究新情况、探索新路子。随着经济改革的深化，增长方式从粗放型向集约型转变，在理论和实践上都提出许多新情况、新问题、新矛盾。职工思想能否适应这一变化是关系到企业生存发展的首要问题，尤其是亏损企业在短期内不容易冲出困境，这就给我们提出更高要求，要不断更新思维方式，加强对新情况的研究，研究思想教育工作的新体制、新制度、队伍素质、企业内部矛盾等问题，在工作实践中摸索出思想教育工作更富有成效的路子和方法。只要做好以上几个方面的工作，拿出舍命拼劲忘我干劲，经济效益定能提高到一个较高水平。

第二节　新时期提高经济效益的基础

随着社会经济的发展，经济制度的作用越来越受到人们的重视。新的研究思路具有一个共同特点，那就是不再把企业看作一个共同函数，而代之以（或拓展为）企业是一种治理结构的概念。[21] 从科斯发表《企业的性质》提出交易费用，到他接受诺贝尔经济学奖在《生产的制度结构》演讲稿中使用交易费用[22] 概念[23]，从而“有了交易成本这个发现，我们才找到了解释制度存在和制度变迁的方式”[24]。再到 20 世纪 70 年代以来的企业产权结构理论[25]、企业性质理论、制度变迁理论、人力资本产权理论等成为新制度经济学的主要理论体系，都说明制度在经济增长和发展中起着重要的作用。在我国的经济实践中由于经济制度的变迁才有了经济效益的较大提高，所以说首先如何不断完善我国的经济制度，进行经济制度创新，尤其是完善我国企业经营制度就成了提高经济效益的基础。

一、完善生产经营制度建立现代企业制度

注重制度创新不断完善企业生产经营制度是提高经济效益的基础。企业是国民经济的主体。长期以来受传统计划经济影响部分国有大中型企业依然存在人员多、负担重、效率低、效益差等问题，这不仅影响国有大中型企业骨干作用发挥，而且还关系远景规划目标顺利实现。如何搞好国有大中型企业提高经济效益已经成为理论和实践中必须回答的重大问题。不断坚持深化改革转换企业生产经营制度是提高经济效益的基础。

（一）正确理解生产经营制度

企业生产经营制度是指在社会主义市场经济条件下运用一定经济运行规律迫使管理对象不断地向管理目标趋近，实现企业经济效益最大化的一种管理体系。正确理解企业生产经营制度，首先要了解其受相应市场经济条件下经济规律所支配、制约。从传统计划经济转向市场经济的变革中企业制度发生了很大变化，企业生产经营制度也要相应地发生变化，但无论怎样变化都要服从于社会主义市场经济规律。其次，企业生产经营制度是相对稳定的管理体系的制度化。在企业管理过程中管理者所采用的管理方式和方法、管理职能，由简单到复杂、由片面到系统。一定的管理体系是管理者进行正常有效管理活动所必须的。再次，企业生产经营制度的内容包括企业生产、流通、分配、消费等各领域的管理制度，采取不同的产权制度与其相应的企业制度。最后、完善企业生产经营制度要有一个发展过程需要一定时间。新的运行机制和制度的选择和相对固定需要经过管理经验的积累，把相对稳定的管理体系制度化和规范化，必然需要一定的时间。

10 年来逐步实行公司制后还要要继续理顺企业产权关系。要继续理顺企业产权关系，同时在改革国有企业产权关系过程中严防国有资产流失成为今后改革重点注意的问题。股份有限公司的一个基本功能是大规模融资，近年来债券市场出现的问题表明必须深化改革加强管理力度，才能促进股份公司的健康发展。总之，按照社会主义市场经济的要求，除为数不多的特殊企业

外大多数国有大中型企业特别是处在竞争性行业的国有大中型企业都被逐步改造成规范的公司制企业后，为提高经济效益创造了良好条件，但是经济效益低下问题在证券市场上明显表现出来。

（二）完善企业生产经营制度建立现代企业制度

改革开放后企业在理顺内部经营机制和建立现代企业制度方面进行了许多大胆探索取得了一定成效。1979 年在部分企业中开始扩权让利的试点。1981 年后试行以利润包干为主的经济责任制。1983–1986 年间先后执行利改税。从 1987 年起又普遍推行经营承包责任制。1992 年开始落实《全民所有制工业企业转换经营机制条例》工作。

两个转变一是讲生产关系一是讲生产力，互相联系、互相促进。实现经济增长方式转变提高经济效益根本在于深化改革，完善企业生产经营制度。因为产生粗放增长方式的原因，最主要是经济体制和运行机制上的问题。只有搞好经济体制改革才能更好地向结构优化、规模经济、科学管理要效益。实现经济体制转变，各级政府部门必须转变职能，转变作风。改变企业效率低、经济效益不好现状的重要办法就是使企业成为市场主体的经济法人，在市场竞争选择下，效益好的企业可以生存和发展，效益差的企业遭到淘汰。因此企业必须按照市场经济的要求不断完善生产经营制度在竞争中经受市场考验和选择。企业要在市场中得心应手就要很好地完善生产经营制度，形成“以经济效益为动机、以市场竞争为中心，以服务用户为导向”的经营机制，促进经济效益有较大提高。

（三）完善生产经营制度工作重点

在我国经济制度变革中企业制度发生了很大变化，企业经营管理及制度也要相应发生变化。按照社会主义市场经济体制要求完善生产经营制度，着力进行企业制度创新是提高经济效益的基础。首先，按照全面建设小康社会构建和谐社会要求，树立科学发展观，转变思想从认识落实到行动上。按中央要求进一步发挥党组织政治核心作用，全心全意依靠职工群众，研究制定具体得力措施。实践证明凡是经济效益好的企业都是党组织核心作用发挥得好，指挥系统有权威，职工利益落到实处。其次，要不断完善企业内部分配制度。有些企业经济效益低与内部分配不公有密切关系，积极稳妥推进分配制度改革，才能促进经济效益，提高工作的积极主动性。再次，继续改善劳动用工制度。主要是在继续推行劳动优化组合、推行全员合同化管理基础上实行全新用工机制实现动态优化劳动组合，特别是注意劳动保障制度的建设。通过劳动保障制度使企业在困境中焕发生机提高经济效益。企业要想在市场竞争中占有主动权，就要紧紧把握市场的脉搏，以市场为导向。企业在瞬息万变的市场中能始终保持较强竞争力就会取得良好的经济效益。事实表明企业生产经营制度的弊端不但必须克服而且能够克服。只要去掉消极等待思想振奋精神知难而进大胆探索，尽快建立完善的自我激励自我约束机制，就能较好较快地提高企业经济效益。

二、建立新经济效益指标评价体系

提高经济效益既是经济管理工作的目的，又是评价经济管理工作好坏的标准，所以它是经济管理工作的一条主线。改变我国经济效益不好的状况是摆在我国每个企业面前的头等重要大事，也是经济管理工作的中心内容。因此，对提高经济效益思想理论进行系统地研究，建立新经济效益指标评价体系，定期观察和评价经济效益升降情况，及时反映和分析生产和经营中存在的问题，为促进企业改善经营管理工作，为提高经济效益提供依据，是极为重要的。建立新时期经济效益指标评价体系是一项非常复杂的工作，涉及政府、研究机构等多个部门，这里只是提出方向性建议，作为后续研究的基础。受论著性质所限，这里只提出制定新指标评价体系的意义、遵循的原则和着重分析的几个对比关系。

（一）建立新经济效益指标评价体系对更好地提高经济效益具有重大意义

无论是国民经济计划还是企业生产计划是否最优的一个重要标志就是要看经济效益的好坏，在编制计划的同时要注意经济效益提高计划，这是编制计划的重要组成部分，是切实把经济管理工作转移到以提高经济效益为中心轨道上来的一项重要措施，也是提高企业经济效益的有力保证。国民经济计划或规划的编制近来一直非常讲究经济效益，蕴涵着丰富的经济效益思想，前面已有所述。编制和执行企业经济效益提高计划对于加强企业经济管理工作，提高科学生产技术水平，保证产品质量，降低生产成本，提高资金利用率，提高市场占有率等有着极为重要的现实意义。过去许多企业经济效益滑坡，市场竞争能力不断降低，除了种种其他各种因素外，没有必要的提高经济效益指标加以反映，更没有经济效益提高计划，这是企业经济效益差的一个重要原因。企业生产计划指标中反映发展速度、生产规模的多，反映经济效益提高的少；反映实物的多，反映价值的少；更没有对环境造成影响的指标。如对物质消耗和产品质量的统计、评价工作就十分薄弱，十分不利于降低产品生产成本和产品质量的提高。没有对环境造成影响的指标，那么往往就忽视生产经营造成的污染问题。因此，编制好企业经济效益提高计划是提高经济效益研究工作的一项重要课题。

（二）建立新经济效益指标评价体系应注意遵循的原则

提高经济效益指标与一般经济指标有很大区别。它的重要特点是反映各种生产要素的消耗和占用与取得的成果之间的对比关系，产量、产值、国民收入、利润等一般经济指标只反映有用成果的指标，一般只能说是经济指标，而非经济效益指标，只与经济效益指标有联系。经济效益的提高要通过一定指标评价体系来反映。由于企业经济活动的复杂性，要全面考察经济效益提高就需要制定一系列评价指标，建立指标评价体系以便从不同侧面、不同角度来反映经济活动所取得的经济效益。建立提高经济效益指标体系应注意遵循几个原则：

1. 既要分别研究反映各种生产要素消耗的经济效益，也要分别研究反映各种生产要素占用的经济效益。进行提高经济效益研究必须研究如何合理组织和运用整个生产经营领域内的人力、物力和财力，充分发挥各方面优势，最大限度地提高人、财、物的利用效果，以尽量少的生产要素消耗以及尽量少的生产要素占用，取得尽可能多的经济成果。所以建立提高经济效益指标体系，必须设置有反映生产要素消耗的指标以及生产要素占用的指标。这条原则和以前的指标设置有很大的不同，原有指标评价体系中主要是反映活劳动和物化劳动的消耗和劳动占用、资金占用的指标，从放映的内容上更全面更科学。

2. 既要研究反映生产过程的经济效益，也要研究反映流通过程的经济效益。在我国实行社会主义市场经济体制条件下生产经营活动必须充分考虑市场需求，要面对市场、研究市场，最终做到适应市场需求进行科学生产，这是社会主义市场经济条件下社会主义生产目的具体表现。企业不仅要在尽量节约生产要素消耗减少生产要素占用上下功夫，还要在提高产品质量、调整产品结构增加花色品种、使产品适应市场、符合社会需求上尽最大的努力。只有产品适销对路符合消费者（不论是生产资料的消费者，还是消费资料的消费者）的需求，才能使它的劳动成果得到社会承认，才能在产品销售环节可能出现供不应求的新局面，才能使产品的价值得以实现，经济效益才能得以实现和提高。以往经济建设中曾一再出现的工业增产、商业积压、财政虚收、人民得不到实惠的教训不能重演了。因此考核经济效益提高程度必须重视生产和流通的统一，必须注意把反映流通过程经济效益指标作为提高经济效益指标体系的一个组成部分。

3. 必须注意研究反映技术进步和自主创新的经济效益指标。紧紧抓住科技进步不放是提高经济效益的关键。企业必须引进吸收消化国内外先进科学技术，特别是提高自主创新能力、增加拥有自主知识产权的产品，积极推广和应用科学新技术、新工艺，改革老产品，发展新产品，通过科学技术进步，提高产品质量，降低物质消耗，为市场提供优质、高效、低耗的产品，这样必定使经济效益有显著提高。

4. 必须注意研究反映资源合理配置和有效利用和保护环境的经济效益指标。提高经济效益必须注意资源的合理配置和有效利用所带来的经济效益，随着人们认识的进步，没有人类劳动加工过的天然资源也是重要的资源，也具有商品性。原有经济效益指标评价体系中劳动消耗和劳动占用都不包括实际投入生产的天然资源。既使经过人类劳动加工过的物质资源，它的社会价值在不少场合也不能单独地用它的成本和价格加以说明。值得注意的是不可再生的天然资源尤其是能源，它们的利用不当会影响整个国民经济效益的提高。

（三）提高经济效益评价方法

对复杂的生产经营过程如何对其经济效益的提高进行评价需要有正确的方法。根据社会主义生产目的和再生产的投入产出过程评价经济效益的提高，要着重注意分析以下几个对比关系：

1. 比较产出和社会需求。分析经济活动所提供的使用价值在满足社会需求方面的程度是评价提高经济效益的主要内容。这种比较从宏观角度看就是要分析再生产中主要比例关系。如分析经济活动对人民生活提高程度的影响等；从微观角度看就是要考察企业对市场需求变化的适应情况等。在社会主义市场经济体制不断完善过程中市场形势变换莫测，企业的生产与社会需求发生偏离是经常的。企业就要学会在市场中游泳及时搜集信息抓住信息，提高驾驭市场的能力，准确地生产出社会所需求的商品，从而提高经济效益。

需要特别强调的是根据本文对经济效益涵义的界定，产出必须满足至少四个条件：一是环境得到有效保护不能造成环境污染；二是资源（包括未经人类加工的自然资源）得到合理配置和有效利用，要节约资源不能造成资源浪费；三是有利于构建和谐社会符合人类社会持续、健康、稳定增长和发展；四是满足人们合理需要符合标准质量的生产经营成果。当然社会需求是正当的合理的需求，超越生产力发展水平的社会发展阶段的额外的需求是不正当的需求应当予以阻止。

2. 比较产出和各生产经营要素的消耗。这是任何社会评价提高经济效益都不可缺少的一个基本内容。原有指标评价体系强调的是比较产出与劳动消耗，劳动消耗又包括活劳动消耗和物化劳动消耗两个部分。新经济效益指标评价体系要全面评价经济效益的提高必须包括比较产出与土地、劳动、资本、管理等各个生产经营要素消耗的内容。当然不同时期和不同行业会有不同的节约重点。我国经济活动中的物质消耗是全部消耗中的主要成分，能源和原材料的短缺是制约提高经济效益的关键因素之一。降低物质消耗，提高能源和原材料利用率，降低产品成本，对经济效益提高有重要意义。

3. 比较产出和各生产要素的占用。原有指标评价体系主要比较产出与劳动的占用，劳动占用包括物化劳动的占用和劳动力的占用。为保证生产正常进行不至于停工待料，原材物料、半成品等在投入生产过程前必须有一定的储备，这就形成物化劳动的占用。物化劳动的占用与物化劳动的消耗在生产过程中所处的地位和所起的作用是不同的，同样地劳动力也存在占用问题。某产品生产需占用三个劳动力，每人日工作时间为八小时。但由于某些原因用于该产品生产实际消耗的劳动时间为每人每天四小时，那么这三个劳动力的另外一半劳动时间只是占用并没有利用，这就形成劳动力占用。而新指标评价体系中应该产出和各个生产要素的占用相比较，不仅仅只是强调劳动的占用。原来还只是认识到活劳动只能消耗不存在占用。这都是不太准确的。原有的认识是“尽可能地节约物化劳动和劳动力的占用，或者劳动占用一定时获取更多的产出，这也是任何社会评价提高经济效益的共同要求”。[26]这都是不全面的，较好的提高经济效益不仅要考虑劳动占用而且要各个生产经营要素的占用，这样才能更好的提高经济效益。

4. 比较产出与资源的合理配置和有效利用及环境保护。把生产的使用价值同合理配置和有效利用资源所可能生产的使用价值相比较，再加上环境保护问题，做到科学的比较当然困难很大，但这是评价经济效益提高的必不可少环节。单独考察资源配置和有效利用及环境保护的经济效益是由于天然资源是没有经过人类劳动加工过的，原有的指标评价体系中劳动消耗和劳动占用中都不包括实际投入生产的天然资源。现在随着人们环境保护意识的不断增强，越来越认识到环境问题对社会经济的影响越来越大，所以必须还要强调这种比较。当然资源合理配置和有效利用的广度和深度主要决定于生产的技术水平，也受到社会经济制度的制约。我国一定要继续深化经济制度和企业制度改革，不断提高科学技术水平，对经济资源做到合理开发、综合利用。

综上所述，提高经济效益的四个评价方法都有相对独立意义，既不能相互取代，又不能没有主次和联系。满足社会需求的经济效益是主导的，但其他三个方面对提高经济效益有很大制约作用。只有全面降低各个生产经营要素的消耗和占用，而不仅仅只是降低劳动消耗、劳动占用，更好的提高资源利用率，才能生产出更多的使用价值，更好地满足社会需求，从而较大幅度地提高经济效益。

三、提高职工主体地位调动一切积极因素

人才是最宝贵、最重要的战略资源。自主创新，人才为本。在改革开放新时期职工主体地位没有变。在改革关键期仍必须坚持全心全意依靠工人群众的基本方针，真正实现工人群众在深化改革中的主体地位。这直接关系到深层面的改革能否取得重大实效，关系到社会主义制度能否在深化改革中进一步加强的重大原则问题。充分发挥群众主人翁精神，调动一切积极因素，是提高经济效益的基础。

（一）科学技术是第一生产力而人是最宝贵的因素

有一支忘我拼搏又掌握现代化科学技术的坚强队伍，能使提高经济效益工作上一个大台阶。“人民群众是历史的创造者，是推动历史发展的决定力量。”毛泽东说过：“群众是真正的英雄”，“群众中蕴藏着极大的社会主义积极性。”江泽民说：“要全心全意依靠工人阶级。离开他们的积极性、创造性和主人翁责任感，一切就无从谈起。”这些精辟论述不仅是进行革命和建设必须遵循的基本原则，也是提高经济效益的法宝。

在“以人为本”思想管理模式下要与严格管理制度相结合，在规章制度

面前人人平等。要充分相信群众、认真依靠群众，积极发动群众，相信和依靠群众的思想能力、思想水平和判断是非的标准。在生产实践中遇到技术等难题充分相信和依靠员工的聪明才智，积极开展多种劳动竞赛和文体活动激发和调动员工的积极性和创造性，培养他们的主人翁意识创造有特色企业文化，最终实现较好经济效益。

充分发挥主人翁精神，在深化改革中保持工人阶级主体地位是实现社会主义公有制与市场经济相结合的根本出发点。深化我国经济体制改革所要解决的关键问题是寻求公有制与市场经济的结合，发挥市场对社会资源配置的基础性作用，使经济活动遵循经济规律的要求获得最佳经济效益；充分发挥公有制对市场经济运行的导向作用和保证作用，缓解和消除市场经济对社会发展所产生的某些消极作用。这种结合既有利于经济迅速增长又有利于社会文明发展，因而它是一项既具有现实意义又具有历史意义的伟大工程。在公有制条件下实行市场经济本身不是目的；改革的根本目的是要通过市场机制的运行实现社会资源包括劳动力的优化配置，使公有制真正充满生机和活力。这种改革承负着在社会主义实践史上长期未能解决的历史性任务：通过现代市场机制的运作，实现工人阶级在公有制中的主体地位，充分发挥工人阶级在整个经济运行中的主体地位。

马克思主义一贯主张从生产关系和社会关系的角度观察分析一切经济现象，注重从实现人的主体地位和主体作用的高度变革经济关系推动社会进步。马克思对资本主义商品经济现象的剖析，揭示了隐藏在商品经济背后的资本与雇佣劳动的对立，透析了资本私人占有和生产社会化之间无法调和的矛盾，从而敲响了资本主义私有制的丧钟。社会主义公有制对资本主义私有制的取代并不意味着一定要取消商品经济和市场经济这种人类经济活动的共有形式，而只不过是以公有制为基础和依托改变商品经济、市场经济中人与人之间的关系，即改变无产阶级在商品经济、市场经济中的雇佣地位。因此，社会主义公有制与市场经济机制相结合不仅是必然的而且是可行的，结合的基础就是让工人群众的主人翁地位切实到位发挥出应有的主体作用。这不是改革的枝节问题，而是关系到工人群众在经济社会发展中的主导作用问题，这直接关系到企业经济效益的提高。

（二）充分发挥群众主人翁精神是搞活国有大中型企业的根本支撑点

坚持工人阶级在企业改革中的主体地位不仅关系企业改革成败的关键，

而且是提高企业经济效益的基础。搞活国有大中型企业大体上有两种思路：一是主张重点深化产权制度改革，在企业所有权和经营权关系上做文章：二是主张重点强化企业管理，在优化、强化内部管理上出经济效益。[27]这两种主张应当说都是对国有企业深化改革的有益探索，在改革侧重点和具体方法的选择上因各企业实际情况不同不可强求一致。但无论采取何种改革思路和方法都不能削弱工人阶级在改革中的主体地位，都应充分依靠工人阶级的主体作用推动改革顺利进行。有的企业推行产权制度改革搞股份制强迫工人拿钱入股，而很少考虑工人在这类股份制企业中占有什么样的地位及如何发挥职工“股东”的作用，严重影响了职工群众对建立现代企业制度的认同和参与。有些企业强化内部管理过分夸大、渲染某些管理者个人权威，忽视职工既是管理的客体又是管理的主体这样一种双重性质，严重损伤了职工群众的生产积极性。以上两种情况不是个别现象，它告诫我们：绝不能忽视工人阶级在企业深化改革中的主体地位，必须深入研究切实发挥广大职工群众在提高经济效益中的基础性作用。充分发挥工人群众主人翁精神可调动各方面积极因素，增强企业凝聚力，中央提出构建和谐社会的原因也在于此。经济效益上不去往往和职工积极性偏低、精神涣散、缺乏凝聚力有关。只有充分发挥工人群众主人翁精神，才能充分调动广大职工积极性，增强企业凝聚力，企业才有可能充满生机和活力。

（三）采取的对策

如何依靠群众，发动群众，充分发挥主人翁精神，提高经济效益？通过大量的统计材料及对许多先进企业进行走访，大致有以下几个方面：

1. 牢固树立全心全意依靠职工群众的思想观念。切实尊重员工主人翁地位，保障职工主人翁权利；坚决纠正在生产经营中出现忽视职工民主权利，把经营者与生产者的关系搞成雇佣与被雇佣关系；要善于克服少数经营者自恃高明脱离群众听不进职工正确意见现象，真正让职工当家作主参与企业重大决策。在市场经济条件下因职工流动性强、对企业依赖性下降，培养职工对企业经营管理的参与意识增加参与决策的机会，增强他们对企业的归属感和责任感更有重要意义。在长期管理实践中如著名的“两参一改三结合”形式值得借鉴。

2. 职工在企业改革中的主人翁地位必须依靠法律加以保障和维护。坚持落实《企业法》《劳动法》等直接涉及企业职工权益的各种法律，坚决依法办事是深化企业改革需要高度重视的环节。将企业职工主人翁地位与权利真正落实到实处，要最大限度地创造良好工作条件。在生活上真正关心注意解决好衣食住用行等方面的问题；在政治上充分调动积极性要注意培养职工群众关心政治讲政治、发展党员发挥先锋队作用，从优秀工人中提拔干部等；要进一步建立健全职工代表大会制度，全面落实职代会职权，逐步实现民主管理程序化、制度化；围绕如何提高经济效益广泛发动群众开展合理化建议活动，创造更多更好更有效的实际形式使群众能更广泛、更直接、更经常地行使应有的权利，充分调动工作的积极性、自觉性、主动性，创造出更高的管理效益、经济效益。

3. 抓住新机遇迎接新挑战，加强领导班子建设，调动各方积极性，让群众都来关心企业命运。最重要的依然是建立起按劳取酬合理分配机制，分配向一线工人和有贡献科技人员倾斜，使职工劳动报酬与劳动贡献挂起钩来，建立起职工与企业、劳动者与经营者利益共享、风险共担的机制，形成“企业盈我盈、企业衰我穷、企业败我失业、振兴企业人人有责”的氛围，从体制上保证职工主人翁地位和权利。要适应建立社会主义市场经济体制基本要求抓住机遇，不断改革企业经营机制和运行机制，加大改革力度以提高经济效益。

4. 在企业所有权上应当建立多种具体制度和操作机制以保证企业职工对于企业的一份所有权，切实发挥职代会对于企业资产的监督管理作用，充分发挥工会对于职工权利的代表和维护作用。在企业管理上应当建立健全一整套吸引和保证职工参与民主管理的体制和制度，让职工在参与民主管理中体会主体地位，增强主体意识，调动主人翁积极性，提高经济效益。无论进行产权制度改革的企业还是强化内部管理的企业，其干部都应自觉地置身于职工群众民主管理和监督之下，防止和克服任何脱离群众、以权谋私现象，这是任何企业改革中都必须遵循的原则。

5. 加强企业党的建设，做好职工思想政治工作。在发展社会主义市场经济条件下抓好经济工作的同时切实开展思想政治工作，促进精神文明建设。在企业困难时，积极开展“重振雄风”活动，焕发“严、紧、细、实，勇争一流”的企业精神，鼓舞职工战胜困难；在企业形势好的情况下针对自满情绪，教育职工居安思危，开展“主人翁”工程和各种形式的立功竞赛活动，鼓励青年岗位成材，树立和表彰先进人物，有力地促进经济效益的提高。思想觉悟不能自发产生，要全面深入学习马克思列宁主义、毛泽东思想、邓小平理论、“三个代表”重要思想，树立科学发展观，认真学习习近平新时代有中国特色社会主义思想，从根本上提高职工政治素质和技术素质，职工工作的积极性和创造性才有强大的源泉。职工群众主体素质全面增长是职工群众主体地位和主体作用得以实现的基础，应把全面提高职工素质作为企业深化改革不可或缺的重要内容。

第三节　新时期提高经济效益的关键

根据“十六”大制定的《国家中长期科学和技术发展规划纲要》中提出了我国科技发展“自主创新、重点跨越、支撑发展、引领未来”十六字方针[28]。应该清醒地看到，我国经济社会发展面临许多突出问题，经济结构不合理，质量和效益不高，特别是能源资源和环境的制约日益严重。解决这些问题，实现经济社会全面协调可持续发展，必须依靠科技进步和创新找出路、找办法。[29]这就清楚地表明科技进步和自主创新是提高经济效益的关键。

一、提高竞争力需要自主创新

企业是建立在高度科学技术基础上，企业的发展极大地依赖于科技的力量，通过不断提高创新能力向产品要质量、要品种、要经济效益、要发展后劲，这是企业走向兴旺发达的必由之路。所以科技发展自主创新是提高经济效益的关键。

（一）自主创新的涵义

科学的目的是为揭示物质运动的规律性。物质运动的规律性是客观存在的，不以人们意志为转移，科学活动不过是发现其中的规律性。而当人们发现电磁感应规律时并未意识到这一发现对社会生产力的变革、对产业革命的巨大作用。这说明科学并不直接就是生产力。科学要以技术为中介才能转化为直接生产力。科学与技术的关系就是发现与发明的关系，是认识世界和改造世界的关系。人们通过科学与技术的发展进步来提高劳动生产率水平。“自主创新就是从增强国家创新能力出发，加强原始创新、集成创新和在引进先进技术基础上的消化吸收再创新。”[30]尽快实现生产的科学技术现代化，即以高新技术更新改造企业，创造出更高社会生产力提高经济效益，这是我国在新时期重点研究课题。马克思说：“各种经济时代的区别，不在于生产什么，而在于怎样生产，用什么劳动资料生产。劳动资料不仅是人类劳动力发展的测量器，而且是劳动借以进行的社会关系的指示器。”[31]这说明劳动资料尤其是劳动工具是科学技术和生产力的核心。改革开放后我国企业通过科技改造和技术引进把最新科技成果应用于生产各个领域（产品、设备、工具、工艺、原材料、能源、厂房建筑等），改变了落后的生产技术面貌，极大的促进了经济效益的提高。由于一个国家的不同地区、各个国家的科技发展水平十分不平衡，客观上要求互相学习、互通有无。据统计世界上任何一个先进国家对科学技术的贡献均不会超过 25%。即使科技水平比较高的美国、日本等发达西方国家也要引进先进科学技术以促进本国科技水平。虽然通过引进先进技术使我国以最快速度和在最短时间内迅速提高了生产科技水平，缩短与国际水平的差距。节约了大量自我开发时间和研制费用，直接应用最新科技成果。据日本从 1950 ~ 1977 年的统计，25 年中国引进技术 26000 项支出 7.7 亿美元，只占国外对这些技术从发明到使用所花费的直接和间接费用总和的 1/30。战后的日本工业生产的增长 70% 左右靠引进技术，其经济效益是引进费用的 10 倍。[32]我们不掌握核心技术，没有自主知识产权，就会受到国外技术的控制，给提高经济效益带来诸多困难。

（二）自主创新的重大意义

科学技术是生产力，马克思说：“生产力里面也包括科学在内。”[33]马克思还说：“劳动生产力是随着科学和技术的不断进步而不断发展的。”[34]马克思还认为科学技术是生产力：“是一种在历史上起推动作用的革命的力量。”[35]我国建设社会主义市场经济的目的就是赶超西方发达经济国家的物质技术基础，提高国家综合竞争力。那么，促进科技发展提高自主创新能力，首先是提高劳动生产率实现高效益发展的先决条件。发展新技术、新设备、新工艺、新材料、在生产中推广应用微电子等高新科学技术已成为不可阻挡的世界潮流。与此相联系企业劳动生产率、经济效益的提高也日益依赖于科技发展。西方发达国家的生产增长越来越依靠科技进步。据西方发达国家统计，劳动生产率的提高有 60% ~ 80% 是靠高新科技成果取得，这也可从日本国民生产总值增长统计中得到验证。

表 6-1　日本国民生产总值增长统计表[36]

年份	国民生产总值年平均增长率 %	其中靠科技进步的增长率 %	科技进步在全部增长值中所占比重 %
1955—1960	8.7	1.7	19.5
1961—1965	9.7	2.4	24.8
1966—1970	11.6	4.4	37.9
1971—1975	8.6	4.0	47.1
1976–1978（预测）	5.8 ~ 6.2	3.9	61.2 ~ 62.9

资料来源：1981 年日本科技白皮书。

据有关部门估测，我国工业生产增长总值中有 26% 左右也是靠科技发展因素所取得的。其次，科技发展和自主创新是搞好技术改造实现内涵扩再生产的重要途径。通过科技发展和自主创新可以从根本上改变我国生产技术落后面貌、持续稳定协调地发展经济，为提高经济效益提供保障。当然为尽快填补企业技术缺门做好技术引进工作也是提高经济效益的有效手段。邓小平说得好："实行关闭政策的做法对我们极为不利。"再次，科技发展和自主创新是不断完善技术结构促进产品结构合理化加速实现现代化提高经济效益的客观要求。随着经济不断发展，生产分工越来越细，专业化协作愈来愈发展，新产品不断涌现出来，产品结构要求日趋合理化。当今经济社会更是瞬息万变，只有抓住我国经济社会发展的重要战略机遇期，深化改革扩大对外开放跟上市场经济形势发展上水平上档次，才能更快提高经济效益。最后，科技发展和自主创新是迎接市场经济新形势、经济全球化和世界经济一体化的新挑战。随着经济不断发展，企业产品结构、技术结构及企业管理等都会带来很大变化，技术、市场竞争日趋白热化。必须依靠自主创新、科技发展提高产品质量增加花色品种推进产品更新换代，全面开发和综合利用自然资源，开发新材料、新工艺、新能源以减少对自然资源的依赖程度，提高企业在市场经济中的竞争应变能力迎接世界经济一体化的新挑战。

二、促进科技发展自主创新必要性及工作实践

我国尽快转到依靠高新先进技术提高经济效益的轨道，必须促进科技发展提高自主创新能力是关键所在。这是经济建设的重要指导思想，关系到我

国经济能否持续、稳定、高速增长和发展的重大战略问题。不追求世界一流的先进科学技术，想赶上世界经济潮流是根本不可能的。不提高自主创新能力依靠科技发展，全面建成小康社会，使我国成为中等收入国家就不可能在较好提高经济效益前提下实现。

（一）不断促进科技发展提高自主创新能力能够提高经济效益

在现代经济发展中科技、资本与管理并称为经济增长三大要素。科学技术是第一生产力。改革开放的总设计师邓小平说过："马克思讲过科学技术是生产力，这是非常正确的，现在看来这样说可能不够，恐怕是第一生产力。"他又说"对科学技术的重要性要充分认识。"[37]依靠科技发展通过提高自主创新能力出效益、出速度、出水平。提高自主创新能力就要坚持继承、借鉴、创新与发展相结合的原则，重视和发展科技效应，努力开发科技资源，大胆引进发达国家先进科技，尽快赶超世界先进水平，生产出适合国内外市场要求的有竞争力的商品。马克思说："缩短生产时间的主要方法是提高劳动生产率。"[38]劳动生产率的提高能用较少的劳动量生产较多的使用价值，从而提高经济效益。

（二）促进科技发展提高自主创新能力提高经济效益的工作实践

从大量调查材料可以证明经济效益的高低取决于经济发展和自主创新能力的贡献。通过分析比较可以发现两种反差较大的现象：凡是前几年没有进行技术改造或技术改造少的企业目前的处境就比较艰难，缺少活力，经济效益比较低；凡是前几年技术改造抓得紧，特别是注重健全完善科技进步机制和战略规划并且常抓不懈的，企业就充满生机、游刃有余，经济效益就比较高。中国轻骑集团 1995 年综合经济实力已跨入摩托车行业世界六强。为什么一个默默无闻、不起眼小厂而超常规发展？关键就是扩大生产规模的同时紧紧抓住科技进步这根弦，在两个根本性转变道路上进行有益探索和尝试。他们依托技术进步加快产品更新换代、迎接新挑战。轻骑集团通过引进日本铃木公司摩托车生产设备及生产技术，使轻骑集团一举跨越三十年产品接近国际水平。轻骑集团还投巨资兴建研究设计院，经国家级技术中心评审成为国内技术较为先进的单位之一。自"七五"以来轻骑集团投入技改投资已近 10 亿元，引进了西欧、美国、韩国、中国台湾的技术，并在引进基础上不断消化、吸收和改造使之成为国产名牌。20 世纪结束前已投入 18 个亿进行技术改造，现在轻骑已形成 100 多个产品品种。技术引进的吸收发展不仅从根本上提高了轻骑的产品质量，改造了企业装备，而且增强了开发研制能力，奠定了轻骑这一名牌的良好形象。他们还以效益最大化促进企业两个根本性转变。在发展过程中始终围绕市场进行运作，以最少投入获得最大产出这一效益原则组织生产等各项工作。在扩大规模、推进技术进步过程中也使增长方式向集约化方向转变。他们通过优化生产要素在企业内的配置挖掘生产潜力形成规模经济。降低成本是实现企业两个根本性转变的重要一环。经验证明只要紧紧抓住科技进步不放，不断提高自主创新能力就能提高产品质量和技术含量，增强市场竞争力和企业发展后劲，尽快扭转被动工作局面提高经济效益。

三、自主创新存在的问题

目前我国科技水平同发达国家相比还存在较大差距。[39]促进经济效益提高需要从国情出发，认清我国科技发展优势、不足和潜力，不断加大技术改造力度，增加科学技术研究投入，提高企业产品质量，促进产品结构升级，是实现经济增长方式转变，提高经济增长质量和经济效益的关键。近年来我国科技发展和自主创新能力通过多种渠道得到长足发展取得显著成效，但也存在很多问题，主要表现：

（一）促进科技发展提高自主创新能力缺乏应有动力

一方面长期形成的重投入轻产出、重数量轻质量、重速度轻效益的传统观念还存在着惯性，缺乏促进科技发展提高自主创新能力的自觉性和紧迫感。有些人没有充分认识到自己科技水平落后，更不了解本行业的世界先进科技水平。另一方面企业还没有真正成为推动科技发展的主体，缺乏追求创新能力的内在动力。有人认为企业进行科学研究投资额较大、周期较长、短时间内经济效益很难提高不愿搞。这种只顾眼前利益想不到长远利益的做法，到头来眼前的经济利益也保不住，失去大发展的机遇。

（二）缺乏综合平衡存在低水平重复建设现象

一是缺乏综合论证，有些项目前期准备工作不成熟，不能确保技改项目的科学性，技改总规划还未审定，没进行有效的可行性研究，仓促上马。发现项目存在问题已悔之晚矣！江苏铁木公司就是示例。二是不从实际出发实事求是，没有充分发挥现有资产的使用效率，热衷于铺新摊子上新项目试制新产品，结果投资大见效慢。甚至有些领导人为达到出国旅游之目的，借出国考察技改项目之名，行个人吃喝玩乐之实。这不是危言耸听，腐败之风已侵入到有些企业领导人思想之中。

（三）国家对科技发展投资偏少，提高自主创新能力的支持力度不够

在“抓住机遇、深化改革、扩大开放、保持稳定、促进发展”方针指引下，为改善投资环境比较重视基础工程的建设。如交通建设等项目投资大，国家花费了大量人力物力财力。当然这些建设非常必要，但资金是有限的，造成企业技改资金不能及时定额落实，造成企业挤占和挪用生产经营流动资金、拖欠银行贷款的现象普遍存在。企业流动资金短缺造成资金周转困难，生产流程中断、停工停产现象偻见不鲜。

（四）金融对科技发展提高自主创新能力的信贷偏少支持力度不够

国家不断加强对经济的宏观调控，技改贷款增量很少增加。银行普遍侧重于企业流动资金贷款的发放和管理，而对技改贷款的投放不太重视。从中央到地方思想上都已经认识到“科学技术是第一生产力”，但从行动上却做得很不够。当然这里面有很多客观原因。今后国家一定要加强科技发展贷款管理，全方位为科技发展自主创新服务。金融部门要加大技改贷款在固定资产贷款中的比重，把支持企业扩大再生产的重点放在提高自主创新能力上来。

四、工作着眼点

有关资料表明现在仍有60%的企业技术水平处于落后状态，我国二元经济结构现象大量存在；大中型企业设备落后和长期服役的还占近50%；软件技术和人才引进开发上也存在很大差距。“科技救国，科教兴业，技改救企”已被实事证明的真理。在推进改革促进发展提高经济效益过程中，如能大大促进科技发展，大幅度提高自主创新能力，提高经济效益大有希望。

（一）转变思想提高认识

“自主创新是科技发展的灵魂，是一个民族发展的不竭动力，是支撑国家崛起的筋骨。”[40]企业改革要紧密地与科技发展结合起来，调整结构的同时加大自主创新力度。要探索多渠道解决科技投入资金的途径，以有限投入带动存量结构调整，充分发挥现有优势和效益，逐步提高企业科技贷款在新增投资贷款中的比重。

（二）建立健全科技发展体制自主创新机制调动科技人员积极性和创造性

“在市场经济条件下企业在技术创新中具有无可替代的地位和作用。”[41]深化科技体制改革、促使科研成果向生产转化等方面都要抓紧抓实，真正抓出成效。使企业的每位员工都感到“机遇与压力并存”。企业要为有志者创造一个施展才华的良好舞台，要不拘一格地对人才进行培养和使用，加速科技人才的脱颖而出。作为主管部门要积极主动为企业科技进步提供条件，特别是要与企业共同抓好资金筹措，确保资金投入，加快技术改造和技术开发，引导企业追求科技效益。同时把好项目引进和论证关使每个项目都发挥出预期经济效益。

（三）找出差距制订规划利用一切可利用条件进行自主创新

“重点跨越，就是坚持有所为、有所不为，选择具有一定基础和优势、关系国计民生和国家安全的关键领域，集中力量，重点突破，实现跨越式发展。”[42]尤其老企业要对照国际国内同行业先进技术水平找出自己的薄弱环节，真正使技术进步成为经济发展的主线，以此推动产品结构调整和经济效益的提高。

（四）落实责任保证实施并严格奖惩制度，确保按期完成自主创新任务

“保护知识产权，不仅是树立我国国际信用、扩大国际合作的需要，更是激励国内自主创新的需要。”[43]鼓励各种类型的发明创造，抓技改要敢于冒险，只要市场销路好就会带来较好的经济效益。

（五）科技发展常抓不懈，自主创新必须大刀阔斧

着眼长远部署基础研究和前沿技术。不断探索新的发展方向提高持续创新能力，使科技成为经济社会发展的主导力量。[44]培育企业具有自主知识产权的高技术产品，带动产业结构优化；引导企业攻克一批具有全局性的关键技术，掌握一批关系国计民生的核心技术，比如芯片、航空发动机、光刻机等，使国家整体经济效益提高，以此提高我国的国际地位，增强民族自信心和自豪感。发展高新科技产品是大幅度提高劳动生产率，成为提高经济效益的关键。

第四节　新时期提高经济效益的核心

一、研究市场提升竞争力

新时期研究市场提升竞争力成为提高经济效益的核心。

（一）深刻领会市场的涵义

市场是商品和劳动进行买卖的场所，是实现商品交换关系的总和。马克思早就告诉我们，只要有商品生产和商品交换存在，就离不开市场，市场是联系生产和消费的纽带。不论是资本主义经济还是社会主义经济，市场都有一个共同的特点就是以消费者的需求为中心。美国人说，是由交易程序导致满足需要和欲望的人类活动。英国人说，企业要生存、发展和盈利必须有意识地根据消费者需要和潜在需要安排生产。日本人说，在满足消费者利益的基础上研究如何适应市场需要而提出商品或服务的整个企业活动。社会主义市场就是在遵守国家法律法规前提下运用市场变化的规律创造消费者满意的商品和服务以满足社会日益增长的物质文化生活需要而进行商品和劳务买卖的活动场所。

满意的商品就是企业适销对路的产品、用户乐意购买的商品。它具有动态性，会随着社会经济的发展和人民生活水平的提高而不断发生变化，今天是适销对路的商品，可能到明天是滞销商品。所以必须充分研究市场，通过市场调查、市场预测，搞清市场的需要和潜在需要，从经营决策、产品设计、产品制造、供应、销售等一系列工作中，按照用户的需要，保证生产出消费者满意的产品。同时必须制订正确地价格策略、推销策略和广告策略及加强售后服务工作。如果不重视研究流通过程中经营策略和经营手段，就会出现即使是消费者需要的产品，也有可能因找不到消费者而推销不出去，甚至造成积压和浪费现象。所以必须具有创新精神，包括产品创新、工作创新和服务创新，才能使得企业有活力提高经济效益。实践证明只要能正确对待用户，为用户提供优良服务，全心全意为用户服务，就会取得更多用户，企业就能取得较好的经济效益。

正确树立市场营销策略提高经济效益是一个复杂过程，涉及整个生产经营活动，主要内容包括：一是寻求市场机会确立目标市场。这是确立发展方向的前提条件，包括市场观念、市场结构、市场需求、市场细分化、市场调查和市场预测等。二是市场经营系统模式。这是运用系统观念充分掌握市场经济变化规律，使经营目标、内外部环境实现动态平衡，并运用有效策略和手段，以取得良好经济效益。三是产品策略。为保证产品成为消费者满意适销对路的产品而采取的策略，包括产品寿命周期理论、新产品开发、产品组合策略、商标广告与包装策略等。四是价格策略。价格是市场营销中最重要的策略和手段之一，包括价格与市场供求关系、制订价格的基本方法、新产品订价策略及价格管理等。五是销售渠道管理策略。它是把商品从企业转送到消费者手中的具体过程，包括销售渠道的结构形式，正确选择销售渠道、批发商和零售商的主要功能等。六是促进销售策略。主要促进和影响人们购买商品行为的各种方法和手段，包括人员促销、广告策略、营业推广、公共关系及各种有效的推销方法。

（二）企业研究市场的必要性和重要性

企业研究市场是对市场经营的全过程进行调查、研究、分析和预测，以此作为领导决策的重要依据，是市场调查和市场预测统一过程，更好的为生产经营决策服务。市场调查主要是掌握市场的过去和现状，市场预测是根据过去和现在的信息资料去推测市场未来的变化趋势。二者是相互联系和相互依存的，前者是后者的基础。制定经营决策前必须充分了解市场的过去、现状和未来变化情况，研究市场的主要工作就是为解决这一重要任务提供系统的信息资料和科学的方法。否则，离开市场研究盲目进行决策或计划生产，必然使生产的产品不能适应市场，造成产品滞销导致极大浪费。

研究市场的基本任务就是要保证生产出适应市场需求的产品并保证取得最佳的经济效益。具体地说，要在复杂多变的市场竞争形势下努力寻找适宜的产品、数量、价格、商标包装、时间、地点、销售方式及利润，创造出较高的经济效益。“适宜”就是要使国家、消费者和企业都达到满意的目的，也就是在国家法律政策法规指导下努力创造消费者满意的产品并使企业取得适宜的利润使得企业持续地提高经济效益。研究市场是项十分复杂的工作，必须连续地进行，不断搜集各种信息提供新的市场情报资料，从而保证不断提高经营决策水平，减少失误，以提高经济效益。

（三）研究市场的主要内容

研究市场涉及到企业生产经营的全过程情况复杂多变，内容范围广泛，在生产经营中可能遇到的问题一般都需要通过研究市场，摸清具体情况，一定要从实际出发，具体问题具体分析，针对实际问题提出自己的市场研究内容。研究市场的主要内容包括：一是对消费者（用户）的研究；二是对市场需求的研究；三是对产品的研究；四是研究确立何种销售策略。限于本书的研究对象对研究的内容不再具体叙述。这里强调的是必须在研究上具有自己的特色，时刻围绕提高经济效益探索新的研究目标、任务和具体措施。

二、注重研究市场基本类型及健全工作系统

（一）确定研究市场的基本类型

研究市场是项细致而具体的工作，有一个逐步深入和发展的过程，必须具体问题具体分析采取灵活机动的经营战略，正确选择市场研究类型和方法。主要包括三类：一是探讨性研究，它是对市场不很清楚或一无所知情况下要设法找出应该研究什么问题。二是描述性研究，它是在已找出市场问题中如何正确地去说明问题。这项研究要比探讨性研究更为详细、具体，要把已经找出的问题进行详细的说明。三是因果性研究，它是在描述性研究的基础上进一步研究已具体说明的问题与各种相关因素之间的因果关系。描述性研究一般仅是现象的分析没有进行质的探讨，搞清造成这种现象的原因就必须进行因果性研究，因果性研究是领导决策的一个非常重要的环节。三项研究相互联系、相互制约、逐步深入，探讨性研究主要是指出、发现问题，描述性研究主要是说明问题，因果性研究主要是分析问题的原因，为进行经营战略决策和解决问题提供科学的依据。

（二）大量收集研究市场的信息资料

研究市场的信息资料是指利用各种科学技术手段对市场进行调查和预测所获得的经过归纳整理的大量原始资料。研究市场信息资料的主要来自三个方面：一是单位内部的资料，要充分利用这部分资料，因这花费少收效大。二是单位外部的资料，这是第二手资料来源广泛，但要精心整理和挑选。三是通过实际调查得来的资料，这是项艰巨复杂费时费力的工作，实际调查的范围很广、方法很多，这就要求必须根据具体情况制定调查计划，明确调查范围确定调查方法做出调查费用预算，以较少的时间和费用取得较好市场调

查效果。

（三）健全研究市场的工作系统

研究市场的内容十分丰富，信息来源非常广泛，没有一套完整的市场管理系统和组织机构，研究市场的工作往往流于形式不能充分发挥应有的作用，提高经济效益就会变成一句空话。主要包括：一是单位内部的工作系统，它是单位内部各部门对在财务会计上已发生过的信息资料进行及时科学地汇总、分析、整理和处理的工作系统。二是市场环境工作系统，它是单位外部环境发生变化所带来的各种信息情报资料如国家重大经济政策调查、消费者需求变化情况、竞争者情况、供应条件变化情况、销售渠道变化和发展情况及国际市场有关信息资料等收集整理工作系统。收集这方面资料范围广、难度大、要求高，更要加强系统的组织与管理。三是建立专门机构、配备专职人员成立市场经济信息研究中心。国外大型企业一般都设立研究市场的组织机构，机构规模及具体形式没有统一模式，一般根据实际需要和具体情况而定。通过各种手段获得十分繁杂的情报资料，必须加以整理，然后交给企业领导人，以便节省时间，迅速做出经营战略决策。

三、研究市场方面存在的问题

产品的根本出路在于市场，要提高经济效益必须在研究市场上下功夫。企业最怕产品不适销对路边生产边积压，不仅无法实现其经济效益，且占用大量资金使资金运转不灵，背上沉重包袱。造成这种状况的原因很多，但缺乏市场研究是重要因素之一。存在的问题主要有：

（一）缺乏良好信息管理系统，信息不对称造成决策失误，使产品不能适应市场，造成产品滞销

社会信用缺损，市场秩序比较混乱。一些部门和地方政府干预经济活动，不仅扰乱市场经济秩序，而且导致政府公信力下降。

（二）研究市场缺乏韧性不能很好的适应市场

现代企业管理科学把战略决策视为管理的核心。战略决策既是企业能否实现效益最大化的关键，更是事关企业的成败兴衰。而正确的战略决策应建立在对市场充分了解分析研究上，只有这样才能使生产的商品顺利地进入市场到达消费者手中。

（三）被动地适应市场既不能主动占领市场也不能积极开拓市场

许多企业面对日趋激烈白热化的市场竞争不能很好地接受市场经济的挑战，一味地跟着捷足先登者占领的市场转。国有大企业改革难度加大，垄断领域的改革相对滞后。

（四）没有精心研究销售方式促销手段及销售服务，仅满足于普遍的方式、方法、不能充分引起广大消费者的高度重视

充分研究市场必须重视研究市场竞争，应该审时度势知已知彼，掌握市场信息做好市场分析。只有在掌握大量信息的基础上做好市场分析，才可能抓住先机迈出成功的第一步。“知己知彼，百战不殆”。制定完善的市场推广计划。CI策略在中国已经风行，“CI”设计在市场经济中扮演着重要角色。所谓“CI”战略就是当今流行于发达国家的一种现代广告经营谋略即统一视觉识别（CorporateIdemtity），是指企业用于市场竞争的一切设计须采取一贯性的统一视觉形象并通过广告及所有媒介加以扩散有意识地造成个性化的视觉效果以便唤起尽可能多的广告对象注意：我们的企业是著名的，我们的企业决策是著名的，我们的产品也是著名的，从而使其知名度不断提高，创造品牌效应发挥品牌效应。一个企业在市场上要打一场规模宏大的商战必须创造一个著名品牌。市场是商品流通的媒介，是经济效益的最终体现场所。看透市场、开拓市场，研究市场、占领市场，最终达到驾驭市场是提高经济效益的根本出路。反之，市场意识淡薄不研究市场动向甚至丢掉市场，这就等于丢掉了经济效益。

四、研究市场工作对策

在社会主义条件下实行市场经济是前无古人的事业，没有现成的经验可循。但是只要深入实际坚持调查研究，善于发现和总结在改革实践中创造的各种有益经验，就能找出研究市场的工作对策，经济效益就能提高到一个新水平。

（一）不断更新观念树立大市场大流通和生产与流通并重的观念

要高度重视产品营销工作，真正把研究市场工作放到事关企业兴衰的位置上来对待。建立高效灵敏的信息网络系统。市场经济千变万化，要真正了解它、掌握它须眼观六路，耳听八方。除了运用现代化通讯技术、提高信息

处理水平外，还要通过各种方法搜集信息。

（二）竞争是市场经济有效性的最根本保证

市场机制优胜劣汰，迫使企业降低成本、改善管理，提高效率。但竞争必须有效，否则也很难取得良好的效果。所以企业要勇敢面对竞争，按市场经济要求进入进入竞争市场，占领市场。

（三）面向市场不断主动出击，寻找市场不能被动地去适应，而应该主动地去开拓

重视产品广告宣传所起的作用，企业忽视广告宣传就漏掉了研究市场的一个重要课题。建立健全质量管理体系，为开拓占领市场奠定基础。在企业求生存产品寻找市场过程中要始终清醒地认识到产品要占领市场，质量是首要条件。一个卓越的产品没有市场会有市场；一个低劣的产品一时有了市场也会最终丧失市场。“质量是企业的生命”这种观念应牢牢地贯串于企业的整个生产经营管理活动之中。

（四）要善于追求与众不同的市场策略

市场经济体制不断发展完善，商品竞争愈演愈烈。在这样的情况下要在产品市场中争得一席一地，追求与众不同的市场策略不失为一种克敌制胜的法宝。许多企业在市场竞争策略上总是邯郸学步，走不出自己的独特发展之路，失去提高经济效益的机遇。作为企业的经营管理者应该知道追求“与众不同”市场策略，探究商品与服务的特色化是企业奋斗的目标也是消费者需求变化的主旋律。随着社会主义市场经济体系的不断完善，促进生产要素合理流动及资源合理配置，只有不断研究市场开拓市场从而占领市场，经济效益才能得到提高，企业才能立于不败之地。

第五节　新时期提高经济效益的重心

提高经济效益是在环境得到有效保护及资源得到合理配置和有效利用的前提下，要争取以尽可能少的土地、劳动、资本、管理等生产经营要素的占用和耗费，取得尽可能多的有利于构建和谐社会符合人类经济社会持续、健康、稳定增长和发展的满足人们合理需要符合标准质量的生产经营成果。深化改革提高经济效益面临着各种各样的矛盾和问题，找出解决问题的重心非常重要，充分挖掘内部潜力就是提高经济效益的重心。

一、挖掘潜力建设节约型社会

20世纪头20年是我国经济社会发展的重要战略机遇期，按社会主义市场经济的要求，我国要建设创新型国家。依靠科技进步和加强管理提高管理科学水平，提高能源资源利用率，充分挖掘内部潜力走集约内涵型发展道路，建设节约型社会成了我国提高经济效益的重心。

表6-2　不同经济增长方式对比表

经济增长方式	具体内容	结果
粗放型 （外延型）	靠增加投资、扩大生产规模， 增加人员设备来增加经济总量	投入多 产出少
集约型 （内涵型）	生产规模不变，主要依靠采用 新技术、新工艺，提高劳动生产率降低生产成本来增 加经济总量	低投入 高产出

注：集约型的经济增长方式是将经济建设转移到以经济效益为中心的轨道上来，切实注重经济增长的质量和可持续发展。

二、挖掘内部潜力提高经济效益的现状与必要性

多年来很多企业连年损亏，造成经济效益滑坡，这固然有多方面的原因，但管理水平低，管理急需挖潜，物耗能耗大，也是一个非常重要的因素。通过多年来的治理整顿，加强宏观调控，我国的经济呈现出稳定发展的好势头。在建立社会主义市场经济体制过程中，为促进经济发展，转变政府职能，改变工作态度与作风，通过对财政、金融等重要经济领域的改革，企业的外部环境已经大大改观。在这种新形势下，要提高经济效益更应把立足点放在内部管理上，在增强内功挖掘内部潜力上下功夫。这既是增强企业活力、提高经济效益的重要途径，也是企业永远立于不败之地的根本保证。

经济专家测算国有企业通过加强管理，若质量合格率提高5%，成本下降5%，资金周转加快5%，那么企业整体经济效益就能提高30%左右。另据有关经济管理部门对2500余家国有经济效益差的企业调查，其中80%以上是

因经营管理不善造成的。反过来说，如果对症下药加强管理，这些企业不仅能够扭亏，而且能够增盈。这两种数据说明挖掘企业内部各种潜力是巨大的，能不能充分挖掘内部潜力情况会大不一样。从部分产品成本构成看，仅原材料一项所占产品成本的比重就高达 75%。这不仅说明一些产品技术含量不高，而且说明降低耗费的潜力很大。实践证明，如果企业在节约降耗上下很大功夫，那么经济效益必将会有较大幅度的提高。

由于我国科技水平低，产品科技含量低，高能耗现象严重。1980 年我国吨钢耗能平均为 1.3 吨标准煤，而国外只有 0.68 吨标准煤，我国比国外多耗能 91%。我国平均每吨合成氨耗能为 2.8 吨标准煤，而国外只有 1.3 吨标准煤，我国比国外多耗能 2.2 倍。活劳动消耗上日本劳动生产率价值指标比我国高出 8.3 倍到 50.8 倍不等，平均为 21.6 倍。这说明可挖掘的潜力十分巨大。

三、充分挖潜措施

有一段时期部分人认为经济效益下滑是由于外部环境不好造成的，企业有自身“无力回天”的思想，因而一度放松加强内部管理和挖掘自身潜力的努力，造成了很大浪费。挖掘企业内部潜力，充分利用一切可以利用的企业内部资源提高企业的经济效益。比如利用档案信息为设备改造和技术进步服务，利用档案信息为改扩建服务，会大大促进了工程建设，档案信息的开发利用，成为领导决策的重要依据。

（一）树立科学发展观理清思路

有的认为上一个“项目”就增加一块利润，要一个“政策”就凭添一块效益，何苦要在内部管理、挖掘潜力上下功夫。其实以管理混乱、质量低下、浪费严重为代价，换来的“项目”，往往有速度无效益。这般教训不胜枚举，必须弃旧图新以市场为导向狠抓管理，通过提高经济运行质量来增加经济效益。要树立集约高效的发展理念，充分挖掘潜力，不断增强经济实力，挖掘潜力增效益，通过科学规划，挖掘资源最优利用的最大空间。

（二）建立健全企业内部经济责任制狠抓基础管理工作

企业在成本管理、质量管理、设备管理、物资管理等方面必须依靠严格的制度来堵塞漏洞，杜绝浪费。目前中国企业在成本管理与控制等方面存在很多问题，如格兰士公司给我们的启示是系统的全面优质营运，建立健全企业战略成本管理系统，包括战略性的成本管理、策略性的成本管理、经营性的成本管理。找出成本管理有效的方法，探讨企业成本管理中各模块有效降低成本的做法，包括整体性成本控制与降低、制造成本规划与控制、销售费用规划与控制、人事费用规划与控制、采购成本规划与控制、管理费用规划与控制、研发费用规划与控制、财务费用规划与控制等。通过成本计算可以全面分析各项费用支出的升降情况及原因，从而挖掘潜力、寻求节约支出、降低成本和提高经济效益的途径。通过成本计算，可以为及时有效地监督和控制生产经营过程中的各项费用支出，争取达到或超过预期的目标。

（三）加强现场管理用科学的岗位操作规程、工艺流程、标准和方法，对生产全过程进行有效的计划、组织、协调和控制

向管理要效益是企业提高经济效益永恒不变课题，经济效益是企业整体素质的反映，是多项因素的综合效应。实行成本管理战略是提高经济效益的重要因素之一，应从方方面面去挖掘潜力。采取相应措施抢抓市场主动权，把人力开拓市场作为增创效益的关键。在稳定巩固老市场的基础上，以大城市为主辐射周边地区，规划市场布局，调整营销网络策略，调整产品结构，把满足市场不同消费层次需求作为提高经济效益的主攻方向。增加全体职工的质量意识，实行全面质量管理。层层建立质量责任制，坚持不懈地提高产品质量，拿出质量高、功能全的优质产品来。应该是制度全，标准高，执行严。狠抓以人为本的企业内部管理。引入竞争机制实行平等竞争全员聘任，管理人员经过考核、择优上岗，改革人事制度。实行科学合理的分配制度，按照责任大小、劳动强度、作业环境、技术难度、工作负荷、安全保障、人才负荷、安全保障、人才流向等七大因素，确定分配向四个方面倾斜。即向一线工人、科技人员、管理干部、营销人员倾斜。

（四）加强科学管理依靠科技进步充分挖掘潜力

企业要积极改革内部机制，通过加强管理和依靠技术进步来挖掘潜力，来提高经济效益。以提高经济效益为中心，转变经济增长方式，始终是经济体制改革的重要环节。各级政府应当坚持少对企业进行不必要的行政干预，努力为企业搞好服务，积极创造良好的外部条件。

当前企业面临的大环境正在改变，整个经济形势已经向好的方向转化，尤其是从中央到地方都把增强企业活力、提高经济效益提到重要议事日程上来，并采取一系列政策、优惠措施。这就为充分挖掘企业内部潜力，提高企业经济效益创造了良好条件。只要充分发挥主观能动性，紧密结合本企业实际，切实采取有利于自身发展的措施，企业就能搞活，就一定能够将企业的经济效益提高一大步。

第六节　新时期提高经济效益的重要课题

经济的高速增长和快速发展总是伴随着经济结构的高变动率已是现代经济增长区别于以往经济增长和发展的显著特征之一。经济结构的变动总是伴随着经济效益的不断提高而发生大的变化。在经济理论与实践中人们发现存在下列良性循环关系：社会经济结构合理－生产效率提高－经济效益提高－经济高速增长－人民福利水平提高－社会经济结构合理－生产效率提高－经济效益提高－经济高速增长……由此可以看出社会经济结构是否合理影响者经济效益是否优异，调整不合理的经济结构成了提高经济效益的重要课题。随着中国加入WTO以后将更加积极地参与经济全球化，适应经济全球化不断发展，外向经济成为提高经济效益的必然趋势。

一、调整不合理产业结构

（一）只有产业结构合理和优化才能取得良好经济效益

产业结构主要是指在社会再生产过程中第一、第二、第三产业之间的比例关系。社会经济结构主要有产业结构、产品结构、消费需求结构、就业结构、所有制结构等。在制约着经济增长的社会经济结构中，产业结构具有特别重要的地位，它在很大程度上决定着产品结构、需求消费结构、就业结构等，并对所有制结构、技术结构等有着重要的影响。只有产业结构合理和优化才能实现经济总量的平衡，从而也才能取得良好的经济效益。

表 6-3　部分年份各国各地区产业结构变化表（1980–1998）

国家和地区	国内生产总值（单位：百万美元）		国民生产总值的构成（%）					
			农业		工业		服务业	
	1980	1998	1980	1998	1980	1998	1980	1998
阿尔巴尼亚		2460	36	63	45	18	21	19
澳大利亚	160110	364247	5	3	36	26	98	71
比利时	119938	247076	2	1	34	27	64	72
中国	201687	960924	30	18	49	49	21	33
中国香港	28495	166554	1	0	32	15	67	85
法国	664596	1432902	4	2	36	23	62	72
印度	186439	383429	38	25	24	30	39	45
意大利	449913	1171044	6	3	39	31	55	66
韩国	62803	297900	15	6	40	43	45	51
英国	537389	1357429	2	2	43	31	55	67
美国	2709000	8210600	3	2	33	27	64	71
低收入国家平均			31	21	38	41	30	38
中收入国家平均			13	9	41	36	46	56
高收入国家平均			3	2	37	33	59	65

资料来源：世界银行《世界发展报告》（1999–2000），英文版，第 252–253 页。

通过表 6–2 可以看出，越是经济发达国家第三产业也就是服务业在国民经济产业结构中的比重就越高。英、美、澳、比等国和我国香港的服务业占 GDP 中的比重都已超过 70%，法、意、韩等国也接近 70%。而我国 1980 年才只有 21%，改革开放后的 1998 年也只有 33%，低于印度，也低于低收入国家的平均数。这时由于教育、科学、信息产业等服务部门落后，我国的工农业生产还基本上处于劳动密集型的粗放型阶段，因银行、保险、证券市场等金融服务业和商业落后，我国的商业流通费用比发达国家高出两三倍。[45]

（二）推进产业结构调整是改革的重要任务

坚持走新型工业化道路，增强自主创新能力，限制和淘汰落后生产能力，促进产业结构优化升级。巩固和加强农业基础地位，增强经济社会发展的保障能力。加快发展高新技术产业，增强对经济增长全局的带动作用。调整区域产业布局，优化产业组织结构。

（三）当前我国产业结构不合理的主要表现

2003年开始，钢铁、水泥等一些部门盲目投资，中国经济出现部分行业产能过剩。我国钢铁生产能力2005年已达到3.5亿吨，中国的钢铁生产能力比美国、日本和欧盟的综合能力还要多。[46]

产能过剩是我国经济形势中出现的新问题需特别加以重视。产生过剩的原因是什么？一是认为过剩是宏观紧缩的结果，二是认为生产能力过剩是宏观调控不到位的结果，三是认为这是经济周期的必然结果；四是认为经济投资是地方政府主导下的投资，地方政府主导投资下很难避免低水平重复建设；五是认为高投资是因为生产要素价格过低；六是现行以增值税为主体的财政税收体制，必然使各个地方政府鼓励投资。事实上以上原因的关键都是不注重经济效益的结果。

（四）如何解决及防止出现新的产能过剩？要靠注重经济效益建设提高效率加强竞争来解决

我国对外出口贸易总额中57%是外商投资企业的产品出口，但是在高新技术产品出口中87.5%是加工贸易，并没有中国人自己的核心技术和知识产权，所以基本上是赚小钱。现在主要矛盾已不是资本缺口，银行不是没钱而是找不到好项目。既要从事劳动产业，同时作为一个大国必须要推进产业升级。

二、调整不合理产品结构

产品结构不合理是经济效益不高的重要症结。产品结构不够合理，产品生产不适应或基本不适应市场需求变化，产品在市场上竟争力不强，有些行业的产品生产相对过剩，使生产销售难以协调进行必然造成存贷增多、产成品资金占用过大、资金运转不灵的实际，企业缺乏发展后劲，缺乏市场竞争力，必然造成经济效益低。所以调整不合理的产品结构是提高经济效益的重要途径。

（一）调整不合理产品结构的涵义和意义

在经济发展过程中产品生产是企业的主要经济活动，企业如何做到适应两个转变、加强生产管理？在企业生产中要适应市场激烈的竞争形势必须做到多品种、高质量、低价格、及时交货、注重技术服务等。企业产品按使用价值分为不同种类，同类产品的经济用途基本相同，但在具体性能和具体用途上还有不同程度差别。差别较大形成不同品种，较小形成不同规格、型号或花色。产品品种结构就是各种产品的产量或产值在全部产品总产量或总产值中所占的比重。企业不仅要努力增加产品产量，提高产品质量，而且要按品种、规格、花色合理组织生产；要努力扩大产品品种增加急需的短线、稀缺品种，发展高新产品填补空白，当前尤其注意提高拥有自主知识产权的升级换代产品，提高产品科技含量以提高经济效益。调整不合理产品结构就是坚决压缩不适应市场需求、没有竞争力、成本高、质量上不去、能耗大产品的生产，甚至不生产；而扩大科技含量高，高附加值、成本低、能耗少、有较强市场竞争力高精尖产品的生产。经济活动越来越要面对市场竞争，市场需要什么就生产什么，减少库存商品无疑是提高经济效益的一条重要途径。

实现我国经济发展的远大目标必须不断以高新技术装备国民经济各个部门。而高新技术往往是采用新材料，使用高新技术来生产产品。所以这就要求企业大力开发新产品加速科技进步，使我国在一个不太长的时间内赶上技术先进的国家，这已成为社会主义市场经济建设的迫切任务。随着改革开放新形势的发展和社会主义市场经济体制的完善，人们的消费倾向、结构、水平等必然发生很大变化，这就要求企业不断调整产品结构，大力开发研制新产品。为提高产品市场竞争能力，取得较高市场占有率，就必须多生产适销对路、成本低、能耗低的新产品，不断调整产品结构，使自己生产的产品在功能、装潢、使用、维修、价格等各方面都能使顾客满意。我国的产品耗能高、技术水平低、非常普通的产品大量存在，这已成为提高经济效益的严重障碍。这就迫切要求不断调整产品结构加速科技进步，主攻短线产品和体积小、重量轻、功率大、成本低、科技含量高的产品，以大幅度提高经济效益。

（二）形成不合理产品结构的原因及其调整的重要性

近年来有些企业在产品结构调整方面取得了一定成绩，但发展很不平衡。不少行业和企业依然程度不同地存在产品更新换代慢、高精尖产品少、精加工产品和高附加值产品少，特别是拥有自主知识产权的产品极少。这主要是因为：一是信息不灵，眼界不开阔。不知道调什么？怎么调整？有些企业对同行业信息知之甚少，对与国际国内先进水平的差距心中无数，调整结构自然是纸上谈兵。一个很重要的因素就是要重点抓好建立信息系统管理体系的工作。二是长期忽视市场预测和新产品开发，不注重科技发展和自主创新能力建设，拿不出替代产品，这样势必使产品没市场或生产相对过剩，怎能产生经济效益？要充分运用三项决策体系即信息系统、专家系统和民主决策系统，组织进行广泛深入调研论证，做好产品发展战略决策。三是目光短浅，缺乏战略眼光。调整产品结构、压缩老产品、开发新产品要付出代价，会遇到长远经济效益和近期经济效益的冲突。有的企业得过且过，只顾眼前不顾长远利益。超前的决策能为产品赢得市场，取得巨大经济效益。四是贪图虚荣，明知产品已没有市场，但因是“部优产品”或获过什么奖，舍不得放弃，结果造成产品积压。

（三）加快调整不合理产品结构的措施

上述做法说明存在不合理产品结构的重要症结。为创造良好经济效益就要加快产品结构调整的步伐：一是政府部门要端正思想，把调整产品结构作为提高经济效益的关键环节，加强产品结构调整的宏观研究和宏观指导，切实改变某些主管部门重产值升降轻结构调整，习惯于“催耗催种”式的管理方式，真正把注意力转移到帮助企业调整结构上效益的轨道上来。对产品结构不合理，至今还没拿出调整规划的或虽有调整规划但行动迟缓企业，要合理引导，切不可再延误时机。二是企业要立足当前着眼长远，必要时牺牲一点眼前利益。决策要果断，对明显滞销产品坚决关停并转，不能犹豫不决。起点要高，彻底改变企业产品形象，提高规模经济效益。三是调整产品结构不能作表面文章，要在高档次、高标准、自主创新上有所建树，使开发的产品具有国内同行业短期内无法仿制的较高档次的技术能级；要开发高水平的填补缺门或全新的产品，在造型、工艺制造、包装等方面有突破，给市场和用户耳目一新的感觉；要使新上的产品在质量、功能、款式等方面独具一格，增强竞争力。四是要进一步增强市场竞争意识。根据市场需求安排生产以销定产并不断调整产品结构，增加花色品种开拓新的市场领域。五是优化投资效益集中资金保重点，企业每年都有对产品结构调整能起显著带动作用的骨干项目，集中力量集中资金全力保上去，快投入快产出提高资金回报率。另外结合调整产品结构，加强财务管理，盘活资产存量，提高资产利用率，从而提高经济效益。激烈的市场竞争为产品结构调整提供了良好机遇。抓住机遇知难而上产品结构调整就会出现新景象，经济效益提高就有了强大的财富源泉。

（四）在调整不合理产品结构过程中要充分重视提高产品质量

产品质量是指企业的产品适合一定用途，满足消费者和国民经济一定需要的特性。产品质量特性主要是“高效、经济、可靠、耐用、易造、易修、好看、好用”八点要求，其中又应把高效、经济、可靠、耐用放在首位。在市场经济条件下产品如何做到适应市场增强市场竞争力，提高产品质量应放在首位。提高产品质量是高速度提高经济效益的可靠途径，是最好的增产节约。产品质量提高意味着用同样投入生产出较多产出，提高产品质量就是提高产品合格率，降低产品生产废品率使消耗同样多原材物料生产出更多社会财富。这既是最好的增产，又是有效的节约。从国民经济来看，没有高质量就没有高速度；从企业本身看，没有高质量就没有高效益。提高产品质量对于改善人民生活、增加外贸出口、提高企业社会声誉、促进企业科技进步及经营管理水平提高都十分重要。实现国民经济两个转变必须从提高产品质量调整产品结构入手，从产品多样化求发展质量管理的重要性会更加突出。综合上述，提高产品质量一定要做到以强化质量意识为先导，以创优质产品为龙头，以落实基础管理为重点，以质量否决权为手段，切实提高经济效益。

提高产品质量在调整不合理产品结构过程中，一是要加强全面质量管理即 TQC。全面质量管理是从调查研究、设计、制造生产到用户使用的全过程，教育和组织全体员工参加，运用数理统计方法为基本手段，分析和改进产品和工作质量，并实行对生产过程进行控制等一整套确保产品质量的管理工作体系。全面质量管理包含着质量的保证、预防、提高、地调和为消费者服务的广泛含义。它是把经营管理、科学技术和现代统计方法密切结合起来的一套科学管理方法。特点是以提高经济效益为前提、以满足用户需要为出发点、管理范围的全面性、管理人员的广泛性等。二是提高产品质量。挖掘提高产品质量内部潜力应按产品质量形成全过程，具体分析内部各环节活动情况，而不能只局限于产品生产活动。三是要注重新产品开发。在调整不合理产品结构时任何企业不仅要考虑消费者眼前需求，更要着眼于社会潜在需要，把握好产品发展方向，力争做到“生产一代，试制一代，开发一代，预研一代”。新产品开发应有正确方向，主要包括：一是具有相对优越性，任何新产品相对于老产品来说应具有独特的优越性，能给用户提供更多好处和利益。二是具有高度适应性，针对已选定目标市场根据用户需求努力开发用户满意的新产品。这种适应性对于开拓国际市场尤其重要。三是具有多能性和多样性。使新产品具有多种性能和多种用途可提高用户购买兴趣节约购买时间。四是具有简易性和小型化特点。新产品在结构和使用方法上尽量使用户操作方便和易于维修。五是具有保护环境节约能源和原材料消耗的优点。防止环境污染，消除“三废三害”是我国的一项基本国策，开发新产品必须严格遵守“环境保护法”的规定和要求。

三、适应经济全球化发展外向型经济

社会主义市场经济体制确立后，促使企业实施出口导向战略发展外向经济。世界银行一份报告中指出：“采用外向型战略比采用内向型战略更有可能取得经济的迅速增长和高效率的工业化。”[47]我国改革开放实践证明，适应经济全球化、发展外向经济是提高经济效益带有战略意义的思想，是提高经济效益的必然趋势。

（一）发展外向经济对提高经济效益的作用

在经济发展战略重点上只有加快以内向经济为主转移到内外兼顾的轨道上来，才能更好地提高经济效益。列宁说：“在经济上极力利用、加紧利用和迅速利用资本主义的西方。”[48]邓小平早在1988年就说：“我们封闭了20年，没有把国际市场竞争摆在议事日程上，而日本却变成了经济大国”。[49]随着经济发展日趋国际化，开拓国际市场，大胆对外开放，发展外向经济，不满足于国内市场需求，到国际市场上争得更多份额，成了提高经济效益的必然趋势。世界各国都非常重视发展外向经济，国际贸易得到空前大发展。世界出口贸易总额1937年仅为232亿美元，1980年发展到18440亿美元，增长80多倍。现在世界贸易总额更是今非昔比。每个国家都深深地认识到发展外向型经济、加强国际间经济合作，通过国内外交流互通有无对促进本国经济建设高速发展具有重大作用。

我国发展外向经济对于促进经济不断走向现代化，提高经济效益更具有极其重要的作用：一是充分发挥我国相对优势大力发展有竞争力的产品和劳务，扩大外贸出口提高市场占有率以利于最大限度提高经济效益。西方发达国家在技术和资金上仍有较大优势，而像我国具有人力等某些方面的优势。如我国丰富的劳动力资源，劳动工资水平较低，发展劳动密集产品可大大降低产品成本，并随着我国科技发展和自主创新能力的提高，越来越多的产品竞争力不断增强，相对优势越来越大，这对扩大外贸出口、提高经济效益极为有利。二是继续积极引进国外先进科学技术有利于提高我国科技水平促进科技发展。随着经济的持续发展，改革开放的深入，可使我国有重点、有选择地从国外引进先进技术和现代化设备，缩短科技研发时间，节约费用，减少投入多产出，提高经济效益。三是不断促进企业提高生产经营管理水平。世界经济一体化进程不断发展，国际市场竞争愈来愈激烈，竞争对手也愈来愈多。在激烈市场竞争形势下任何企业要想把产品打入国际市场，就不得不持续地提高生产经营管理水平。通过发展外向经济提高企业生产经营管理水平，对提高经济效益有重要作用。四是顺应世界经济开放性发展趋势需要，不断推动我国经济向国际化标准靠拢。在资本、产业、企业日益国际化背景下，我国发展外向经济，不仅要吸引具有高新技术优势和规模经济优势的世界 500 强大公司来华投资，还要利用自己的优势加入到国际生产、流通网络体系中到国外投资、办厂，借助跨国公司这一经济增长引擎，加速推进我国的经济改革提高经济效益。五是不断促进外贸经营管理体制改革，为适应市场经济建设新形势需要不断加大外贸体制改革力度，为企业扩大产品出口大开绿灯以利提高经济效益。

（二）发展外向经济应加强对国际市场的分析研究

世界各国政治、经济、社会、文化等因素各不相同，尤其西方经济市场充满矛盾和激烈斗争，经常处于动荡、混乱、变化多端、错综复杂矛盾之中。为更好发展外向经济，开拓国际市场，增强综合竞争力，减少或避免经营风险，提高经济效益，必须对国际市场环境进行周密调查和科学分析研究。主要包括：一是对政治环境分析研究。国际市场政治环境是各国的政局是否稳定、每个国家微观经济政策以及有关的法规、法令等。它对一个国家或地区的进出口贸易会产生重大影响。世界正向多极化发展，政治环境变化日益复杂，西方市场经济在加强对企业的宏观调控，转型国家不断深化政治、经济体制改革，减少对企业的行政干预。这些变化对国际市场产生重大影响或制约作用。二是对经济环境分析研究。国际市场的经济环境是一个国家或地区的经济结构、物质资源状况、经济发展水平、消费水平和消费结构等情况。三是对技术环境分析研究。国际市场技术环境分析研究是对一个国家或地区的科技水平、高新技术产品开发能力及科技发展动向进行分析研究。世界现代科技迅猛发展主要表现在发展速度大大加快，科研周期越来越短，导致产品更新换代周期大大加快，信息产业发展日新月异。四是对社会环境分析研究。国际市场社会环境是一个国家和地区的人口数、人口结构、文化教育水平、生活习惯、环境污染、妇女在社会中的地位等情况。社会环境涉及因素很多，包括研究人口变化、消费者个性变化等，这些变化都是提高经济效益开拓国际市场要考虑的因素。

开拓国际市场必须注意分析国际市场的特点。首先是国际市场结构变得日益复杂化、多样化。历史与现实原因使各国在政治、经济、技术、社会环境等方面有很大差异使国际市场结构变得日益复杂化、多样化，必须针对不同情况采取不同外贸策略，以便扩大出口提高经济效益。对发展中国家应在平等互利、互通有无基础上互相帮助、相互支持。同时也要按不同情况区别对待。对发达资本主义市场经济的西方国家，发挥自己的优势，尽量扩大出口，大力发展对外贸易。对经济转轨国家研究它们的政治、经济体制变化给其市场带来的变化，在实行对等原则下采取多种形式，坚持进出口平衡。其次，各国产业结构和商品结构发生重大变化。发达国家产业结构正向高新技术密集和知识产业发展，而对劳动密集产品和一般机电产品主要依靠进口，而且还有增长的趋势。发展中国家产业结构除继续发展劳动密集产业外，因不断引进先进技术和设备，也在向技术密集产业发展，国际贸易将在更广泛基础上开展分工与协作。国际贸易中商品结构发展变化一般是由农产品向工业品转变，由初级品、半成品向成品、高精尖产品转变。商品不断走向优质化、多样化。工业产品中由轻工业品向重工业产品转变，机电产品的市场容量在日益增大。世界经济中许多新兴工业化发展比较快的国家经济高速发展，许多商品市场已由卖方市场彻底转化为买方市场，消费者的选择性越来越强，消费需求不断向高级、优质、多样、美化的方向发展，这已成为开拓国际市场、扩大对外贸易、提高经济效益的重要研究课题。对外贸易政策转向保护化和条约化。随着资本主义市场经济的高度发展，完全的自由贸易已不复存在。世界各国为了保护自身利益一方面鼓励产品出口，一方面又竭力设法限制某些商品进口，各种非关税壁垒不胜枚举，有的国家还用经济制裁手段来对付某些国家的经济发展。世界各国之间经济联系日益密切，跨国公司迅猛发展，各国之间及跨国公司内部各企业之间基于相互间的经济利益结成紧密依赖关系，签订保护双方利益的条约，制订细致的国际贸易法律，详尽地研究这些法律条文以保护自己对外贸易中应得的经济利益。再次，发展外向经济对国际市场进行调查研究需有计划、有目的搜集、整理、分析研究世界各国市场环境和市场情报资料，以使寻找和选择最有利市场机会创造较高经济效益。要成功开拓和进入国际市场，就要对国际市场进行调查研究，充分掌握国际市场的各种信息情报资料，这是开拓国际市场的前提条件。

（三）开拓国际市场发展外向经济策略

如何正确选择国际市场提高经济效益？正确选择国际市场关系到发展外向经济、开拓国际市场成败的重大问题。首先，在选择国际市场时注意尽量考虑与我国市场环境相似的国家和地区，这些国家或地区的收入水平、技术条件和市场状况与我国比较相似，我们的商品一般都很适合它们的需求。如我国机床在东南亚和拉丁美洲许多国家很有市场。其次，西方发达国家收入水平极高，市场需求量较大，必须充分利用我国相对优势多出口劳动密集产品的同时，尽力生产高精尖产品填补这些国家在市场上的空白。如日本是汽车出口大国而手机的生产量很小，市场又有许多需求，我国可生产一定量的手机出口日本。只要深入调查研究，寻找合适经销商，就完全有可能去开拓和发展这些国家的国际市场，提高经济效益。再次，经济转轨国家的技术达到中等或以上水平，但外经外贸发展比较落后，要抓住机遇充分发挥优势，积极开拓这些国家的国际市场，大力组织出口。对这些国家注意来料加工，因我国有些原材料供应不足，而生产技术有一定基础，加上劳动力比较丰富，扩大来料加工出口商品业务是提高经济效益的一个重要途径。

开拓国际市场、发展外向经济的策略主要有四种：一是本国生产出口商品策略。由本国组织生产商品进入国际市场的策略是一种比较简单风险比较小的策略，也会得到本国政府支持，享受各种优惠待遇，以便为国创造更多外汇收入。这种策略又可分为间接出口和直接出口两种策略。二是在国外进行生产的策略。发达国家积极到国外投资办厂、采取国外生产策略进入国际市场，就是为了利用国外廉价资源与劳动力以获得较高经济效益。随着我国改革开放的发展，许多企业越来越具备到国外进行生产的条件。在国外进行生产策略大体上有到国外建立装配流水线、签订许可证协议、合资合作经营、建立跨国公司独立在国外进行生产经营等四种具体策略。三是补偿贸易策略。它是在国际贸易实行以产品偿付进口设备、技术转让等费用的贸易方式。补偿贸易是商品贸易同国际信贷相结合，买方以贷款形式向卖方购进设备、先进科学生产技术，投产后在规定的期限内逐年以生产全部商品或部分商品或由双方议定的其它商品偿还贷款本息。其优点是在买方外汇资金短缺情况下，不用现汇去引进先进技术和设备，而卖方则可以扩大国外的销售市场。这种情况对我国来说仍适合提高经济效益的需要，主要有产品返销、互购方式、部分补偿三种形式。四是国际市场营销组合策略。它是企业从产品、价格、销售渠道、促销等四个方面进行综合分析考虑，从而采取最有效的策略和方法，以达到开拓市场、扩大销售、增加创汇提高经济效益的目的。在运用国际市场营销组合策略时必须充分掌握进入国的市场环境和条件，从而采取最有效的营销手段和方法。

（四）发展外向经济战略注意做好的工作

提出正确战略并不等于成功，成功地发展外向经济战略取决于多方面因素。一是充分利用国内外有利条件并善于在国际逆境中求得生存与发展。邓小平在 1983 年一次谈话中说："要扩大对外开放，现在开放得不够。要抓住西欧国家经济困难的时机，同他们搞技术合作，使我们的技术改造能够快一些搞上去。"[50] 当前世界多极化和经济全球化趋势继续深入发展。从近期乃至较长一段时期来看我国经济发展的国际经济环境总体上是好的，同时也要充分估计国际环境中不利因素和可能带来的挑战，如贸易保护主义进一步强化、国际金融体系不稳定、人民币增值压力不断加大、加入 WTO 后应兑现的承诺等，在一定程度上会极大影响我国产品在国际市场上的竞争力、新出口退税机制实行将产生一定不利影响及西方一些经济大国对我国经济的排挤政策等使我们发展外向经济非常不利，但是要充分用好重要战略机遇期，在逆境中寻找可利用的有利因素推动外向经济的发展，趋利避害，保持经济持续较快增长，不断增强我国综合国力和国际竞争力。二是具有科学的"市场导向和竞争导向"理念，不断提高国际综合竞争力。国际与国内市场的区别是对商品要求更严格，同类商品价格和质量等的竞争更激烈，具有很大的选择性。这要求企业必须适应国际市场生产出高品质的商品来。三是更加重视培养人才依靠人才促发展，培养一批富有创新风格、挑战精神、高瞻远瞩的企业家，参与国际市场竞争更需要依靠企业家。日本的强盛企业家有很大的功劳，日本的成功是企业家的功劳。对科技人才用人之长，容人之短，不求全责备。四是促进科技发展提高自主创新能力。依靠科技力量不仅生产出世界上堪称一流的产品来以适应国际市场，还要提高自主创新能力，多生产拥有自主知识产权的产品，这就需要增加科技投入，对科技发明创造者给予重奖等，增强发展后劲以提高经济效益。五是严字当头，依靠管理上台阶。在生产管理上按国际惯例进行生产作业，对干部职工一视同仁，使一批真正有能力会管理有事业心的优秀人才脱颖而出。六是运用良好宣传策略，加大宣传力度，树立良好形象、较高知名度和信誉度，为企业发展创造健康良好的舆论环境和社会环境。七是树立科学发展观使社会全面和谐发展。在提高经济效益的同时注意社会效益，防止产生物质文明与精神文明的失衡现象。发展外向经济有很多具体细致工作，市场竞争会日趋激烈，要想提高我国综合国力，提高我国人民生活水平就必须做好发展外向经济对外开拓国际市场工作，从而较好地提高经济效益。

本章小结

本章是在前几章梳理、归纳、总结中国经济效益理论研究艰难探索、迅速发展和逐步深化的基础上，对经济效益涵义新的理论界定下，结合在21世纪头20年是我国经济社会发展的重要战略机遇期，探讨如何更好地提高经济效益。我国“十五”及到2010年是我国经济体制由计划经济向市场经济转变、人民生活达到小康并向富裕型迈进的关键时期。这一时期企业要加快改革开放和经济发展的新步伐，增强企业经济综合实力，不断提高经济效益。为此结合实际情况分析论述新时期我国提高经济效益的策略与途径，找出提高经济效益的前提、基础、关键、核心、重心等，以此提高我国经济综合竞争力，促进构建和谐社会的顺利发展。

参考文献

[1] 邓小平：《邓小平文选》第3卷，第22页。
[2] 袁志刚：《以新的视角审视当前中国宏观经济增长》，《经济研究》，2004年第7期。
[3] 参见“经济增长前沿课题组”：《经济增长、结构调整的累积效应与资本形成》，《经济研究》，2003年第8期。
[4] 袁志刚：《以新的视角审视当前中国宏观经济增长》，《经济研究》，2004年第7期。
[5] 参见“经济增长前沿课题组”：《经济增长、结构调整的累积效应与资本形成》，《经济研究》，2003年第8期。
[6] 参阅蒋学模，《高级政治经济学——社会主义本体论》，复旦大学出版社2001年，第

78、79 页。
[7] 王中庆:《宏观经济效益控制与动态模拟》,《华东交通大学学报》, 1994 年 9 月, 第 11 卷 3 期, 第 23 页。
[8] 吴敬琏:《当代中国经济改革: 战略与实施》, 上海远东出版社, 1999 年, 第 165 页。
[9] 陈宏、银路:《完全经济效益的几个关系研究》,《电子科技大学学报》, 1994 年 2 月, 第 23 卷第 1 期, 第 72 页
[10] 王海建:《前后向完全经济效益的计算》,《系统工程》, 1998 年 7 月, 第 16 卷第 4 期, 第 53 页。
[11] 参阅: 严法善,《环境经济学概论》, 复旦大学出版社, 2003 年 9 月, 第 32 页。
[12] 苏吉永:《提高工业企业经济效益研究》, 中国统计出版社, 1997 年。
[13] 苏吉永:《提高工业企业经济效益研究》, 中国统计出版社, 1997 年。
[14] 马克思:《马克思恩格斯选集》第 1 卷, 北京: 人民出版社, 1995 年。
[15] 毛泽东:《毛泽东著作选读》(下册), 北京: 人民出版社, 1996 年。
[16] 刘世昕、厉以宁:《谈人力资源开发: 道德可以产生超常规的效率》, 中国青年报, 2001 年 11 月 21 日第 5 版。
[17] 邓小平:《邓小平文选》第 3 卷, 第 45 页。
[18] 邓小平:《邓小平文选》第 3 卷, 第 146 页。
[19] 苏吉永:《提高工业企业经济效益研究》, 中国统计出版社, 1997 年。
[20] 江泽民:《领导干部一定要讲政治》,《人民日报》1996 年 1 月 17 日。
[21] 威廉姆森:《资本主义经济制度》, 商务印书馆 2002 年版, 第 27 ~ 28 页。
[22] 科斯:《生产的制度结构》, 载于《论生产的制度结构》, 上海三联书店 1994 年版, 第 356 页。
[23] 科斯:《社会成本问题》, 载于《财产权力与制度变迁》, 上海三联书店 1994 年版, 第 20 页。
[24] 张军:《什么是有效地经济制度? 》, 载于《书里书外的经济学》, 上海三联书店 2002 年版, 第 215 页。
[25] 阿尔钦、德姆塞茨:《生产、信息费用与经济组织》, 载于《财产权力与制度变迁》, 上海三联书店 1994 年版。
[26] 苏吉永:《提高工业企业经济效益研究》, 中国统计出版社, 1997 年。
[27] 苏吉永:《提高工业企业经济效益研究》, 中国统计出版社, 1997 年。
[28] 参见我国《国家中长期科学和技术发展规划纲要》, 2006 年 1 月。
[29] 温家宝:《认真实施科技发展规划纲要 开创我国科技发展的新局面——在全国科学技术大会上的讲话(摘要)》, 2006 年 1 月 9 日。
[30] 参阅: 温家宝:《认真实施科技发展规划纲要 开创我国科技发展的新局面——在全国科学技术大会上的讲话(摘要)》, 2006 年 1 月 9 日。
[31] 马克思:《马克思恩格斯全集》第 23 卷, 第 204 页。

[32] 苏吉永:《提高工业企业经济效益研究》，中国统计出版社，1997 年
[33] 马克思:《政治经济学批判大纲（草稿）》第 3 分册，第 350 页，1963 年版。
[34] 马克思:《马克思恩格斯全集》第 23 卷，第 664 页。
[35]《马克思恩格斯全集》第 19 卷，第 375 页。
[36] 参见 1981 年《日本科技白皮书》。
[37] 邓小平:《科学技术是第一生产力》,《邓小平文选》第 3 卷，第 275 页。
[38] 马克思:《马克思恩格斯全集》第 25 卷，第 259 页。
[39] 温家宝:《认真实施科技发展规划纲要 开创我国科技发展的新局面——在全国科学技术大会上的讲话（摘要）》，2006 年 1 月 9 日。
[40] 同上。
[41] 同上。
[42] 同上。
[43] 同上。
[44] 同上。
[45] 蒋学模,《高级政治经济学——社会主义本体论》，复旦大学出版社 2001 年，第 403 页。
[46] 参阅：2006 年 1 月 17 日《中华工商时报》《中国产业结构调整》。
[47] 世界银行:《1987 年世界发展报告》。
[48] 列宁:《列宁选集》第 4 卷，第 511、501 页。
[49] 邓小平:《邓小平文选》第 3 卷，第 274 页。
[50] 邓小平:《邓小平文选》第 3 卷，第 32 页。

第七章　结论与政策性建议

本章为全书的结论部分，在总结全书基础上进一步突出本论著的核心论点，提出政策性建议，并为后续研究作出安排。对当代中国经济效益理论进行研究一定要从中国客观实际出发，研究目标是使中国经济得到长足发展，不断提高人民生活水平和质量，使中国企业在中国特色市场经济体制条件下如何更好地提高经济效益，使其在激烈竞争环境中立于不败之地。对经济效益理论进行研究，要使经济效益思想在各种经济思想中占有统御性、驾驭性地位，真正树立起经济活动的中心工作是以提高经济效益为中心的工作，所有工作都围绕着“经济效益”做文章。

一个国家在经济运行中经济效益波动起伏在所难免，我国也不会例外。如何避免经济波动中经济效益大幅下滑？为更好地提高经济效益应作出怎样的制度安排？为彻底转变我国经济增长方式，提高经济运行质量，保持经济效益持续提高，对此都应该作出明确的回答。当然理论创新不会停步，无论从研究的客观条件上，还是从经济效益理论研究自身的发展上看，本著所提出的新时期提高经济效益的理念、经济效益指标评价体系、提高经济效益的策略和途径等，随着改革开放更进一步发展、市场经济体制不断完善、国家经济制度进一步改善，使经济效益理论必然更进一步向深化方向发展，从而也会发生一系列变化。笔者试图探讨的这些内容也许只是为今后的研究提供有价值的线索而已，为未来经济效益理论的进一步发展作为铺路石子。

第一节　结 论

在我国经济社会发展的重要战略机遇期，探讨如何更好地提高经济效益，人民生活达到小康后如何向富裕型迈进，具有重要意义。现在国家政治稳定、社会安定，经济正向好的方向发展，政府对经济的宏观调控能力不断加强，制度不断创新，科技发展自主创新能力增强，为经济效益的提高创造了比较宽松的发展环境，有理由有信心做好提高经济效益工作。

一、经济效益的涵义

只有对经济效益的涵义全面科学正确地理解，才能更好地提高经济效益。要充分分析传统经济体制的弊端，认真总结我国经济建设走过的历史经验。现在人类又面临人口激增、环境污染、资源枯竭、全球疫情和生态遭到破坏等诸问题的困扰，走可持续发展之路已成为世界各国的唯一选择。对经济效益涵义传统理解上存在种种缺陷，不求科技发展自主创新、一味追求高速度低效益发展道路，特别是不充分考虑环境保护、自然资源合理利用、保持经济可持续发展等问题，在定义投入产出时具有典型“人类中心主义”思想。从而导致经济发展中许多严重后果：严重信号失真使生产经营者行为和结果的不一致性，误导生产经营者产生破坏人类生存环境的内在激励机制，把追求目标利润最大化作为首要目标，想法设法利用“免费”的自然资源，降低生产成本，增加自己生产的“有用劳动成果”提高经济效益。这就鼓励了高能耗、污染环境、破坏生态等经营行为，影响经济的可持续发展。“那种依靠高投入、高消耗、高污染的老路是不可持续的，绝不能再走下去了。”[1]

本书将“经济效益涵义”界定为：“经济效益是指在环境得到有效保护、资源得到合理配置和有效利用的前提下，人与自然物质交换过程中取得的有利于构建和谐社会，符合人类经济社会持续、健康、稳定增长和发展，满足人们合理需要符合标准质量的生产经营活动成果与土地、劳动、资本、管理等生产经营要素占用和耗费的关系。”这一表述从保护环境、资源合理配置和有效利用、构建和谐社会、保证社会持续健康稳定增长和发展、满足人们合理需要、保证产品质量等方面弥补了以前经济理论界对经济效益涵义理解上的缺陷，还把“劳动成果”改述为“生产经营活动成果”、把“劳动占用和劳动耗费”改述为“土地、劳动、资本、管理等生产经营要素占用和耗费”，这就突出了土地、资本、管理等生产要素与劳动力要素一样在生产经营活动中的贡献。

二、经济效益的评价

在对经济效益涵义全面科学理解的前提下，如何科学地评价经济效益的高低？这关系到能否较好地提高经济效益，关系到如何提高经济效益。在传统计划经济体制下我国宏观经济效益的衡量，主要使用社会总产值、工农业总产值、国民收入的增长率等指标，存在着重大和很大的缺陷。一是社会总产值或工农业总产值中存在着物化劳动的重复计算问题。二是总产值的增长率不能反应资金、劳动的占用和耗费与劳动成果的比较，反应的只是对比期的两个劳动成果总量的比较。三是以国民收入增长率来衡量宏观经济效益的增长，虽有一定的合理性，但只反应了第一、第二产业部门的贡献，没有把第三产业的贡献计算在内。改革开放后第三产业在国民经济中的比重越来越高。1986 年我国统计部门开始把国内生产总值（GDP）或国民生产总值（GNP）作为衡量宏观经济效益的重要指标。同社会总产值相比较消除了从初级产品、中间产品到最终产品加工过程中重复计算的那部分物化劳动，计入了在生活服务部门和社会服务部门中工作的联合劳动者所贡献的劳动成果。但是，随着人们对经济生活的深入认识，对 GDP 指标也提出了新的看法，如提出了绿色 GDP 指标的概念，还提出用人均 GDP 指标更能衡量一个国家居民的富裕程度，更能反映一个国家居民的经济福利水平等等。美国科学家巴克莱和塞克勒提出社会经福利函数[2]的概念值得深刻思考。社会经济福利函数实际上是对国民净收入（NNP）的一种“绿化”，是从 NNP 中扣除恢复生态环境良性循环所需的支出后得到的一个新指标，即净经济福利。用公式表示：

$$NSP=NNP+(B-GC)-AL$$

其中 NSP 是净社会福利；NNP 是净国民生产增值；B 是未被认识的非市场性经济发展有利条件，如增加的业余时间、知识的积累、改善的保健等；GC 是包括情报、管理在内等经济发展的费用，减少污染所花费的劳动力和金钱等；AL 是环境恩惠损失，包括噪声的增加、烟雾的增多、风景区的商业化演变等。根据巴克莱和塞克勒的研究得出结论：在经济发展过程中效益的追加部分增加时，为它支付的费用也必须增加，当追加费用等于追加效益时，经济就必须停止发展，否则会引起环境恶化。我国在绿色 GDP 方面尚需进一步研究，进而尽快作为经济效益评价的指标。

我国对企业经济效益的评价到目前为止，还是只着重考察企业直接生产过程中的纯经济利益。1995 年公布的经济效益评价指标体系中，用销售利润率、总资产报酬率、资本收益率、资本保值增殖率、资产负债率、流动比率、应收账款周转率、存货周转率等十大指标。1997 年的工业经济效益评价考核指标体系，用总资产贡献率、资产保值增值率等 7 项指标，来反映企业的盈利能力、发展能力、偿债能力等状况。从中可以看出都没有反映企业在生产过程中对环境造成的影响。因此现有企业经济效益评价考核指标体系，把企业作为一个独立的系统只是考虑企业系统本身的活动，关于企业对自然资源和环境因素的影响没有考虑。[3]根据经济效益新的涵义，尽快建立一套适应社会主义市场经济健康、稳定、持续、高速发展的新经济效益指标评价体系，非常迫切。

在评价经济效益时一定要分析它对资源利用、环境保护、生态平衡及社会发展产生的影响。首先，在时间上不能只顾短期经济效益，要注重长远经济效益。其次，在空间上不能只讲局部经济效益，要注重全局经济效益。再次，在追求经济效益的同时要注意有所限制。[4]人类在地球上出现以来，以不断发展为自己的天职，以致今天如此文明、进步和现代化。但是，生存危机也给我们发出信号，人类对经济发展如不加以限制，理性对待发展，其结果可能不是福音，有可能会成为一场毁灭性的灾难。强调限制并不是停止发展，而是对某些不利于持续性经济发展的行为自觉加以限制，特别要合理有节制使用自己的发展权，防止盲目一味地追求发展速度。

三、我国经济效益低下的原因分析

从我国具有提高经济效益巨大潜力来看，现在经济效益下降的趋势，并不单纯是技术条件的极限和管理技术的终结造成的。我国经济效益长期低下并有不断下降趋势，除了在指导思想和发展战略上仍然存在重速度、轻效益等老问题没有从根本上解决以外，依然存在着增长速度失当、产业结构失调、经济体制的弊端等问题。

（一）增长速度选择不适、往往又执行失控是造成经济增长起落动荡、经济效益低下并不断趋于下降的重要原因之一

虽然近些年来我国政府在安排国民经济计划时非常注意经济效益问题，但是大多数地方政府为加快本地区的经济发展，更多的是不顾客观经济条件的限制，突出高速度，从而在国民经济计划的执行过程中造成失控。例如江苏省出现的几十亿元的项目铁木公司未经中央审批，采取分割项目的办法分别审批，由省里审批上马。最后中央发现后才予以纠正，造成了极大的浪费。在经济增长速度和经济效益的相互关联中寻找二者的理想结合点，是多年来我国经济工作者和经济理论界深切关注的重要课题和难题。改革开放以来我

们对适度增长对于经济效益的重大影响和重要意义已有明确认识，在经济运行中也相当谨慎。近几年我国在安排国民经济计划时对速度问题给予了足够重视，已放慢了经济发展速度，注重经济效益的提高和高质量发展。但是这种认识还是仅停留在一般性判断上，以简单的经验方法就速度论速度，未能深入把握经济增长速度和经济效益之间的定量关系，科学理论不能具体运用到经济实践之中，口号喊的很响不能付诸于行动，因而对于经济增长不能进行科学准确的分析、预测和评价，在经济运行中仍带有一定盲目性，其结果经济增长速度加快了，经济效益下降了。

（二）经济结构失调特别是产业结构失调是我国经济效益长期低下并不断趋于下降重要深层次原因

社会经济结构包括产业结构、产品结构、积累和消费结构、就业结构、所有制结构、技术结构、需求结构、生产结构等。在社会经济结构中产业结构有着特别重要的地位。在社会经济结构中的矛盾是多方面的，首先，在产业结构上水平较低。虽然我国农业在产业结构中的比重逐年下降，但是农业内部的结构不协调，农业生产仍然以传统工具和家庭小规模经营为主导，农业生产存在的不稳定性在很大程度上成为制约我国产业结构调整的制约因素。其次，结构性矛盾突出。在经济增长过程中各经济部门、经济变量之间的数量比例关系失衡状态现象严重，这种矛盾的存在将扰乱社会经济正常运行与经济持续稳定增长，主要表现在总需求与总供给的矛盾、投资总额增长和消费总额增长高于同期农业、轻工业增长速度。我国 20 世纪 80 年代至 90 年代，经济高速增长是在传统产业结构的基础上实现的。随着经济的不断发展，这种传统的结构已经无法适应生产力的发展。工业高速增长，农业徘徊不前，基础工业和原材料工业落后于加工工业的发展，工业生产与能源生产和交通运输业之间的矛盾十分突出，另外加工工业盲目不断加大，原材料工业及其他基础产业相对落后，导致生产处于不协调运转状态，从而致使总体经济效益下降。

（三）经济管理体制上的不足

多年来我国经济的严重缺陷突出表现为低效益发展。当然这与长期实行传统经济发展战略和传统经济体制直接相关。这种战略盲目追求经济高速增长，忽视甚至根本不计经济效益。这种体制是低经济效益体制。但是经济建设在改革开放过程中还是盲目追求经济增长率，忽视经济效益的状况没有得到根本转变。主要表现在一是没有全面正确地理解经济效益的内涵，从而不能引导企业强烈追求经济效益的机制；二是社会或政府没有很好的经济效益指标评价体系，无法科学有效地平衡经济结构、做不到合理配置经济资源的宏观调控；三是经济管理水平有待进一步提高，浪费严重。从而在经济运行过程中，资源配置不合理、浪费现象严重，生产要素不能达到和谐统一并且利用效率降低，导致环境污染等，造成总体经济效益下降。

（四）国有企业经济效益低下问题一直困扰着经济改革进程

关于国有企业经济效益低下原因存在很多问题非常复杂，并随着经济形势的不断发展，新的问题会不断涌现出来，我们必须学会用运动的观点来分析问题。这里着重分析一下关于国有制经济比重方面的争论。有人认为，国有企业经济效益低下的病根在于国有制比重太高，并认为只有把国有制在国民经济中的比重降至20%左右才相宜，其根据是我国“国有制这么高的比重如果不降下来，任何别的办法都不可能使国有经济和整个国民经济从根本上走出困境。”[5]这就是认为非国有制经济应居于主导地位。而不少人认为国有制经济的比重应保持在50%以上，国有制在国民经济中的必须处于主导地位。在市场经济中，从静态的角度看，无论是国有制企业还是非国有制企业，在市场竞争中都应该处于平等的地位，若人为的设置主导或主体地位，只能妨碍市场公平竞争秩序的建立，对我国市场经济体制的建立和完善毫无益处。从动态的角度看，一种所有制是否处于主导或主体地位，也不是由人们的主观意志或愿望所决定的，而是由客观经济规律所决定并通过公平的市场竞争体现出来。在激烈的市场竞争中，如国有制经济存在优势，根据资源优化配置原则，社会资源自然而然的从各个领域流向国有经济，国有制自然会在整个国民经济中居于主体地位起主导作用。反之，非国有制经济就居于主体地位起主导作用。无论何种所有制经济在国民经济中处于主体位置，都是在市场经济发展过程中资源优化配置原则和公平竞争规律作用的结果。在现实经济生活中各种所有制之间理应存在着一个合理的比例关系，但这个比例关系不会是一成不变的。而市场经济本性对各种所有制的比重并没有任何具体数量上的要求和规定，只要有利于公平竞争和资源优化配置，有利于提高经济效率，有利于经济持续快速发展，国有制和非国有制经济之间比例关系，会随着经济形势的发展不断变化。这种关系也只能在市场经济规律支配下自然形成，而不能由任何外来强制性力量人为做出硬性规定。那种认为所有制结构合理化的标志可以用绝对数字来衡量并可以固定下来的观点，没有从客观的角度以辩证运动的观点看问题，因为无论国有制还是非国有制经济的数量都是在不断运动变化之中，它们在国民经济中所占比重也在不断调整。

四、提高经济效益过程中存在的问题和有利条件

从总体上看，在肯定经济发展取得成绩的同时必须看到，经济发展中长期积累的问题还很多，又不断出现一些新问题，资源紧张矛盾较突出，煤电油运紧张状况短期内难以根本缓解。从制约因素上看，主要是企业整体素质差，产品结构不够合理，集约化程度不高；国内外市场竞争日益激烈对于提高经济效益提出挑战；能源紧张、短线产品等困难也对经济效益提高有很大制约。

经济运行上大多数企业经济效益不理想，部分企业亏损严重；国有企业投入增长不快，发展后劲不足；地方财源建设比较薄弱，财政紧张状况还没有根本改变。思想观念须进一步转变，驾驭市场经济的能力有待于进一步提高。要不断学习马克思列宁主义、毛泽东思想、邓小平理论和“三个代表”重要思想，树立和贯彻科学发展观，学习习近平新时代有中国特色社会主义思想，将其理解深、分析透，真正解放思想，能够灵活运用市场经济体制运行特点，提高经济效益。

同时也要看到有利条件。我国经济继续保持速度较快、活力较强的格局，经济运行中一些不稳定因素得到有效缓解，为经济健康发展、提高经济效益奠定了良好基础。资金来源的多元化，将为企业经济发展提供较好的资金条件。整体投资仍保持适度较快增长。外资企业对中国经济前景依然看好，有效的国际国内需求，将为经济效益提高提供良好的外部环境。

需要特别注意的是，国有经济具有很多非国有经济难以比拟的优势，但是在市场经济的大潮冲击下，国有企业会产生较长的适应期，加上传统经济体制下经营过程中形成的沉重包袱，造成经济效益普遍较低。为此需要做好以下几方面工作：

第一，按照市场经济的要求，实现国有资产向国有资本的转变，实现国有资产的实物形态向价值形态的转化，从根本上搞活国有经济。在过去计划经济体制下，国有资产通常表现为实物形态，国家对生产资料以及产品进行

直接的实物控制。而在现代市场经济下，在资源配置过程中，要充分发挥市场的基础性作用，通过优化社会经济资源的配置，实现产出的最大化，追求投资的最大经济效益。

第二，在市场经济条件下合理划分中央与地方国有资产产权，进行国有资产存量的调整，在优化国有资产管理过程中搞活国有资本，以便更好地提高经济效益。市场经济条件下要求资产的产权多元化，传统计划经济条件下的高度集中和统一控制的国有资产，不利于形成有效地资本市场，不利于进行产权交易，不利于国有资产的有效利用和优化配置。通过产权多元化的改革，为资本市场作用的充分发挥创造更有利的条件。在其改革的过程中，也有利于国有资产存量的调整，地方政府可以通过对部分多年来一直亏损、效益不好的企业进行所有权的转让，搞活国有资本，提高国有经济的经济效益。

第三，搞活国有经济，提高其经济效益是一项复杂的系统工程，必须进行诸如社会保障制度等一系列的配套改革。近几年来，通过调整资产结构，掀起了企业破产与兼并的浪潮，出现了严重的失业问题，与此相适应逐步建立起了社会保障体系，但是至今还不尽人意，为此还必须做好如何深化、完善使之合理有效，否则改革无法深入进行。另外，推行的金融体制改革、税制改革、企业用人管理制度等各项改革，都要为搞活国有企业创造更良好的外部环境和配套措施。这样，在多管齐下、相辅相成的综合配套改革中，才能更好的提高国有经济的经济效益。

五、提高经济效益的工作体系

提高经济效益受到多种经济与非经济因素的制约，是整个经济活动过程的综合结果。为保证提高经济效益工作顺利进行必须建立科学有效的工作体系。

（一）保证决策科学化的提高经济效益工作体系

经济决策是经济管理工作的重要内容，是影响提高经济效益工作的首要一环。经济决策水平在很大程度上决定着提高经济效益的水平。作用最明显的是那些涉及生产全局的宏观经济决策，如企业发展战略与中长期计划制订、企业产品品种结构调整、大型技术改造项目工程建设、企业科学技术选择等。为提高重大经济决策水平，必须建立保证经济决策科学化工作体系。主要包括：一是经济管理参谋智囊组织。这是高中层经济管理部门设置的附属机构，是由经济、技术、管理和法律、社会等专家组成的专职工作班子。这些专家参与经济管理全过程，直接掌握有关生产实际情况，但并不直接从事企业管理活动，而是运用所掌握的专业知识和经验，对企业经济管理中各种重大问题进行综合性研究分析，提供选择的经济决策方案，作为管理者进行经济决策的依据。这就大大提高重大经济决策水平，为提高经济效益提供有力保证。二是经济技术论证制度。它是国际上一种公认的科学决策方法，又称可行性研究。最早主要用于大型工程建设，现已在经济管理各个领域得到广泛应用，并收到明显效果。把这种方法以法律或行政制度的形式确定下来所形成的经济决策工作程序，就是经济技术论证制度。这种制度能够保证经济决策的顺利执行，使工期短、见效快，发挥较好预期作用，能使决策取得良好经济效益。三是咨询制度。它一般是根据管理实践中出现的某一具体问题，组织和委托有关专家进行专门分析，提出具体解决方案。咨询工作独立于管理工作之外，站在非当事人或机构立场上进行。这些特点决定了咨询在工作方法上的灵活性、工作内容上的针对性和工作成果上的客观性，可在管理决策中起到重要作用。实践证明，推行咨询制度取得了良好效果，使经济效益得到不同程度的提高。为提高重大经济决策水平更好地提高经济效益，有时还需要把参谋智囊制、经济技术论证制度和咨询制度结合起来，以保证经济决策的科学化。

（二）保证指挥有效的提高经济效益工作体系

提高经济效益工作的有效性必须依靠对生产经营活动的正确指挥来实现。在科学决策前提下能否提高经济效益，有赖于管理工作指挥的有效性。市场经济条件下企业主要靠市场为经济杠杆来调节，但也要靠经济、法律、行政手段来调节；不仅要保证国家的经济利益，也要提供条件保证企业和个人的经济利益；不仅要抓企业的生产管理，也要抓好企业的经营、工资、基本建设管理等；不仅要实现使用价值的生产，也要实现价值的生产等。在企业经济管理活动中存在多重管理目标现象，突出了加强统一指挥以保证提高整体经济效益的必要性。改革开放后，已经避免了高度集中指挥生产带来的弊端，但也必须注意加强政治思想工作，严肃经济管理指挥有效性工作纪律。解决指挥失控问题：一是实行管理目标单一化和管理渠道单一化领导体制，基层管理者只接受一个上级的管理和控制；二是是实行以协调为基础的统一指挥，从协调各级管理目标和各种管理渠道中寻求指挥的有效性。

（三）保证管理基础可靠的提高经济效益工作体系

提高经济效益必须为经济管理工作提供可靠的基础条件，这就需要建立相应的保证体系。在企业管理范围内提供管理基础条件的工作体系主要由经济核算制和统计制组成。企业作为相对独立的经济实体，在完成全部生产经营活动的同时，对本企业的经济效益应承担全部经济责任。企业必须进行全面经济核算工作，包括资金核算、成本核算和利润核算等，也必须进行全面统计，包括生产统计、财务统计和劳动统计等。这些基础性工作的可靠性对提高经济效益会产生直接影响。一要明确各机构和部门的权限与职责。二要提高各机构和部门工作水平和效率。工作内容、标准要做到完整、精确，为管理提供可靠经济信息，并能对提高经济效益工作做出灵敏的动作和反应。

建立提高经济效益工作体系，可使提高经济效益的目标与经济管理工作密切衔接起来，把提高经济效益这一依照客观规律要求提出来的重要规定性，变为整个经济管理过程中一种自觉行动，使经济效益稳步得到提高。

六、提高经济效益必须强化各种措施

按照对经济效益涵义新的理解，提高经济效益就是在环境得到有效保护及资源得到合理配置和有效利用的前提下，要争取以尽可能少的土地、劳动、资本、管理等生产经营要素的占用和耗费，取得尽可能多的有利于构建和谐社会符合人类经济社会持续、健康、稳定增长和发展，满足人们合理需要，取得符合标准质量的生产经营成果。提高经济效益是各种因素综合作用的结果，是一项错综复杂需要做出极大努力才能完成的系统工程。经营管理的每个环节都必须要抓好抓牢，并要一切从实际出发，注重科技发展，不断提高自主创新能力，找准方向大干、苦干、拼命干，经济效益才有可能有较大幅度的提高。

本书以抓住新机遇迎接新挑战、树立新理念、以人为本加强思想教育工作为提高经济效益的前提，以完善生产经营制度、建立现代企业制度、建立新经济效益指标评价体系、提高职工主体地位、调动一切积极因素为提高经济效益的基础，以促进科技发展提高自主创新能力为提高经济效益的关键，以充分研究市场作为提高经济效益的核心，以充分挖掘潜力建设节约型社会为提高经济效益的重心，以调整不合理产业结构、产品结构、适应经济全球化发展外向经济为提高经济效益的重要课题，作为我国新时期提高经济效益的策略与途径进行了深入的探讨。

但是提高经济效益仅单纯依靠前面叙述、分析的几条措施、方式、方法是不行的。分析经济效益得不到提高的原因，总体看来：一是供给，一是需求。从供给上看，企业增长方式从总体上仍未摆脱传统粗放经营模式，结构不合理状况未得到根本解决，经济增长质量仍然不高，低水平产品多，世界级名牌产品少，一般化生产能力过大，高附加值、深加工产品少，多数企业挤在狭窄的中低档产品市场上，产品结构不合理，市场有效供给不足，综合竞争力不强的问题依然突出。从需求上看，全社会产品总量是消费、投资、出口需求和产品库存之和。总量一定产品库存与消费、投资和出口互为消长，消费者、投资单位、外国人买的越多，企业产成品积压就越少，反之，越多。由于居民家庭收入水平差距大，消费结构发生变化导致商品消费层次差别大，使消费需求在平稳区间钝化。部分企业和行业销售不畅，主要原因是供给结构不适应市场需求变化，产品缺乏市场竞争力，而且随着市场经济体制的完善，市场对产销的抑制作用还在不断加强。靠投资需求拉动的行业，市场需求明显下降，贷款拖欠大量增加，有的已濒临停产、半停产局面；靠消费需求推动的行业，目前消费品中 87%的市场趋于饱和，消费品产销率仅为 90%左右，在日趋激烈的市场竞争中，一些传统行业优势受到冲击，市场占有率不断下降。如电子行业的产值、利润下降，供需结构差异导致消费品的库存上升；靠出口需求拉动的行业，如纺织业因国内原料市场价格很高，出口商品换汇成本提高及某些国家的贸易保护政策，造成企业产品压库大量增加。提高经济效益面临严峻的市场竞争形势，必须强化各种保障措施。

（一）加大改革力度研究市场抓住市场

改革是经济和社会发展的根本动力，也是提高经济效益的根本途径。改革的许多方面尚待完善，企业还没有完全适应市场经济。实行改革开放 40 多年来，随着制度不断创新，有些企业适应市场的能力还是较低。不断完善市场经济体制，建立优良的市场结构，引导企业公平竞争，优胜劣汰。在完善社会主义市场经济体制新时期，针对阻碍提高经济效益的各环节、矛盾不断探索深化改革新路子，靠改革克服困难，推动经济效益的提高，促进经济高质量可持续发展。

（二）不断促进科学技术发展，提高自主创新能力，不断提高生产拥有自主知识产权产品的比重

经济的竞争归根到底是科技和人才的竞争，科技是第一生产力。科教振兴是提高经济效益的关键。在历次重要经济工作会议上反复强调：当前经济建设中普遍存在着高消耗、低效益、高投入、低产出、高消费、低效率的观念，各方面浪费严重。并不断做出决定：要坚定不移地把经济工作转移到以提高经济效益为中心的轨道上来。要“重视提高经济效益，不要偏面追求产值、产量的增长”。[6]现在在经济建设实践中已认识到经济建设必须走一条发展速度比较实在、经济效益比较好、人民可以得到更多实惠的新路子。只有不断提高经济效益，使社会财富日益增多人民生活不断得到改善，才可使社会主义制度优越性得到充分体现，才会更加激发群众拥护改革开放政策，积极推进社会主义市场经济体制建立，才能为增强我国经济实力与巩固社会主义制度奠定强大物质基础。

（三）政府要继续加强和改善宏观调控

实行稳健的财政和货币政策，控制投资规模。体现区别对待、有保有压原则；注重经济手段；调整投资和消费关系，增加消费对经济增长的拉动作用，以提高经济效益。

（四）推进经济结构调整，促进经济增长方式转变

近年来随着改革的不断深化和完善，许多方面有了很大的进步，但总的来说经济效益的状况还没有得到根本的好转，高能耗、污染环境严重。目前，我国面临着较大的就业压力，人均资源相对不足的矛盾十分突出，因此，必须从各个方面着手，在提高经济效益上下功夫，走集约化经营的道路，才能实现我国预定的宏伟目标。各级政府、部门要切实转变职能，改进工作作风，提高办事效率，努力适应提高经济效益新要求。坚定不移地坚持经济建设以经济效益为中心，把主要精力放在提高经济效益上来。

（五）要上措施抓落实推进经济体制改革

要做好上级政策与本企业实际相结合的文章研究思路，制定政策策略，狠抓落实，大力倡导求真务实、真抓实干工作作风，加强全方位目标管理，使各项工作取得实效。提高决策民主化、科学化水平。加快现存资产存量的调整，优化企业组织结构，进一步促进生产要素的合理流动和资源优化配置，支持市场前景好、产品无积压、经济效益好的企业大发展，反之，关停并转。

（六）大力推进对外开放促进经济更大发展

加大力度，更大规模、更有成效地吸引利用外资。培植骨干，形成规模，建立发达产品出口创汇体系。努力创造与国际惯例接轨的投资环境。

（七）构建社会主义和谐社会

加快社会事业发展，促进社会公平。社会发展是经济发展的重要目标。要在发展社会生产力和提高劳动效率基础上，大力推动社会进步促进社会文明健康发展。

随着社会主义市场经济体制的建立和不断完善，改革开放新形势的发展，一切从实际出发，实事求是地不断总结提高经济效益的经验教训，完善各方面基础措施，将经济效益提高到一个新水平。

第二节　政策性建议

经济效益理论是经济、管理等科学交叉渗透而形成边缘性极强的应用性科学理论。提高经济效益工作实践更是涉及方方面面，在我国全面建设小康社会、加快推进经济现代化关键期，国内国际经济形势风云变化多端，如何紧紧抓住和切实用好重要战略机遇期，更好地提高经济效益非常复杂。聚精会神搞建设，积极推动社会主义经济效益建设，团结群众联系群众，振奋精神齐心协力，奋力开拓，提高经济效益工作实践就一定能够上一个新台阶。为此在我国经济制度变革中制定经济政策时特别要注意处理好以下几大关系。

一、正确处理经济效益、社会效益、环境效益的关系

经济效益是人们在生产经营活动中所获得的经济利益，即在环境得到有效保护、资源得到合理配置和有效利用前提下，人与自然物质交换过程中取得的有利构建和谐社会，符合人类经济社会持续、健康、稳定增长和发展，满足人们合理需要符合标准质量的生产经营活动成果与土地、劳动、资本、管理等生产经营要素占用和耗费的关系。

社会效益是某项经济活动所产生的经济效果。社会效益是从社会的角度来评价经济活动的成果，社会效益有两种表现形式：显性社会效益和隐性社

会效益。既包括直接的社会效果，也包括间接的社会效果；既有社会正效益，也有社会负效益。例如核电站的建设，除了电站用来发电可以产生直接的净社会效益外（净社会效益的计算公式：NSB=PV（B-C）；净社会效益＝现值（收益 - 成本）），从社会角度讲，由于发电量的增长可以促进缺电地区工农业等生产潜力的充分发挥，减少火电厂对大气等自然环境的污染，减少煤炭等不可再生资源的消耗，核技术的应用还能带动整个国民经济科学技术的迅速发展等。对于促进工农业等生产方面的经济效益可以直接计算出来，但促进科技进步、减少环境污染的效益很难直接计量。当然，核电站的废弃物如处理不当也可能对周围环境造成直接或潜在的危害，这就是负效益。[7]也就是说社会效益具有隐含性、间接生和滞后性。社会效益主要表现为对社会发展的推动作用，一般表现为居民体质增强、发病率降低、寿命延长、就业增加、劳动和休息条件的改善、人文景观和美学财富的增加、个人创造潜能的发挥、文化条件的改善、人的道德觉悟的提高等。有人还认为社会效益是指从社会总体利益来衡量某种社会活动的效果和收益。一般包括政治效益、思想文化效益、生态环境效益等。

环境效益一般是指在生产经营活动中排放的废弃物等及因开发利用环境资源活动而导致的对环境的影响变化。当然这些环境变化既有好的影响，也有不好的影响。如从工厂中排放的废热水，可能对有些鱼类的生长有利，但大多数情况下往往带来水质恶化等不良后果，影响水生生物的繁殖，导致农作物产量减少、降低农产品品质，净化处理费用增加不利于提高经济效益等。这些环境变化既能产生直接的经济影响，还能产生间接的经济影响。如工厂排出的废气使大气中的二氧化硫和氮氧化合物含量增加，若形成酸雨排入水体引起酸沉降污染，使水质恶化。导致的直接经济影响一般是可以计算的，但间接的经济影响如二氧化碳引起全球气温的升高等因科学技术上的不确定性，很难正确估量对环境变化的长期正负效益。

随着人类社会不断进步和发展，人们在经济活动中越来越认识到环境也是一种资源，具有稀缺性、增殖性、多用途性等特点，具有使用价值以及在社会主义市场经济条件下环境资源也具有价值，从而环境资源也具有商品性，只有保护好环境注意环境效益问题才能更好的提高经济效益，环境效益是经济效益的自然基础和物质源泉，经济效益是环境效益的外在条件和表现形式。

一切经济活动都在生物圈这个最大的生态系统所在的环境中进行，必然对自然环境产生极大影响。影响表现为好、坏两个方面：好的结果既表现为良好的经济效益，又表现为良好的环境效益；而坏的结果导致生态环境的破坏，进而导致经济效益的损失，危及人类自身的生存和发展。世人皆知世界古代文明发源地我国黄河中上游、埃及尼罗河流域以及巴比伦幼发拉底河谷，因森林过度砍伐、垦荒种地等，造成严重水土流失和风沙灾害，有些地方还成了荒无人烟的沙漠。1997 年世界银行在一份报告中估算，我国仅在空气和水污染造成的经济损失年均达到了 540 亿美元，占 1995 年 GDP 的 8%。我国在生态环境方面，北京等北方地区的沙尘暴、黄河持续断流、大江大河特大洪灾等对提高经济效益致命的影响，都敲响了保护环境注意环境效益问题的警钟。

环境是以人类为中心人以外的充满各种有生命和无生命的包括生态在内的物质空间。正像一位外国科学家对环境的涵义所做的描述："除我以外的一切称为环境，除我以外的一切加上我就是整个宇宙。"所以说人类的一切经济活动离不开环境，在提高经济效益的同时必须注意对环境的保护，注意环境效益问题。1972 年联合国环境规划署（UNEP）在斯德哥尔摩召开的第一次人类环境会议上就提出了"发展与环境问题"[8]，1974 年在墨西哥会议上又提出必须协调经济发展与环境的关系，后来提出了可持续发展问题。我国也向世人宣布"保护环境是我国的一项基本国策"坚持经济增长和环境保护的协调发展，正确处理经济效益和环境效益之间相互依赖、相互制约的关系，人们已经达成一种共识。

综上所述，经济效益、社会效益、环境效益三者之间有着密切的关系。经济效益、环境效益和社会效益三者之间是辩证统一的关系。环境效益是经济效益和社会效益的自然基础和物质源泉，经济效益、社会效益是环境效益的外在条件和表现形式，也可以说环境效益是经济效益和社会效益的基础，经济效益、社会效益是环境效益的影响结果。经济效益、环境效益、社会效益三者之间相互依赖、互为条件、相互影响。在环境保护措施的最佳方案或最优模式中，经济效益、社会效益和环境效益的方向基本上是一致的，有良好的环境效益必然有利于提高经济效益、社会效益。人们只要按照客观经济规律和自然规律办事，真正注意经济增长方式的转变，把改造自然和保护自然结合起来，合理调节人类和自然之间物质交换方式，在取得最佳经济效益的同时创造良好的环境效益从而带来良好的社会效益。正像马克思说的："社会化的人，联合起来的生产者，将合理调节他们和自然之间的物质交换，把它置于他们的共同控制之下，而不让它作为盲目的力量来统治自己；靠消耗最小的力量，在最无愧于和最适合于他们的人类本性的条件来进行这种物质变换。”[9]社会主义制度的本质要求，同时也能够做到社会经济活动和自然环境之间保持协调发展。因为社会主义本质所决定的社会主义生产目的，不仅表现为人民物质财富数量上的增加，而且还要表现为生活质量的提高，这就包括了消除污染、治理和改善环境。所以，在社会主义制度下经济效益、社会效益、环境效益三者可以统一起来，人们在生产经营活活动过程中获得最佳经济效益的同时，创造出一个适合经济持续健康高速发展的环境，从而获得良好的社会效益和环境效益。

在提高经济效益活动中，要正确处理经济效益、社会效益、环境效益三者之间的关系。在提高经济效益活动中注意环境效益，要特别注意环境保护的经济效益问题。环境保护的经济效益是指为实现某一环境目标所付出的资本、劳动、管理等生产要素的占用或消耗与因环境改善所获得的综合社会经济效益之间的对比关系。具体根据采取各种环保措施后环境改善状况与没有采取环保措施可能出现的环境状况相比较的差值来计算。表现在三个方面：一是在物质生产领域表现在净产值或利润的增长；二是在非物质生产领域表现为在完成工作或提供服务中所节约的费用；三是在个人消费领域里表现为居民个人防止污染等的开支。环境保护的经济效益分为环境保护的直接经济效益和环境保护的间接经济效益。环境保护的直接经济效益是指通过环境保护活动直接取得的经济效益。如一个企业采取治理环境污染治理措施后，通过对“三废”的利用企业直接获得的经济效益。环境保护的间接经济效益是指通过环境保护活动减少了对社会的损害或对社会带来的经济效益。

在局部经济利益驱动下，特别是一些生产经营者会以牺牲生态环境为条件，来换取暂时、局部较好的经济效益。但从长远看来，则由于会产生环境污染，损害环境生态的平衡和社会效益，导致丧失已经取得的经济效益。当前，世界沙漠面积仍在扩大，水资源质量日益恶化，缺水日益严重，物种灭绝速度仍在增加。所以，通过科学规划和综合平衡处理好局部利益与全局利益、眼前利益与长远利益、近期利益与未来利益的关系，要把经济效益和环境效益统一起来，要做到实现经济效益的同时实现较好的环境效益，在实现保护好环境的前提下提高经济效益。

二、正确处理经济效益与经济增长和经济发展的关系

中国经济自改革开放以来持续迅速增长，成就举世瞩目，被称为“中国奇迹”。但进入新世纪以来，中国经济既有的以制造业为核心、以资源粗放式消耗为特征的增长模式碰到了越来越严重问题。既有经济增长模式能否持续？中国经济增长模式应如何转变？经济增长模式的转变会给人民的福祉带来什么样的影响？这些问题事关中国经济发展全局，也是国家制定“十一五”规划的重点和难点。而这些问题也是目前中国经济学界、各级政府政策制订者和执行者及企业界精英们最关注的热点问题。

提高经济效益是当前经济建设工作中的核心问题。我国要实现全面现代化、建设社会主义强国这一宏伟目标，面临巨大就业压力、不合理经济结构、市场结构、地区经济发展不平衡等许多问题，虽经几十年的经济建设，40 年的改革开放，国家综合经济实力有了很大的长足发展，但只有不断提高经济效益，才能以同等人力、物力、财力取得更多积累，加速实现社会主义市场经济建设新目标，这就必须正确认识提高经济效益与经济建设速度的关系，强调提高经济效益是建设速度的前提和基础，没有经济效益的发展速度，是虚假的、难以持久的速度，必须调整好国民经济各部门的比例关系，充分研究国内外市场需求，取得国民经济的高效益，必须改革经济、政治管理体制，调整生产关系中不适宜提高经济效益的各个环节，彻底改变人们的思想、作风和工作方法。因此，在新的经济制度、经济体制框架下，对经济效益的判断，经济效益评价指标体系，经济效益审计，特别是提高宏观、微观经济效益的途径等方面需要做出新的思考，新的分析、论证。

三、正确处理宏观与微观、全局与局部、长期与近期经济效益的关系

按照考察的角度是整个国民经济的总量还是个别企业的个量来分，经济效益分为宏观经济效益和微观经济效益。宏观经济效益是从整个国民经济总量的角度，对一个国家的土地、劳动、资本、管理等生产要素占用和消耗与取得的符合社会需要的标准质量的劳动成果进行比较的整个国民经济的效益。资本主义市场经济中，经济效益主要表现为个别资本或个别资本家集团

的经济效益。资本家的座右铭是大利大干、小利小干、无利不干，一项经济活动无论对整个国民经济的发展如何重要，只要无利可图资本家绝对不肯干。我国在安排大的基建项目时，当然也考虑该项目近期效益和远期效益，即使投资数额大、资本回收期长、盈利率很低，但主要考虑保证整个国民经济持续健康快速平稳发展，解决阻碍实现宏观经济目标的瓶颈或关键部门，国家还要向这些部门进行大量投资，以带动整个国民经济的发展。国家对不是由于企业自身管理不善而因种种原因受国家政策影响造成亏损的企业给予财政补贴。

西方资本主义国家也举办一些基础设施和社会公益事业，甚至办一些处于亏损状态的国有企业，似乎也讲究宏观经济效益，即使承认资本主义市场经济的宏观经济效益，但与我们所讲的宏观经济效益在其性质、目的以及作用程度等方面也有所不同。一是从性质和目的上看，西方资本主义国家的宏观经济效益代表资产阶级的经济利益，以社会和国家的名义举办对整个国民经济有重要意义但企业微利或无利企业的目的，是更好地为单个资本的再生产服务。而我国的宏观经济效益代表最广大人民的根本利益，为全体人民的经济利益服务，能做到把当前利益和长远利益结合起来。二是从作用程度上看，西方资本主义国家虽然对经济的干预有逐步加深的趋势，其宏观经济运行向有利于资本主义经济发展的方向变化，但不能从根本上消除资本主义的基本矛盾，其宏观经济效益的实现程度极其有限。而我国的宏观经济效益建立在公有制基础上，国家的宏观调控力度比资本主义国家更强，从而宏观经济效益的实现程度会更大。

第三节　本书后续研究方向

2005-2010 年是我国国民经济和社会发展“十一五”规划时期。实现 2010 年人均国内生产总值比 2000 年翻一番；单位 GDP 能源消耗比“十五”期末降低 20% 左右，耕地减少过多状况得到有效控制[10]这一目标清楚地明确了经济效益理论的研究方向。

一、如何优化结构？

结构问题是个复杂的问题。社会经济结构主要包括产业结构、积累和消费结构、就业结构、技术结构、生产结构等等。通过结构优化主要解决经济发展瓶颈问题、地区发展不平衡、二元结构问题。

二、如何降低消耗提高资源利用效率？我国已经成为能源消耗大国，通过降低消耗提高资源利用效率，解决我国人均资源占有量低能源紧张的矛盾，从根本上实现经济增长和发展由粗放型向集约内涵型的转变。

三、如何进行环境保护基本遏制住生态环境恶化趋势？环境污染已经到了非解决不可得地步，只有保护好环境才能保证经济持续健康高速发展。

四、如何形成一批拥有自主知识产权、国际竞争力较强的优势企业？促进科学技术的发展，特别是提高拥有自主知识产权的创新能力建设，成了解决一切问题的关键。

五、如何完善社会主义市场经济体制使开放型经济达到新水平？完善社会主义市场经济体制，是提高我国综合竞争力的保证。

六、如何处理好经济效益、社会效益、环境效益之间的关系？

七、如何处理好宏观和微观、全局与局部、长期与短期经济效益的关系？

以上七大问题是解决目前及今后一段时期我国经济效益水平不高的重要课题，以此作为本文后续深入研究的方向。《新时代经济效益理论研究》正在撰稿中。本人定会在老师和同仁指导帮助下做出不懈的努力。

参考文献

[1] 温家宝：《认真实施科技发展规划纲要 开创我国科技发展的新局面——在全国科学技术大会上的讲话（摘要）》，2006 年 1 月 9 日。
[2] 严法善：《环境经济学概论》，复旦大学出版社，2003 年 9 月，第 7 页。
[3] 曹俊文：《对传统"经济效益"的重新思考》，《统计与信息论坛》，2001 年第 6 期，第 56 页。
[4] 严法善：《环境经济学概论》，复旦大学出版社，2003 年，第 37-38 页。
[5] 曹思源：《改革国有企业的新思路》，《探求》1996 年第 1 期（新 29 期，总第 92 期）。
[6] 邓小平：《邓小平文选》第 3 卷，第 22 页。
[7] 严法善：《环境经济学概论》，复旦大学出版社，2003 年 9 月，第 33 页。
[8] 参见：《联合国人类环境宣言》（1972 年 6 月 5 日于斯德哥尔摩通过）。
[9] 马克思：《资本论》第 3 卷，《马克思恩格斯全集》第 25 卷，第 926-927 页。

[10] 摘自《中共中央关于制定国民经济和社会发展第十一个五年规划的建议》。

参考文献

［1］朱耀华.经济效益简论［M］.北京：中国财政经济出版社，1992
［2］张先治.经济效益研究［M］.哈尔滨：东北财经大学出版社，1996
［3］新华等.中国经济效益研究［M］.武汉：武汉工业大学出版社，1992
［4］王积业.经济效益新论［M］.北京：中国财政经济出版社，1987
［5］戴震雷.经济效益学［M］.北京：中国展望出版社，1988
［6］詹启智.经济效益学［M］.北京：中国财政经济出版社，1991
［7］来宛仙.社会主义经济效益学［M］.天津：南开大学出版社，1987
［8］裘宗顺.经济效益学［M］.北京：中国财政经济出版社，1990
［9］郑友敬.经济效益问题研究［M］.北京：中国社会科学出版社，1990
［10］福建省哲学社会科学学会联合会编.经济效益问题研究［M］.福州：福建人民出版社，1983
［11］汪海波.中国经济效益问题研究［M］.北京：中国经济管理出版社，1991
［12］江西人民出版社.浅论经济效益的几个问题［M］.南昌：江西人民出版社，1987
［13］尹缙瑞、赵志高.经济效益简论［M］.哈尔滨：黑龙江人民出版社，1984
［14］王又庄.企业经济效益学［M］.北京：北京出版社，1991
［15］李慰严.社会主义经济效益通论［M］.北京：人民出版社，1997
［16］黄铁苗.综观经济效益论［M］.北京：人民出版社，2001
［17］图佩察.自然利用的生态经济效益［M］.北京：中国环境科学出版社，1987
［18］赵远浩.我国当前经济效益问题［M］.广州：广东人民出版社，1986
［19］桂世镛.论调整改革与效益［M］.北京：中国财政经济出版社，1985
［20］张翼湘.畸变的效益链［M］.北京：学苑出版社，1989
［21］乔双定.咨询经济学［M］.北京：经济时报出版社，1990
［22］候荣华等.宏观经济效益理论与实证分析［M］.北京：中国计划出版社，1997
［23］来则行.社会主义宏观经济效益概论［M］.沈阳：辽宁人民出版社，1984
［24］周淑莲.经济结构与经济效果［M］.广州：广东人民出版社，1983
［25］肖灼基.提高经济效益实现宏伟战略目标［M］.福州：福建人民出版社，1983
［26］王海波.中国国民经济各部门经济效益研究［M］.北京：中国经济管理出版，1990
［27］史美鳞.对外贸易经济效益研究［M］.上海：上海远东出版社，1995

[28] 郑家享 . 中国经济速度、结构、效益问题的研究 [M]. 北京：中国统计出版社，1995
[29] 周玉新 . 生产资料流通经济效益研究 [M]. 北京：中国社会科学出版社，1993
[30] 黄铁苗 . 综观经济效益论 [M]. 北京：人民出版社，2001
[31] 张继录 . 科技进步宏观经济效益的度量与分析 [M]. 上海：上海科学普及出版社，1988
[32] 候荣华等 . 宏观经济效益理论与实证分析 [M]. 北京：中国计划出版社，1997
[33] 练岑等 . 工资经济效益和效益工资 [M]. 北京：中国劳动出版社，1992
[34] 赵贺春 . 论提高工业经济效益 [M]. 上海：上海社会科学院出版社，1991
[35] 李群 . 我国宏观经济效益综合指标体系评价的属性理论模型 [J]. 数量经济技术经济研究，2002（6）
[36] 中南工业大学出版社编 . 工业经济效益研究 [M].1993
[37] 马洪、周淑莲、王海波 . 中国工业经济效益问题研究（上）（下）[M].1990
[38] 林宝瓖 . 工业企业经济效益分析 [M]. 北京：中国财政经济出版社，1988
[39] 马洪 . 中国工业经济效益问题研究 [M]. 北京：中国社会科学出版社，1990
[40] 汤秀珍 . 农业和畜牧业技术措施经济效益研究 [M]. 北京：中国农业出版社，1960
[41] 杜玉琐 . 怎样提高商业经济效益 [M]. 北京：中国展望出版社，1983
[42] 中国企业管理协会 . 走企业管理现代化的道路—荣获全国“企业管理优秀奖”的十个企业经验汇编 [M]. 北京：中国经济科学出版社，1984
[43] 国家经济贸易委员会综合局 . 全国工业交通企业提高经济效益经验选编 [M]. 北京：中国财政经济出版社，1984
[44] 中国劳动学会 . 世纪末的挑战中国 20 世纪 90 年代面临的就业问题与对策 [M]. 北京：中国劳动出版社，1992
[45] 郑汪芬 . 向管理要效益——昆钢轧钢厂提高经济效益的经验 [M]. 北京：中国冶金工业出版社，1994
[46] 张志诚 . 社会主义经济管理与案例 [M]. 北京：中国经济出版社，1989
[46] 贺天元编著 . 怎样提高企业经济效益 [M]. 重庆：科学技术文献出版社重庆分社，1990
[47] 郑新力等著 . 提高经济效益之路 [M]. 北京：中国经济出版社，1985
[48] 林光 . 提高经济效益的途径与方法 [M]. 北京：中国广播电视出版社，1994
[49] 郑新生 . 提高经济效益之路 [M]. 北京：中国经济出版社，1985
[50] 嵇忠 . 企业经济效益分析 [M]. 北京：北京经济学院出版社，1993
[51] 马俊林 . 经济效益定量分析方法 [M]. 南京：南京工学院出版社，1987
[52] 何国伟 . 实用经济效益分析 [M]. 北京：中国宇航出版社，1987
[53] 赵英才 . 技术经济效益分析方法 [M]. 北京：中国机械工业出版社，1985
[54] 林光编 . 管理决策的经济效益分析 [M]. 北京：中国人民大学出版社，1986
[55] 马力平 . 企业经济活动分析 [M]. 北京：中国兵器工业出版社，1992

[56] 林光. 经济效益的优化技术 [M]. 北京：中国人民大学出版社，1988
[57] 国家标准局调查研究室编. 搞好企业标准化提高经济效益 [M]. 北京：中国标准出版社，1983
[58] 高蚕生. 企业经济效益分析与预测 [M]. 北京：中国经济出版社，1990
[59] 蔡建民. 工业企业经济效益分析 [M]. 上海：立信会计图书用品社，1992
[60] 桧春等. 实用经济效益评价指南 [M]. 上海：立信会计图书用品社，1991
[61] 张振铭、胡乃武、江一舟、宋九如. 企业提高经济效益与管理现代化 [M]. 北京：中国财政经济出版社，1986
[62] 中国企业管理协会. 日本生产性运动与经济效益 [M]. 北京：中国企业管理出版社，1982
[63]（波）科里夏克著. 苑家良、常晓光、傅明静译. 经济效益 [M]. 哈尔滨：黑龙江科学技术出版社，1984
[64] 谢尔巴科夫. 苏联科学活动的效益 [M]. 北京：中国科学技术文献出版社，1987
[65]（俄）鲍依科夫、张宪文. 工业企业提高经济效益的经验 [M].
[66] 中井蚕行. 工厂工程管理改善企业经营提高经济效益 [M]. 中国台湾：书泉出版社，1988
[67] 切尔尼亚夫斯基. 关于提高基本建设投资效益的问题 [M]. 北京：中国财经出版社，1983
[68] SENJU.S. 投资与经营的效益分析 [M]. 北京：清华大学出版社，1988
[69] 德姆塞茨 H.（DEMSETZ，HAROLD）、梁小民. 企业经济学 [M]. 北京：中国社会科学出版社，1999
[70] 冈田邦夫. 中小企业的质量管理 [M]. 北京：中国化学工业出版社，1985
[71] 米歇（MISHAN）. 成本 – 效益分析 [M]. 中国台湾：台湾银行经济研究室，1980
[72] 维博尔若夫、马夫里谢夫、曹仲文. 工业生产的经济效益 [M]. 北京：北京经济学院经济研究所，1983
[73] 黄荫涛. 企业经济效益从那里来？——资金循环周转理论浅说 [M].1983
[74] 吴水澎主编. 经济效益会计论 [M]. 成都：西南财经大学出版社，1992
[75] 杨小凯. 数理经济学基础 [M]. 北京：中国国防工业出版社，1985
[76] 何家锦. 采购与销售 [M]. 沈阳：辽宁人民出版社；
[77] 李京生. 技术进步与经济效益 [M]. 北京：中国财政出版社，1989
[78] 广东省企业管理协会. 技术进步与经济效益 [M].1985
[79] 赵国柱. 提高企业经济效益策略与途径 [M]. 杭州：杭州商学院图书馆企业管理系，1984
[80] 王林生、裴长洪. 论对外贸易经济效益 [M]. 贵阳：贵州人民出版社，1997
[81] 上海市技术经济和管理现代化研究会. 怎样提高引进技术的经济效益 [M].1983
[82] 农牧鱼业部财务司. 经济效益计算手册 [M]. 北京：中国农业出版社，1987

[83] 曹鸿志. 经济效益指标计算手册 [M]. 长春：吉林人民出版社，1984
[84] 刘锡林. 经济效益会计 [M]. 成都：四川科学技术出版社，1986
[85] 丁宇甦. 工业企业经济效益统计 [M]. 上海：同济大学出版社，1994
[86] 祖延东. 经济效益统计学 [M]. 北京：中国统计出版社，1993
[87] 郝明道. 审计学基础 [M]. 太原：山西人民出版社，1986
[88] 郭军之. 经营学 [M]. 武汉：武汉大学出版社，1986
[89] 燔静致. 企业经济效益保证系统 [M]. 南宁：广西人民出版社，1986
[90] 佟哲辉. 关于经济效益统计的若干问题 [M]. 北京：中国统计出版社，1989
[91] 李泽临. 经济效益审计 [M]. 北京：中国改革出版社，1991
[92] 殷兴民. 经济效益审计 [M]. 西安：西安交通大学出版社，1990
[93] 刘家业. 经济效益审计的基本方法 [M]. 成都：四川科技出版社，1985
[94] 世界出版社. 生活经济学 [M].1991
[95] 储一昀、谢国新. 效益会计 [M]. 北京：中国航空工业出版社，1993
[96] 孙永祥. 公司理结构：理论与实证研究 [M]. 上海：上海三联书店、上海人民出版社，2002
[97] 黄有光. 福利经济学 [M]. 北京：中国友谊出版公司，1991
[98] 吴申元主编. 古代管理智慧与现代经营艺术（之一）（之二）（之三）[M]. 上海：复旦大学出版社，2004
[99] 中共上海市委宣传部. 我国经济建设的新路子 [M]. 上海：上海人民出版社，1982
[100] 李建平. 金融经济核算的理论与实务 [M]. 杭州：浙江出版社，1987
[101] 吴忡. 现代中国市场学 [M]. 哈尔滨：黑龙江科学技术出版社，1989
[102] 辛晓东. 现代企业经营学浅说 [M]. 呼和浩特：内蒙古人民出版社，1983
[103] 李忠凡. 城市与经济区 [M]. 福州：福建人民出版社，1984
[104] 任俨. 领导与经济效益 [M]. 济南：山东人民出版社，1985
[105] 钟祥财. 中国近代民族企业家经济思想史 [M]. 上海：上海社会科学院出版社，1992
[106] 郭庠林等. 近代中国市场经济研究 [M]. 上海：上海财经大学出版社，1999
[107] 马伯煌主编. 中国近代经济思想史（上中下）[M]. 上海：上海社会科学院出版社，1992
[108] 王淑芬. 经济效益评价的多元分析方法的比较 [J]. 成都：成都大学学报（自然科学版），1994（1）
[109] 张卫. 细化经济技术指标 实现设备最佳经济效益 [J]. 内江科技，2004（3）
[110] 李碧. 企业管理成果经济效益的评价探讨 [J]. 企业经济，2004（6）
[111] 朱翠华. 试论内部控制与企业管理和经济效益的关系（J）. 北方经济，2004（6）
[112] 陈涌泠. 激励机制与经济效益 [J]. 北京统计，2004（6）
[113] 胡增文. 列宁对社会主义经济效益的实践与探索研究 [J]. 广西师范学院学报（哲学

社会科学版).2004(2)
[114] 鲁勇兵.我国西部大开发中工业经济效益实证分析 [J].经济与管理，2004(4)
[115] 江源.2003年工业经济效益历史最好，2004年工业企业利润还将增长 [J].中国经贸导刊，2004(2)
[116] 马成文.微观工业经济效益评价指标体系研究 [J].当代经济研究，1995
[117] 黄铁苗.经济效益与经济增长方式转变 [J].当代经济研究，1997(1)
[118] 李建平.《资本论》中的经济效益理论探略 [J].当代经济研究，1997(2)
[119] 陈秀山.以经济效益为中心，推动经济增长方式转变 [J].当代经济研究，1997(3)
[120] 黄敏.试论《资本论》中提高经济效益的原理 [J].当代经济研究，1997(3)
[121] 陶晋."八五"时期上海工业经济效益研究 [J].上海经济研究，97(9)
[122] 黄灼明.经济效益范畴的历史考察 [J].当代经济研究，1998(2)
[123] 罗建源.以结构调整提高上海聚集经济效益 [J].上海经济研究 98
[124] 苏吉永.提高工业企业经济效益研究 [M].北京：中国统计出版社，1997
[125] 苏吉永.大股东内部人控制问题研究 [J].山东经济，2006(2)
[126] 苏吉永.从"巨人集团"的失败看多元化陷阱的根源及对策研究 [J].世界经济文汇，2004(2)
[127] 苏吉永.论买方垄断 [J].世界经济情况，2003(5)
[128] 苏吉永.我国金融抑制对经济发展的影响及研析 [J].行为科学导刊，2003(6)
[129] 苏吉永.我国商业银行跨入营销市场 [J].行为科学导刊，2004(2)
[130] 苏吉永.中国民营企业文化建设的思考 [J].行为科学导刊，2004(3)
[131] 苏吉永.产品市场上的买方垄断研究 [J] 行为科学导刊，2004(4)
[132] 苏吉永.管理会计在企业管理中的地位 [J].山东工商行政管理，2001(3)
[133] 苏吉永.试论保险业与彩票业的异同及经济学分析研究 [J].山东经济，2005(3)
[134] 苏吉永.创新理论及其经济学意义 [J].行为科学导刊，2005(4)
[135] 苏吉永.综述我国金融监管制度及实施策略分析 [J].世界经济情况，2006(1)
[136] 苏吉永.科学把握经济效益内涵的探讨 [J].行为科学导刊，2006(2)
[137] 苏吉永.综述经济史的制度感和经济制度的历史感 [J].行为科学导刊，2006(4)
[138] ARROW, K.J. (1951), "Alternative Proof of the Substitution Theorem for Leontief Models in the General Case", Chapter IX of Activity Analysis of Production and Allocation, ed. by T. C. Koopmans, Cowles Foundation Monograph, 13 (New York, John Wiley & Sons).
[139] BIDARD, Ch. (1996a), "All-Engaging Systems", Economic Systems Research, 8, pp. 323-340.
[140] BIDARD, Ch. (1996b), Fixed Capital and Vertical Integration, MODEM, University of Paris X-Nanterre, mimeo.
[141] BIDARD, Ch. and G. ERREYGERS (1998), "The Ajustment Property", Economic Systems Research, 10, pp. 3-17.

[142] DEBREU, G. (1959), Theory of Value. An Axiomatic Analysis of Economic Equilibrium, Cowles Foundation Monograph, 17 (New–York, John Wiley & Sons).

[143] ERREYGERS, G. (1996), Non–Substitution, Quantum Numbers and Sectors, SESO–UFSIA, University of Antwerp, mimeo.

[144] GALE, D. (1951), "Convex Polyhedral Cones and Linear Inequalities" , Chapter XVII of Activity Analysis of Production and Allocation, ed. by T. C. Koopmans, Cowles Foundation Monograph, 13 (New York, John Wiley & Sons).

[145] GEORGESCU–ROEGEN, N. (1951), "Some Properties of a Generalized Leontief Model" , Chapter X of Activity Analysis of Production and Allocation, ed. by T. C. Koopmans, Cowles Foundation Monograph, 13 (New York, John Wiley & Sons).

[146] Klein, L.R. & Kumasaka, Y. (1995), The Reopening of the U.S. Productivity Led Growth Era, NLI Research Institute, No.76, pp.3–19.

[147] KONIJN, P.J.A and A.E. STEENGE (1995), "Compilation of Input–Output Data from the National Accounts" , Economic Systems Research, 7, pp. 31–45. 33

[148] KOP JANSEN, P. and T. TEN RAA (1990), "The Choice of Model in the Construction of Input–Output Coefficients Matrices" , International Economic Review, 31, pp. 213–227.

[149] LEONTIEF, W.W. (1951), The Structure of American Economy, 1919–1939 (2nd. edition) (New York, Oxford University Press).

[150] Leontief, W. W. (1951) "Input–Output Economics." Scientific American, October 1951, pp.15–21.

[151] MILLER, R.E. and P.D. BLAIR (1985), Input–Output Analysis: Foundations and Extensions (Englewood Cliffs, Prentice Hall).

[152] MIRRLEES, J. A. (1969), "The Dynamic Nonsubstitution Theorem" , Review of Economic Studies, 36, pp. 67–76.

[153] NEUMANN, J. von (1945–6), "A Model of General Equilibrium" , Review of Economic Studies, 13, pp. 1–9.

[154] Noah. (2000), The Recent Deflationary Gap in Japan: A Quantitative Measurement, Volt 11, No 1, and Journal of Asian Economics (forthcoming).

[155 PASINETTI, L.L. (1977) Lectures on the Theory of Production (London, Macmillan).

[156] RAINER, N. (1989), "Descriptive versus Analytical Make–Use Systems: Some Austrian Experiences" , in: Frontiers of Input–Output Analysis, ed. by R.E. Miller, K.R. Polanski, and A.Z. Rose, pp. 51–64 (New York & Oxford, Oxford University Press).

[157] SAMUELSON, P.A. (1951), "Abstract of a Theorem concerning Substitutability in Open Leontief Models" , ChapterVII of Activity Analysis of Production and Allocation, ed. by T. C. Koopmans, Cowles Foundation Monograph, 13 (New York, John Wiley & Sons).

[158] SAMUELSON, P.A. (1961), "A New Theorem on Nonsubstitution" , in Money, Growth

and Methodology, ed. by H. Hegeland, in honour of Johan Akerman, Lund Social Science Studies, 20, pp. 407–423 (Lund, C.W.K. Gleerup).

[159] SCHEFOLD, B. (1971), Theorie der Kuppelproduktion (Mr. Sraffa on Joint Production), Ph.D. thesis, University of Basel, private print. 34

[160] SCHEFOLD, B. (1978), "Multiple Product Techniques with Properties of Single Product Systems" , Zeitschrift für Nationalökonomie, 38, pp. 29–53.

[161] SRAFFA, P. (1960), Production of Commodities by Means of Commodities. Prelude to a Critique of Economic Theory (Cambridge, Cambridge University Press).

[162] STEENGE, A. (1990), "The Commodity Technology Revisited. Theoretical Basis and an Application to Error Location in the Make–Use Framework" , Economic Modelling, 7, pp. 376–387.

[163] STIGLITZ, J.E. (1970), "Non–Substitution Theorems with Durable Capital Goods" , Review of Economic Studies, 37, pp. 543–553.

[164] Tatemoto, M., Uchida, T. & Watanabe, T. (1967), A Stabilization Model for the Post-war Japanese Economy: 1954 1962 International Economic Review, Vol. 8, No. 1, pp.13–44.

[165] Watanabe, T. & Shishido, S. (1970), Application of Leontief Model to the Japanese Economic Planning, Carter, A.P. & Bridy, A. (eds.), Application of Input–Output Analysis, published in honor of W. Leontief, North–Holland Publishing Co.

后　记

——生活在感恩的世界里

秋天，收获的季节。窗外，月光的映照下，空中像飘着薄薄的轻纱，蟋蟀的叫声，使中秋的深夜显得更加寂静，使人止不住思想。当文稿敲完了最后一个字，深夜里的我依然还是那么兴奋与激动。此刻，最能表达心情的词语就是感恩。回想过去，好多事情使我眼里含上了泪花。

我出生并成长在位处平坦的华北平原上山东禹城靠近黄河不超过200人的一个小村庄里，虽然就在交通大动脉京沪线的旁边，但读到高中时最远也只到过离家不超过10公里的县城，最大的愿望就是走出小村庄，到城市里去学习、工作。肯定是遗传了号称"城西四大才子"读书成绩从来都是第一名严厉父亲的基因，尽管物质生活上难以想象的艰辛，一路上磕磕绊绊的走来，我还是成了村里第一个名牌大学生、第一个硕士生、第一个博士生，大学毕业后还分配到了省城省直机关工作。我非常幸运，但许多事情单靠个人努力并不能实现。回想求学路上，每个学习阶段的恩师，深深地刻在脑海里。小学的李清海老师，初中的陈义民、陈超老师，高中的杨零才、白庆祥老师，大学的王恒志、陆雄文、王龙宝老师，读硕士研究生时的张熏华、蒋家俊、王克忠、陆德明、严法善、袁志刚老师……在我的精神世界里，"老师"是最令人起敬的字眼。

1995年在山东省的一次经济工作会议上，会议的中心议题使我与经济效益理论结下了不解之缘。1996年我的硕士毕业论文《提高工业企业经济效益研究》得到了导师陆德明教授的高度赞扬，在多位老师的指导、充实提高后，1997年由中国统计出版社出版了《提高工业企业经济效益研究》一书。从那时起，中国经济经历了波澜起伏的迅速发展时期，这给学术界深入研究经济效益理论提供了许多难得的研究机遇。选择经济效益理论这个新兴的、边缘性、应用性较强的理论领域作为研究对象，对我的能力是一个挑战，同时由于长期在山东省工商行政管理局工作中接触了大量的企业，也给我提供了一个后天比较优势。

在经济效益理论的研究过程中，既体会到了成功的喜悦，也经历了被人不能理解甚至被嘲弄的无奈。我知道文中自己对经济效益的涵义所做出的新的表述以及许多想法，若干年后自己也许会觉得很简单，甚至否定自己，但是我相信，在经济效益理论研究方面，我不是“某些经济学家的俘虏”，自己的某些观点，也不是一时冲动的结果，这使我非常的坦然和欣慰。现在看到的这篇 20 多万字的两百多页的论文，既是我此前学习研究工作的一个总结，更是我今后进行经济效益理论探索的一个新的起点。

本文从构思、搜集整理资料、撰写、修改，到最终定稿，经历了两年多的时间，期间得到了许多人的帮助和指导，文章终于得以完成。看着一堆一堆的资料、打印了数十份的篇篇文稿，感慨万千，真是“寒窗苦读，十年磨一剑”。

取得今天的成果，首先要感谢我的导师吴申元教授。吴申元教授长期从事经济思想史、经济史、市场营销理论、保险理论、人口理论等研究工作，撰写、出版了大量的经济学著作。从确定报考复旦经济学博士后一直得到导师亲人般的教诲与指导，和导师见面较多，受益颇深。恩师现在虽年过花甲，依旧治学严谨，对我慈祥而又严格要求，学到了他渊博的理论知识和宠辱不惊的心态。他平易近人的长者风范和集思广益的民主作风，实事求是、细致缜密和注重调查研究的工作方法，在经济研究工作中突出的贡献以及对我的殷切教诲，一直记忆犹新，难以忘怀。我的师母朱女士在生活上给予学生无微不至亲人般的关怀和帮助我会终生难忘。感谢我硕士时期的老师严发善教授，多年来对我在学业和生活上提供了无微不至的关怀，也正是他们的支持与鼓励，我才坚定地走上了研究经济效益理论之路。在导师吴申元教授等老师的引荐下，复旦大学经济学院、信息工程学院、继续教育学院、上海复昱教育培训中心等聘请本人兼职讲授管理经济学、政治经济学、环境经济学、会计学等课程。在讲授课程的过程中，自己得到了很好的锻炼。通过与许多的老师和同学交流，给自己的论文创作也带来了许多的启发。

感谢论文指导小组的叶世昌教授和马涛教授，他们在百忙之中审阅我的文稿，并提出了许多宝贵的意见。叶世昌教授慈祥的笑容，尹伯成教授亲切的关怀，马涛教授无私的指导……都历历在目。感谢戴炳然教授、胡庆康教授、许少强教授和张晖明教授在我写作论文、学习过程中所给予的悉心指导。感谢上海财经大学的赵晓雷教授、东华大学的陈荣耀教授、北京大学的郑学益教授以及两位匿名审稿人认真评阅我的论文。特别是北京大学的郑学益教授在论文的评阅过程中，给予了许多具体的指导，提出了许多宝贵的意见，启发很大，受益颇深。感谢袁志刚、严法善、张晖明、李慧中、张军、俞忠英、华民、肖巍、朱弘鑫和谢识予等教授对我在攻读博士学位时的指导和帮助。感谢研究生院殷昌义教授、王永桢、吴鸿翔老师和班级辅导员严法善教授以及经济学院研究生教务室的崔月红、胡琨、吴爱娣、吴顺妹、朱萍、胡风英等老师，她们对我学业的顺利完成给予了大力的支持与帮助。

感谢澳大利亚莫纳什大学的黄有光教授、湖南大学的袁庆明教授、山东经济学院的孟祥仲和卫娴教授、山东财政学院的郭惠云和张名堂教授、山东大学的张玉明教授以及复旦大学的谷红欣老师，他们对我在论文写作过程中遇到的几个问题给予了睿智的启发，提供了较大的帮助。

感谢挚友袁春振，在生活上和学术上给我提供了极大的帮助，他也与我共同见证了创作论文的艰辛和喜悦。可以说，我每次在生活和学习上度过难关，都与他息息相关。感谢室友王世联在人生道路上的指导，感谢室友周建华在学术上的启发，感谢室友张弘林在生活、学习上的帮助。我的同窗室友谷红欣、周建华、王世联、李刚等同学，和我彻夜难寐、促膝详谈，启发很大。三年来，我们同学之间，相互关爱，情同手足。感谢杨勇、葛劲峰、王荣斌、张卫国、杨磊、黄方亮、张勇、祝亚雄、汪茂昌、胡恩同、徐聪、刘康兵、曾文慧、黄永贞、赵进华、于换军、邹达川、徐润南、常玉春、詹宇波、严立新、苏永军和上海财大的李雪等同学在各个方面给我的爱护与支持。

感谢山东省工商局的李华理局长、孙树森处长、李锡义处长、李军处长等以及王明钊、张进贤、张荣榜、汤树亭、沈玉华、陈梅子、张静、孟光玉等领导和同事们的关心和帮助，他们时刻关心自己的学习和生活，深切教诲自己安心研究工作，提供了良好的学习和生活条件。尤其是王明钊科长在我不在单位的日子里，替我处理了大量的工作和生活上的事务，表示深深的感谢。《世界经济文汇》杂志社的王文璇老师、《世界经济情况》杂志社的张瑞德、候四妹老师、《行为科学导刊》杂志社的王怀颖主任、《山东经济》杂志社的编辑们、《理论学刊》的编辑们，他们为我进行当代中国经济制度变迁中经济效益理论的研究，提供了诸多便利。

我还要感谢初中时期的数学教师陈义民老师和语文教师陈超老师，高中数学教师杨零才老师和语文教师谢守芝老师，他们在我生活最困难的时候给予了无私帮助，同时，也正是他们首先把我为进入科学研究的殿堂，打下了坚实的数学和语文基础。感谢我曾就读过的苏庄小学、陈寨联中、禹城三中、禹城一中、山东财政学院、复旦大学诸多恩师在我各个学习读书阶段给予我的教诲，正是他们开启智慧的大门，不断把我引入科学研究的殿堂。出于种种原因，我隐去了几位给予我非常的重大帮助的人士的姓名，对他们的感激之情难以言表，但会终生难忘。

更要特别感谢的是我的夫人，在我的生活陷入困境和我的精神世界即将崩溃之际，是她给予了我无尽的温暖。她所在单位工作繁忙，作为部门主管，在极大的工作压力下工作，但是她一回到家里就包揽了一切的家务劳动，还要关心照顾宝贝女儿。她把家里打扫得一尘不染，不停地洗衣、熨衣，把可口的饭菜放到我的面前，低声细语的说话娓娓动听，使我享受到了难以想象的幸福与美满。她替我一次次地打印各种各样的资料、细心地帮助我不停地校对文稿。温柔可爱、情深意长的关心和鼓励，成了我每日内心的期盼，在我的内心世界里，一次次地被爱情的神奇和威力发生深深的震撼。有一次站在黄浦江畔，望着眼前繁华的上海滩，在这座茫茫都市中，体味到了生活的温馨和家的甜蜜。我深深地感激她！

眼前再一次浮现出身材高大面容消瘦精神矍铄的父亲、慈祥善良的母亲的身影。父母勤俭持家，省吃俭用，辛苦地养育了六子一女，用他们的血和汗换来微不足到的收入，使我们哥姐弟七人都成家立业，分赴各地从事着不同的事业，为祖国贡献着各自的青春和力量。父亲积劳成疾，在最后的三年里，忍受着癌症病魔的煎熬，直到 2006 年 5 月 22 日父亲去世前的两天，思家心切的我才赶到家中。严厉的父亲拉着我的手激动地说，要看着我戴上博士帽、穿上博士服，没有想到没过三天就辞世而去，我悲痛欲绝。由于工作学习的关系，虽然多次看望照顾父亲但没有在父亲面前完整地伺候过父亲一天。父亲的一生是艰难曲折的一生，他不停地用诗词歌赋来抒发他的理想与感悟。父亲最大的企盼就是所有孩子遵纪守法、有所作为，并实现他当年因政治经济环境所迫而不得不放弃的伟大理想。父母给了我健康的体魄和聪慧的头脑，让我完成了小学、中学、大学、硕士和博士研究生学业，其中的艰辛，难以想象。父母深恩，经百千劫，犹不能报，而我已步入知天命之年，能报答他们的只是精神上的蔚藉，即使很早就许下的心愿至今也尚未实现。我深深为自己拥有这样平凡而又伟大的父母而感到幸福与自豪！感谢哥哥、姐姐和弟弟们在我离家求学、工作时对父母的照料，感谢许多亲戚和好友对家庭无私的帮助。

准备攻读经济学博士学位以来，有多少人给予了自己多少无私的帮助，难以言表，以此鼓励自己在今后的工作岗位上，一定老老实实做人，踏踏实实做事，把亲人般的关怀和温暖化作前进的动力。自己取得的一切成就都是老师及关心帮助过自己的人给予的，滴水之恩，当涌泉相报。今后，一定继续努力工作，刻苦学习，争取更大的成绩来回报关怀和帮助过自己的人，回报社会。

再次向所有给予我帮助的人，致以诚挚的问候和深深的谢意！

谨以此著献给我的老师、家人、好友，并深深祝福他们快乐安康！

苏吉永于泉城

2022 年 3 月 16 日